Harvey Mackay

Hüte dich vor dem nackten Mann,
der dir sein Hemd verkaufen will

HARVEY MACKAY

# Hüte dich vor dem nackten Mann, der dir sein Hemd verkaufen will

## Die Kunst besser zu sein

Bestimme deine Ziele selbst und halte
mehr als du versprichst

Wilhelm Heyne Verlag
München

Titel der amerikanischen Originalausgabe,
erschienen im Verlag William Morrow and Company, New York
BEWARE THE NAKED MAN WHO OFFERS
YOU HIS SHIRT

Ins Deutsche übertragen von Ursula Bischoff

Genehmigte Ausgabe

Umschlaggestaltung: Adolf Bachmann, Reischach
Satz: Kort Satz GmbH, München
Druck und Bindung: Mohndruck, Graphische Betriebe, Gütersloh
Printed in Germany 1990
ISBN 3-453-03997-1

# *Inhalt*

# Widmung

Meiner Frau Carol Ann und unseren Kindern David, Mimi und JoJo, die stets mehr halten, als sie versprechen, und die das Wichtigste in meinem Leben sind.

# Danksagung

Ich möchte folgenden Personen danken, die mir auf tausenderlei Weise bei der Vorbereitung und beim Schreiben dieses Buches geholfen haben:

An erster Stelle meiner Schwester Margie Resnick, die während des Schreibens jederzeit für mich erreichbar war. Ihre Kenntnisse machten sie zu einem unbestechlichen Richter, und ihr Urteil erwies sich als zentral für meine schriftstellerische Arbeit.

Danken möchte ich auch meinem Freund und Agenten Jonathon Lazear, der sein Bestes tat, um die rauhen Kanten ein wenig zu glätten.

Dank und Bewunderung für Adrian Zackheim vom Verlag William Morrow und Leona Nevler von Fawcett/Ivy Books. Ihr Lektorat war für mich eine unschätzbare Hilfe.

Mein Dank gilt Ron Beyma für seinen hundertprozentigen Durchblick und für seine unfehlbare, intuitive Aufmerksamkeit und Lynne Lancaster, meinem »Coach«, einer Frau mit Argusaugen. Ich möchte die aufmunternden und lehrreichen Gespräche mit ihr nicht missen.

Und Vicki Abrahamson und Wes Jantz, zwei superkreativen Menschen, die mir enorm bei der Standortbestimmung halfen.

Dank, Respekt und Bewunderung für die Autorin Maya Angelou, die mir unbewußt die Idee für den Titel gab, als sie an Martin Luther Kings Geburtstag in Minneapolis eine Gedenkrede hielt und dabei ein wundervolles afrikanisches Sprichwort zitierte.

Ein besonderes Dankeschön auch an Nancy Doran-Bren

und Linda Ferraro für die umfassende Unterstützung während der Arbeit am NACKTEN MANN.

Larry Hughes, dem Vorstandsvorsitzenden der Hearst Trade Books Group, und Al Marchioni, dem Präsidenten des William Morrow Verlags, danke ich für das in mich gesetzte Vertrauen.

Mein Dank gilt ferner: Lisa Queen und Will Schwalbe, den beiden besten Vertragsjuristen und Nebenrechts-Agenten, mit denen ich zusammenarbeiten durfte; Cheryl Asherman für ihre Geduld und Kreativität; Susan Halligan, deren clevere Marketingstrategien stets ins Schwarze treffen; Diane Ekeblad für ihre Begeisterung und die Qualität ihrer Arbeit sowie Judy Olhausen, einer außergewöhnlichen Fotografin, die alles stehen und liegen ließ, um die Fotos für unseren Einband zu machen.

Des weiteren danke ich Dave Mona für gute Ratschläge und gute Laune; David Martin für das prompte Korrekturlesen; Ron Simon, Marv Scherzer und Howard Liszt, deren scharfer Verstand mir sehr geholfen hat; und Loma Cohn für ihre Geduld und ihren Sachverstand.

Mit anderen Worten: Ich hatte das beste Team der Welt.

HARVEY B. MACKAY

# *Kapitel 1*

## Letztlich ist es doch nicht nur ein Spiel

# *Lektion 1*

## Taktiktraining

Könnten Sie oder ich eine Baseball-Mannschaft, die in einer der beiden großen amerikanischen Ligen spielt, als Coach zum Gewinn der Weltmeisterschaft führen?

Die Antwort lautet: Ja.

1927 hätte nicht mehr als der Nachweis dazu gehört, daß man seine Muttersprache gut genug beherrscht, um Namen und Positionen der Spieler – beispielsweise »Ruth: Läufer« und »Gehrig: Baseman, 1. Mal« – in die Aufstellungsliste einzutragen. Manchmal trifft man auf eine so herausragende Mannschaft, daß die Betreuertätigkeit idiotensicher ist; man geht ins Stadion und schaut zu, wie sie den Gegner in Grund und Boden spielen. Aber solche Traumkombinationen findet man nur einmal in jeder Generation.

Wenn es sich nicht gerade um einen Kamikaze-Kader handelt, wie es die Yankees 1927 waren, ist der Sieg in einem entscheidenden Meisterschaftsspiel mehr als eine Frage des Talents oder der gekonnten Ausführung technischer und taktischer Grundübungen. Wenn man an der Spitze steht, ist man physisch bereits absolut fit, sonst hätte man es gar nicht erst soweit gebracht. Bei Spielen von solchem Kaliber wird der Sieg nicht nur auf dem Spielfeld entschieden. Hier zählt die Führungsqualität, die Männer wie Lou Holtz, den derzeitigen Coach des Football-Teams der Universität von Notre Dame in Indiana, besonders auszeichnet.

Das geht allein schon aus dem Tabellenstand hervor: Bevor Holtz die Betreuung übernahm, krebsten die Football-Mannschaften der Universität von Minnesota am Tabellenende der »Großen Zehn« herum. Zu diesem Zeitpunkt lernte ich Holtz kennen und trug dazu bei, daß er aus Arkansas an die Universität von Minnesota geholt wurde. In den zwei Jahren, die er hier als Coach arbeitete, brachte er das Football-Team von Minnesota zum zweiten Mal in zwei Jahrzehnten ins Endspiel um die College-Meisterschaft. Als er dann zu Notre Dame überwechselte, ging es mit der Mannschaft von Minnesota sofort wieder bergab. Und was erreichte er in Notre Dame? Er fand eine entmutigte Mannschaft und ein sinn- und zielloses Trainingsprogramm vor, leitete die Wende ein, krempelte alles um und machte den Notre-Dame-Football wieder zu dem, was er einmal war, als die Fighting Irish für den College-Football noch die gleiche Bedeutung besaßen wie die Yankees im Baseball. Ein einziger Mann, ein Coach, kurzsichtig und nur rund 70 Kilo schwer, der sowohl in der High School als auch im College praktisch als Schlechtester seines Jahrgangs abgeschnitten hatte, war für diesen Wandel verantwortlich.

Worin besteht das Geheimnis dieses Mannes?

Die Antwort steht in keinem Sportlehrbuch. Sie liegt in Holtz' Fähigkeit, Menschen zu motivieren.

1988 trat das bis zu diesem Zeitpunkt ungeschlagene Notre-Dame-Team in South Bend, Indiana, gegen die gleichfalls unbesiegte Mannschaft der Miami-Universität aus Ohio an. Diese Begegnung galt allgemein als Schlüsselspiel der beiden besten Mannschaften Amerikas um die US-Meisterschaft. Ich war als Lous Gast dabei und begleitete ihn auf seiner Runde, als er sein Team auf den Wettkampf vorbereitete. Obwohl Notre Dame mit einem 5:0-Vorsprung ins Spiel ging, lagen sie viereinhalb Punkte auf die Hurricanes zurück – eine recht beachtliche Differenz, zumal es für Miami ein Auswärtsspiel war.

Am Abend vor dem großen Ereignis feierte Notre Dame ein Fest auf dem Campus, das der Einstimmung auf den Kampf diente. Zwanzigtausend Fans kamen, eine erstaunliche Zahl, vermutlich genauso viele wie in der Ära vor Holtz zu den Spielen selbst erschienen, wenn Mannschaften aus Minnesota antraten. Da standen wir nun an einem kalten Abend in South Bend unter freiem Himmel herum, sangen Lieder, feuerten das Team mit Beifall und Hochrufen an und bestaunten hundert muskelbepackte junge Männer, die ihrerseits die Menge anstarrten. Um die Stimmung anzuheizen, hielt Holtz eine Rede. Seine Botschaft war kurz und bündig, und er schloß mit den Worten: »Ich möchte, daß ihr mir einen simplen Gefallen erweist. Sucht Jimmy Johnson (den Coach des Miami-Teams) und sagt ihm, daß wir Miami niedermachen werden.«

Die Menge spielte verrückt. Das war's! Die alten ruhmreichen Tage waren wieder da. Die Legende von Rockne und Leahy erstand vor unseren Augen neu. Es war wie im Tollhaus.

Ich fuhr mit Holtz im Auto zum nächsten Zwischenstopp, einer Mannschaftssitzung am anderen Ende des Campus. Er wollte dort die Taktik mit Kreide an der Tafel erläutern. Ich kannte ihn gut genug, um deutlich werden zu können. »Sicher habe ich etwas überhört«, sagte ich, »oder bei dir ist eine Schraube locker. Dein Spruch ›Wir machen Miami nieder‹ wird morgen auf der ersten Seite im Sportteil aller Zeitungen im Lande prangen, und mit Sicherheit hängt er morgen in der Umkleidekabine des Miami-Teams. Glaubst du wirklich, daß du Miami auf diese Weise provozieren solltest?«

Holtz musterte mich mit dem typischen Blick eines Erwachsenen, der ein Kind in die Geheimnisse des Lebens einweiht.

»Hör mal, Harvey«, sagte er. »Das zählt diesmal nicht. Du hast die Fans gesehen, aber hast du auch das Team beobachtet?« Mir war wirklich etwas aufgefallen... inmitten dieser tosenden Menge gab es eine Insel erstaunlicher Ruhe, und zwar das Team. Als Holtz seinen Spruch losließ, konnte man direkt spüren, wie sämtliche Mannschaftsmitglieder gleichzeitig von einem Fuß auf den anderen traten und seufzten. Dann trotteten sie zum Bus, zur Mannschaftssitzung. Sie glaubten ihm nicht.

Holtz fuhr fort: »Nein, nein, ich weiß genau, was ich tue. Die letzten vier Male, als wir gegen Miami angetreten sind, haben sie uns insgesamt 133:20 geschlagen. Zwar war ich bei drei dieser vier Spiele nicht dabei, aber trotzdem, meine Jungs glauben nicht, daß sich etwas ändern wird. Wir haben eine schreckliche Trainingswoche hinter uns. Ich weiß, was sie denken, und sie glauben, daß sie einfach nicht gewinnen können. Sie lesen die Zeitungen ja auch. Ich ebenfalls. Und ich wollte ihnen vor Mutter, Gott und Vaterland zeigen, daß ich überzeugt bin, daß sie's schaffen können, daß ich an sie glaube. Wenn nicht ich, wer denn dann?«

Nun zur Mannschaftssitzung; ich spiele hinten im Raum Mäuschen. Holtz geht an die Tafel und schreibt:

**Wir werden Miami niedermachen**

Er dreht sich zu den hundert Mitgliedern des Notre-Dame-Footballteams um und fragt:

»Warum habe ich das gesagt?«

Keiner meldet sich.

»Warum habe ich das gesagt?«

Eine Hand, endlich.

»Ja?« fragt Holtz.

»Na ja, Coach, ich glaube, weil wir beim Anspiel besser sind.«

Holtz wendet sich wieder der Tafel zu. Er schreibt:

**Besseres Anspiel**

»War's das?« fragt Holtz.

Noch eine Hand.

»Unsere Stürmer in der Angriffslinie preschen schneller vor als ihre«, sagt jemand.

Holtz schreibt:

**Schnellere Stürmer in der Angriffslinie**

»Noch was?« lautet seine nächste Frage.

»Den Vorstoß stoppen. Unsere Jungs können hinter ihren Fängern Position beziehen.«

**Vorstoß stoppen**

notiert Holtz.

»Okay«, sagt Holtz. »Wer blockt[1] morgen für Notre Dame?«

Fünf Hände gehen hoch.

Holtz schüttelt den Kopf.

»Habt ihr keine Zeitung gelesen, Jungs? Walsh (Miamis Quarterback[2]) hat fünf Spiele bestritten, ohne daß ein einziger seiner Pässe abgeblockt werden konnte. Ist das euer Ernst?«

Die fünf Hände bleiben oben.

Holtz nennt die Namen der fünf, die ihre Hand oben haben, und schreibt eine riesige 5 an die Tafel.

»Wer schafft morgen für Notre Dame ein Tackling[3]?«

Vier melden sich.

»Moment noch«, sagt Holtz. »Walsh ist in fünf Spielen nicht ein einziges Mal durch ein Tackling behindert worden.«

Die Hände bleiben oben.

Holtz nennt die Namen und schreibt eine große 4 an die Tafel, direkt unter die 5.

»Und wer schnappt sich morgen den Ball, verliert ihn und sorgt dafür, daß Notre Dame an die Gedrängelinie zurück muß?«

Fünf Hände schnellen hoch. Dasselbe Schema: Eine weitere 5 unter die 4. Holtz zieht einen Strich unter die letzte Zahl und rechnet zusammen.

---

1 Behindern der nicht ballführenden Gegner durch Körpereinsatz.

2 Wichtigster Spieler der Angriffsformation.

3 Festhalten oder Zubodenwerfen des ballführenden Spielers.

»Macht vierzehn«, sagt er. »Vierzehn Turnover[4]. Hey, wir brauchen gar nicht mehr zu spielen. Wir haben das Spiel schon jetzt gewonnen!«

Natürlich spielten sie, und sie siegten, 31:30. Schließlich qualifizierte sich das Team für das Endspiel um die College-Meisterschaft. Auch hier gewann das selbstsichere Notre-Dame-Team, mit 34:21 gegen West Virginia.

Holtz hatte einer College-Football-Mannschaft, die nicht mehr an sich selbst glaubte, Dampf gemacht, er hatte die Energie der Fans und sein eigenes Selbstvertrauen auf sie übertragen. Und genau das war der entscheidende Unterschied. Der eine Punkt, der Notre Dame den Sieg bescherte. Winzig war der Unterschied zwischen Sieg und Niederlage, aber wie groß ist im Vergleich dazu der Unterschied, den ein einziger Mann bewirken kann, der andere zu motivieren vermag. Holtz versprach seinen Spielern weder eine spektakuläre Belohnung, noch drohte er ihnen Strafen an. Er brachte nur das Beste in ihnen an die Oberfläche, indem er ihren Glauben an das stärkte, woran er glaubte: an sich selbst.

Ich weiß, daß solche Wunder möglich sind, weil ich selbst Zeuge war. Auch Sie können ein solches Wunder bewirken, nicht nur bei anderen, sondern auch bei sich selbst.

---

4 Situation, in der eine Mannschaft den Ballbesitz durch einen Fehler oder eine geringfügige Regelwidrigkeit verliert.

# *Lektion 2*

## Das größte Kompliment, das ich je erhalten habe, war eine stehende Ovation mit Buhrufen

Die *New York Times* und *USA Today* nannten es »den größten Coup in der fünfzigjährigen Geschichte der NFL« (National Football League). Ausgerechnet die Minnesota Vikings, die in den »Super Bowl«-Spielen der Football-Profiliga mit vier Niederlagen und ohne Sieg als schlechtester aller Teilnehmer dastanden, hatten endlich das große Los gezogen. Natürlich nicht auf dem Spielfeld, aber genau dort, wo es am meisten zählt: beim Kasse machen.

1992 wird Minnesota den 26. Super Bowl ausrichten. Die Einnahmen einer Gastgeberstadt werden dabei auf 300 Millionen Dollar geschätzt. Kein Ereignis, nicht einmal die aus sieben Ausscheidungskämpfen bestehende Weltmeisterschaft im Baseball (World Series) oder ein Parteitag mit Nominierung des Präsidentschaftskandidaten, kann diesen Einnahmenrekord überbieten. Wenn man allein die gegenwärtigen Kosten für eine Minute Fernsehsendezeit an diesem Super-Sonntag mit 1,35 Millionen Dollar veranschlagt, und außerdem noch eine vierzehntägige massive Werbekampagne in sämtlichen Bundesstaaten sowie zweieinhalb Jahre lang eine tägliche »Werbespritze« einkalkuliert, dann ist der Werbeeffekt für die Stadt unvorstellbar groß. Eine solche Publicity erzielt eine Kommune nur dann, wenn sie wie Three Mile Island durch ein Reaktorunglück in die Schlagzeilen gerät.

Darum war der Wettbewerb um den Austragungsort zwischen den Stimmberechtigten in der NFL so hart und unerbittlich wie jedes Spiel, nur ging es hier um einen *weit* höheren Einsatz.

Die Schachzüge und Abwehrstrategien unterschieden sich kaum von jenen, die auf den Schlachtfeldern der Unternehmen ausgetragen werden. Sie fanden allerdings nicht im Wirtschaftsteil der Zeitung statt, sondern auf den Sportseiten.

Und deshalb mußte ich einfach mitspielen, genauso wie damals, als wir darum kämpften, die Baseball-Lizenz für die Twins, die Mannschaft der Zwillingsstädte St. Paul und Minneapolis, in Minnesota zu halten.

Unsere grundlegende Strategie stammte geradewegs aus Frank Leahys Lehrbuch. Während der vierziger und fünfziger Jahre, als Leahy Notre Dame als Coach betreute, begann die College-Football-Saison inoffiziell unweigerlich mit seiner leidvollen, trübseligen Klage, daß sein Team in diesem Jahr, DIESEM SCHRECKLICHEN JAHR, kein einziges Spiel gewinnen werde. Diese Ankündigung wurde mit einer gewissen Skepsis aufgenommen, da Leahy mit seiner Mannschaft einen Punktestand von 107:13 angehäuft hatte, sieben Mal unbesiegt geblieben war und fünfmal die US-Meisterschaft gewinnen konnte.

Dennoch kam Leahys vorgetäuschter Pessimismus seinen Zwecken höchst gelegen. Die Medien konzentrierten sich nicht länger auf sein Team, sondern nahmen die gegnerischen Mannschaften ein bißchen stärker in die Mangel. Ich bin sicher, daß der Teil von Leahys Persönlichkeit, der in Lou Holtz wiedergeboren zu sein scheint, das gleiche Ergebnis anpeilt.

Wie kann man mit solchen Vorbildern überhaupt verlieren?

In der Öffentlichkeit ließen die Mitglieder unseres Super-Bowl-Aktionskomitees durchsickern – besonders gegenüber den Repräsentanten anderer Städte, die sich ebenfalls als Austragungsort beworben hatten –, daß wir uns keine sonderlich großen Chancen ausrechneten.

Bei dieser uralten List erhielten wir unbeabsichtigt die Unterstützung unserer lokalen Medien. Sie hielten den Gedanken wohl für grotesk, daß sich ein so nichtssagender Staat wie Minnesota um ein so glanzvolles Ereignis wie die »Super Bowl« bewirbt. In ihren Augen hätten wir besser daran getan, die Satellitenübertragung des Spiels aus einem so exotischen Ort wie Miami oder New Orleans daheim vor dem Fernsehgerät zu verfolgen. Ein Leitartikel in der lokalen Tageszeitung beschrieb unseren lahmen Versuch folgendermaßen: »Das Super-Bowl-Aktionskomitee ist von anderen Städten finanziell kaltgestellt und ausmanövriert worden, die sich darum reißen, als Austragungsort für die Super Bowl zu fungieren.« Eine weitere ehrenvolle Niederlage, ein Lob für uns, denn wir waren ja trotz allem wirklich nette Kerle.

Nur, dieses Mal stammten unsere Konkurrenten nicht aus dem Sun Belt, dem sonnigen Süden der USA. Es war eines jener Jahre, wo nach dem Motto verfahren wurde: »Wir müssen dem ›rostigen‹ Norden mit dem Super Bowl wohl alle zehn Jahre mal einen Brocken hinwerfen, damit er wieder Ruhe gibt.« Unsere Konkurrenten waren die Autometropole Detroit, Indianapolis und Seattle – nicht zu unterschätzende Rivalen, aber wie die Zwillingsstädte auch nicht gerade ein Paradies für jene, die mitten im Januar einen Tag am Strand verbringen möchten.

Niemand hat es je so gut wie wir in bezug auf diese drei Konkurrenten verstanden, sich an das Sprichwort von den schlafenden Hunden zu halten, die man nicht wecken sollte. Schon zu Beginn des Selektionsprozesses und in den zwölf Monaten, bevor die endgültige Entscheidung fiel, teilten sich Detroit, Indianapolis und Seattle abwechselnd die Favoritenrolle. Wir wurden stets unter »ferner liefen« eingereiht und akzeptierten erfreut und höchst bereitwillig die Rolle, die uns die Öffentlichkeit zugedacht hatte. Wir lagen im Unterholz auf der Lauer, während sich die Konkurrenz von Ast zu Ast schwang und dabei miteinander kollidierte.

Kein Mensch, der seine Sinne beisammen hat, würde

mitten im Januar nach Minnesota reisen, oder? Es gab doch wohl niemanden, der diese Exzentriker aus Minnesota ernst nahm!

Ich möchte darauf hinweisen, daß alle 28 NFL-Teambesitzer durchaus einen klaren Kopf haben. Jeder hatte mit seiner Mannschaft einen Vermögenswert erworben und ihn bis zu einem Punkt gehegt und gepflegt, an dem er schätzungsweise 80 Millionen Dollar wert war. Keiner wäre so töricht, einen solchen Aktivposten zu verschleudern und sich bei der Inszenierung des ersten Spiels in diesem Jahr, das landesweit als Attraktion galt, zum Narren zu machen.

Diese Leute können außerdem eine Wetterkarte lesen. Ob Sie es glauben oder nicht – die Horrorgeschichten über das Wetter in Minnesota sind genauso übertrieben wie die angeblichen Vorzüge von Weizenkleie für die Gesundheit. Tatsache ist, daß wir im Januar mehr sonnige Tage haben als die übrigen Bundesstaaten. Ich habe nicht ›wärmer‹ gesagt; nur sonniger.

Aber natürlich ging es in diesem Wettbewerb nicht nur um Sonnenschein, sondern in erster Linie um Politik. Hier zählte das Faxgerät mehr als die Fakten.

28 Stimmen waren zu vergeben. Wir brauchten 15, um zu gewinnen.

Wir begannen, Nachforschungen über die 28 Team-Besitzer anzustellen.

All unsere Bemühungen hingen letztlich von unserer Fähigkeit ab, ein Netz von Beziehungen zu diesen Leuten aufzubauen, und dazu waren zunächst umfangreiche Recherchen erforderlich. Wir riefen mehr als fünfhundert Personen an – Bibliotheken, Zulieferer, Kunden, Freunde, Freunde von Freunden, Rivalen, etliche unter den in *Fortune* genannten Reichen und das gesamte Football-Establishment.

Am Ende stand eine wissenschaftliche Entdeckung von kosmischem Ausmaß, das wichtigste Wort im englischen Vokabular. Fragen Sie tausend Leute nach diesem Wort, und Sie werden vermutlich nicht eine einzige richtige Antwort erhalten.

Im Wörterbuch ist es übrigens auch nicht zu finden.

Es ist das Wort »Rolodex«.

Jeder bemüht sich, ein Beziehungsnetz zu knüpfen, aber Ihr Rolodex, in dem die Namen Ihrer Kontaktpersonen in alphabetischer Reihenfolge und die dazugehörigen Daten stichwortartig verzeichnet sind, ist der Schlüssel zum Erfolg auf diesem Gebiet.

Wenn Sie nächstes Mal jemand kennenlernen, mit dem Sie in Verbindung bleiben wollen, sollten Sie seine Visitenkarte nicht einfach in eine Schublade werfen. Tragen Sie die Informationen in Ihren Rolodex ein, und ergänzen Sie diese durch Notizen persönlicher Art: Hobbies, Vorgeschichte, Namen der Familienmitglieder, Schule der Kinder, was immer Sie wollen. Beim nächsten Gespräch mit ihm haben Sie alles Wissenswerte parat. Sie sind vielleicht nicht in der Lage, sich ohne Hinzusehen an die Farbe der Krawatte zu erinnern, die Sie selbst gerade tragen, aber jeder, den Sie in Ihrem Rolodex verewigt haben, wird Ihr fabelhaftes Gedächtnis loben.

Ich versuche, auch das Geburtsdatum festzuhalten, aber ich mag die Betreffenden nicht direkt danach fragen. Das klingt mir zu sehr nach dem typischen Annäherungsversuch in einer Bar für Singles: »Mein Sternzeichen ist Löwe. Und Ihres?« Wenn der Betreffende keinen Eintrag im *Who's Who* hat, sollten Sie am besten die Sekretärin oder den Ehepartner fragen. Vermerken Sie das Datum im Kalender, und rufen Sie an diesem Tag an. Wann hat irgend jemand – außer Ihrer Mutter, Ihrem Bruder oder Schwester und Ihrer besseren Hälfte – Ihnen zum letzten Mal telefonisch zum Geburtstag gratuliert?

Wenn das Haus in Flammen steht, verschwenden Sie keinen zweiten Gedanken an das gute Porzellan, das Silber und das Album mit den Hochzeitsfotos; retten Sie lieber Ihren Rolodex.

Lyndon Johnson war der beste »Netzwerkknüpfer« aller Zeiten. Als er zum ersten Mal als Berater eines Kongreßabgeordneten nach Washington kam, lebte er in einer großen Pension zusammen mit anderen hartgesottenen, ehrgeizigen jungen Männern, die gerade im Begriff waren, die untersten Stufen der politischen Karriereleiter zu erklimmen. Wie Christopher Matthews in der Johnson-Biographie *Hardball* schildert, pflegte Johnson jeden Morgen etliche

Male die Eingangshalle zu durchqueren, um an ein bestimmtes stilles Örtchen zu gelangen. Schuld daran war nicht seine schwache Blase. Er glaubte, im Flur könne man am leichtesten neue Freunde gewinnen. Seine Rechnung muß wohl aufgegangen sein, denn diese Kontakte sollten sich als Sprungbrett für seine Wahl zum Sprecher des »Little Congress« erweisen, einer Organisation der Adjutanten im Kongreß, und als Beginn einer außergewöhnlichen politischen Laufbahn.

Aber halten Sie sich nicht zu lange auf dem Klo auf; die Leute könnten auf komische Ideen kommen. Bleiben Sie lieber beim Rolodex.

Nachdem wir die unglaublichen, verborgenen Kräfte unserer Rolodex-Karteien entfesselt hatten, setzte sich unser Aktionskomitee zusammen, tauschte Informationen aus und verteilte die Aufgaben. Wir legten fest, wer die »todsicheren« Teambesitzer übernehmen sollte, wer sich mit den »Risiko-Kandidaten im Pool« zu befassen hatte und wie wir bei der Kontaktnahme mit jedem einzelnen vorgehen wollten.

Mir wurde Lamar Hunt zugeteilt, ein As in jedem Blatt. Ich schäme mich keineswegs, Ihnen noch einmal meine »Hausaufgaben«-Nummer zu präsentieren, indem ich Ihnen von unserer Begegnung erzähle. Hunt ist ein Ölmilliardär aus Dallas und Besitzer der Kansas City Chiefs. Unsere Rolodex-Aufklärungsaktion erbrachte, daß er – und nicht Pete Rozelle oder irgendein Public-Relations-Typ – derjenige war, der in Wirklichkeit den Namen »Super Bowl« erfunden hatte: Er spielte mit seinem Sohn und einem Spielzeug namens »Superball«, als ihm plötzlich das sprichwörtliche »Licht« aufging. Der Rest ist Geschichte.

Als es mir gelang, beim Treffen mit Hunt diese Anekdote in die Unterhaltung einzuflechten, schoß er aus seinem Sessel hoch, als hätte sein Hosenboden Feuer gefangen. Er rannte zum Schrank und kramte einen zwanzig Jahre alten Superball sowie eine Handvoll Zeitungsausschnitte aus dem Jahr 1966 hervor, die er aufgehoben hatte. Sie bestätigten, daß es Lamar Hunt war, der dem Super Bowl seinen Namen gab. Diesem Ereignis kommt vielleicht nicht der gleiche Stellenwert zu wie der Entdeckung eines Heilmittels gegen Krebs; aber es gibt schlimmere Vermächtnisse, als der Nachwelt als der Mann in Erinnerung zu bleiben, der einer amerikanischen Institution ihren Namen gegeben hat.

Die NFL-Besitzer stimmen in geheimer Wahl ab; aber ich kann Ihnen sagen, daß in diesem Fall Lamar Hunt zu den 15 »Ja-Stimmen« für Minnesota gehörte, mit denen wir fest rechneten.

Der härteste Teil unserer Aufgabe bestand allerdings nicht darin, auf Stimmenfang zu gehen, sondern unser eigenes Team zusammenzuhalten. Wir sahen uns mit mehr persönlichen Konflikten konfrontiert als die New York Yankees in ihrer Umkleidekabine.

Das alte Management der Vikings war nämlich vom jetzigen Management in einer Reihe ziemlich öffentlichkeitswirksamer Gerichtsverfahren gezwungen worden, den Hut zu nehmen. Da wurde viel schmutzige Wäsche gewaschen, und so hatte der Streit inzwischen ähnliche Eigenschaften wie ein Scheidungsprozeß, der dazu beiträgt, die Verbitterung auf beiden Seiten noch zu vertiefen. Die beiden Parteien waren sich nicht fremd, sondern seit Jahren miteinander befreundet gewesen oder hatten in enger Geschäftsverbindung gestanden, bevor sie ihren eigenen Krieg inszenierten und seine negativen Auswirkungen zu spüren bekamen.

Die meisten NFL-Besitzer sind natürlich auch mit dem Gerichtssaal vertraut. Diese Leute haben ihren Sandkasten nicht erobert, ohne auf ihrem Siegeszug einigen ihrer Spielkameraden gehörig auf die Füße zu treten. Folglich waren sie, was die Enthüllung von Geschäftsmethoden und -praktiken betraf, kaum zu schockieren. Trotzdem wollten sie nicht, daß der Super Bowl in einer Atmosphäre ausgetragen wurde, in der die Feindseligkeit hörbar knisterte. Das war nicht gut fürs Image.

Außerdem hatte das ehemalige Vikings-Management noch immer viele Freunde unter den NFL-Teambesitzern, insbesondere in den Reihen der Alten Garde. Diese Freundschaften häuften sich zu einem Stapel uneingelöster Schuldscheine an, die sich in Stimmen umsetzen ließen, wenn die neuen Besitzer der Vikings den alten erlaubten, beim Stimmenfang mitzuhelfen.

Es ist immer wieder erstaunlich, wie die greifbaren Vorteile des Kapitalismus bei der Überwindung von Konflikten den wirksamsten Anreiz darstellen. Mike Lynn zum Beispiel zeichnet jetzt voll und ganz für die Leitung des Vikings-Teams verantwortlich; er gilt als ebenso kompetenter wie harter Chef. Er ist nicht bei allen beliebt, zählt aber allgemein zu den Topmanagern im Profisport. Er ist zwar ein praktisch denkender Mensch, mußte aber erst davon überzeugt werden, daß es vorteilhaft wäre, wenn einer der früheren Besitzer der Vikings, Max Winter, einen zentralen Vorstoß bei der Liga unternehmen würde. Max und Mike hatten wenig füreinander übrig, aber schließlich ließ sich Mike doch zu der Ansicht bekehren, daß Max gebraucht wurde. Ohne Max kein Super Bowl. Und so fand auch Lynn heraus, daß niemand erstickt, wenn er seinen Stolz herunterschluckt.

Am Tag der großen Abstimmung mußte ich leider die NFL-Sitzungen in New Orleans verlassen, um in Seattle einen schon seit langem anberaumten Vortrag zu halten. Die gute Nachricht, daß Minnesota das Rennen gemacht hatte, erreichte mich in dem Augenblick, als ich gerade zum Rednerpult gehen wollte. Und dort zollte man mir den in der Überschrift erwähnten Tribut, den ich nie vergessen werde. Die Tageszeitung von Minneapolis, die vor der Wahl nicht gerade Stimmung für uns gemacht hatte, kommentierte unseren Sieg sehr huldvoll und berichtete später auch über den Empfang, den mir die Gruppe bereitete, die mich als Redner engagiert hatte:

»Wie das Schicksal manchmal spielt«, hieß es in dem Bericht, »wurde Mackay ausgerechnet von einem Mitglied des Super-Bowl-Aktionskomitees aus Seattle begrüßt. Er stellte Mackay vor und bat die Zuhörer, sich von ihren Plätzen zu erheben. Dann forderte er Mackay auf, Platz zu nehmen, und sagte sinngemäß: ›Ich möchte, daß Sie alle unseren Redner mit einem lauten Chor von Buhrufen begrüßen.‹«

Und genau das taten sie, mit Begeisterung. Es war Musik in meinen Ohren.

# HARVEY MACKAYS INTENSIVKURS FÜR ANFÄNGER

# *Kapitel 2*

## Wie man mit den Haien schwimmt, ohne gefressen zu werden

# *Lektion 3*

## Einige neue Gedanken über Haie – denn auch Sie waren mal einer

Alles fing an, als wir noch in den Windeln lagen. Können Sie sich noch erinnern, wie man uns damals behandelt hat? Wenn wir unsere Wünsche lautstark äußerten, hörte die Welt zu. Wenn wir gefüttert werden wollten, hat man uns weiß Gott vollgestopft. Wir mußten nicht wie heute warten, bis das Essen endlich auf dem Tisch steht, oder die Aufmerksamkeit des Kellners erregen, indem wir aufstehen, uns wieder hinsetzen und wild mit den Armen fuchteln. Und wenn wir merkten, daß es unten herum ein wenig feucht wurde, dann machten wir unserem Unbehagen Luft, und in Null Komma nichts war das Malheur beseitigt.

Die Windeln, die wir damals trugen, waren alles andere als ein Zeichen der Hilflosigkeit.

Sie waren für einen Hai gemacht.

Sie symbolisieren die erste – und vermutlich einzige – Phase im Leben, wo wir genau das bekamen, wonach wir lautstark verlangten. Seit wir den Windeln aber entwachsen sind, müssen wir uns ein Leben lang den Kopf darüber zerbrechen, wie wir andere dazu bringen, unsere Wünsche zu erfüllen. Denn in den ersten beiden Jahrzehnten ohne Windeln rächen sich die Leute, die uns hineingesteckt haben, indem sie uns ständig nach ihrer Pfeife tanzen und durch jeden Reifen springen lassen, den man sich nur vorstellen kann. Nun sind wir keine Haie mehr, sondern Haifischfutter.

Erst wenn wir erwachsen und selbständig sind, treten wir in die dritte Lebensphase ein. Wir haben inzwischen gelernt, mit den Haien zu schwimmen, ohne von ihnen gefressen zu werden. Diejenigen, die uns früher die Windeln wechselten, haben noch immer etwas zu sagen. Wir hören zu – manchmal zumindest. Aber wir treffen unsere eigenen Entscheidungen. Die alte Beziehung zwischen Hai und Beute wird schwächer, und wenn wir Glück haben, beginnen wir, im anderen weniger den Rivalen zu sehen, der es darauf abgesehen hat, unser Leben zu steuern, sondern den lebenslangen Freund, der die gleichen Ziele verfolgt wie wir.

Der endlose Kreislauf von Bitten und Gebetenwerden, von Geben und Nehmen, von Manipulieren und Manipuliertwerden ist in jeder menschlichen Beziehung vorprogrammiert, selbst in der unschuldigsten und liebevollsten.

Ob Sie zu den Haien, ihren Opfern oder gleichrangigen Gegnern gehören, hängt von Ihrer Fähigkeit ab, das gleiche Wissen zu erwerben wie der Mensch, mit dem Sie es zu tun haben, und sich über seine Gewohnheiten und Methoden ebenso gründlich zu informieren, wie er sich mit den Ihren vertraut gemacht hat.

Manchmal sind wir im Vorteil, insbesondere wenn wir über klar definierte Ziele und die besseren Informationen verfügen. Der Autoverkäufer ist dem Autokäufer immer überlegen, denn er besitzt die einzige wichtige Information, an die der Käufer niemals herankommt: Er kennt den tatsächlichen Preis eincs Automodells. Wenn er über Zahlungsmodalitäten, Rabatte bei Inzahlungnahme Ihres alten Wagens, Vorkaufsrecht, handelsübliche Vorauszahlungen, also über die verwirrende Vielfalt der Angebotsvariablen, spricht, dann kommt er Ihnen schließlich mit einer Formel, die ihm ein hübsches Gewinnpolster sichert. In dem Augenblick jedoch, wo Sie über die gleichen Informationen verfügen wie er, sind Sie keine Beute mehr, sondern gegen den Hai gewappnet.

Man kann die Dinge sicher auch aus einer anderen Perspektive betrachten. Vielleicht haben Sie festgestellt, daß man nur durch Erfahrung klug wird und nur so vermeiden kann, daß man einen Fehler zum zweiten Mal macht. Aber das trifft weder auf mich noch auf viele andere Menschen zu. Die meisten von uns sind Gewohnheitstiere mit so tief verwurzeltem Hang zu Fehlern und so starrem, unveränderlichem Charakter, daß wir nicht einmal clever genug sind, *neue* Fehler zu machen, sondern die alten, blödsinnigen ständig wiederholen.

Ich bin der Meinung, wenn mir der gleiche Fehler nur *zweimal* unterläuft, dann habe ich schon bessere Karten als meine Mitspieler. Ich halte mich an die Regel, den gleichen Fehler nie *dreimal* zu machen.

Durch Weiterbildung können Sie vermeiden, daß Sie für Ihre Erfahrung teures Lehrgeld bezahlen müssen. Seminare, Tonbandkassetten, Kurse, Kontakte – all das macht weniger Mühe, als wenn man etwas auf dem harten Weg lernt.

Ich weiß, daß Sie dazu in der Lage sind. Nicht, weil Sie dieses Buch lesen, sondern weil Sie wie jeder Mensch einmal ein Hai waren.

# *Lektion 4*

## Nehmen Sie die Stellung, und begeistern Sie sich dafür!

Nach endlosen Jahren auf der Schulbank, nach Zeugnissen, Zwischen- und Abschlußprüfungen scheint es, als ob Sie endlich lernen könnten, wie es wirklich in der großen, schlechten Welt da draußen aussieht. Wollen Sie einen Rat? Davon wird man Ihnen jede Menge geben.

Aber folgendes sollten Sie sich merken:

Es stimmt nicht, daß es da draußen nur wie bei den Wölfen zugeht. Ray Kroc, der Gründer von McDonald's, hat es treffender ausgedrückt: »Ratte frißt Ratte.«

Als erstes entdecken Sie, daß sich hundert Kandidaten um den Job bewerben, auf den *Sie* es abgesehen haben. Schlimmer noch, hier werden keine Durchschnittsnoten verteilt; schließlich sitzen Sie nicht mehr im Klassenzimmer. Schon der Zweite wird der Letzte sein, wenn er die Anstellung nicht bekommt.

Und so können Sie die Karten zu Ihren Gunsten mischen:

Bevor Sie auch nur einen Fuß in die Firma XYZ setzen, machen Sie Ihre Hausaufgaben. Nehmen Sie XYZ unter die Lupe.

Wenn es sich um eine große Kapitalgesellschaft mit Publizitätspflicht handelt, gibt es normalerweise eine Abteilung, die für die Beziehungen zu den Investoren zuständig ist. Setzen Sie sich mit dieser Abteilung in Verbindung, und bitten Sie um Zusendung der Jahresberichte oder anderer aktueller Veröffentlichungen über die Firma. Lassen Sie sich vor allem Kopien von den Reden zuschicken, die Mitglieder der Geschäftsleitung in jüngster Zeit gehalten haben, oder Informationen über Preise und Auszeichnungen, die ihnen verliehen wurden.

Wenn der Betrieb nicht besonders groß oder mit einem sichtbaren Profil ausgestattet ist, stehen Ihnen noch immer etliche Informationsquellen zur Verfügung, die Sie anzapfen können. Suchen Sie die Zentrale Ihrer Stadtbibliothek auf. Hier gibt es meistens eine Sparte für Wirtschaftsliteratur. Lesen Sie alles, was Sie dort über die Firma in die Finger bekommen können. In vielen Büchereien werden Zeitungsausschnitte über die ortsansässigen Unternehmen in einem Archiv gesammelt, einschließlich der Reden und Auszeichnungen der Vorstandsmitglieder. Überprüfen Sie auch die wichtigsten Namen im *Who's Who* oder im Register der lokalen Tageszeitung.

Für den Fall, daß Ihre Tageszeitung kein für die Öffentlichkeit einsehbares Register hat, sollten Sie sich in die Geschäftsstelle der Zeitung bemühen, den Archivar aufsuchen und ihn um die Erlaubnis bitten (oder vielmehr anflehen, denn Zeitungen neigen dazu, ihre eigenen Archive sehr stark abzuschotten), Einblick in die Zeitungsausschnitte über XYZ und die Führungsetage des Unternehmens nehmen zu dürfen.

Setzen Sie sich mit dem Sekretariat der Universität in Verbindung, die Sie besucht haben, und stellen Sie fest, ob einer der ehemaligen Absolventen für XYZ arbeitet. Dann rufen Sie ihn oder sie an, vereinbaren ein Treffen und bitten um Informationen.

Fragen Sie eine bis dahin völlig verkannte Informationsquelle, Ihre Eltern, was die über XYZ wissen. Vielleicht sind sie sogar bereit, ihre eigenen Kontakte spielen zu lassen und für Sie soviel wie möglich in Erfahrung zu bringen. Sie sollten Ihre Eltern oder einen von deren Freunden sogar bitten, ein Einstellungsgespräch mit Ihnen durchzuspielen, um Schwachstellen zu entdecken, an denen Sie noch arbeiten müssen. Achten Sie auf einen weiteren wichtigen Punkt, die Karriereplanung. Haben Sie sich die Frage gestellt: »Wo stehe ich in zwei Jahren, wenn ich diese Position annehme?«

Nun sind Sie gut vorbereitet und mit der schlagkräftigsten Waffe gerüstet, derer Sie habhaft werden können: einem Wissensvorsprung. Ihnen ist schon mehr über die Firma bekannt als zwei Dritteln der Kandidaten, mit denen Sie um den heißbegehrten Arbeitsplatz kämpfen werden. Und nun zum nächsten Schritt.

Bitten Sie schriftlich um ein Einstellungsgespräch. Der Brief sollte nicht an die Personalabteilung gerichtet sein, obwohl er vermutlich am Ende dort landen wird. Schreiben Sie an eine der Führungskräfte, über die Sie etwas nachgelesen haben. Erklären Sie ihm oder ihr, was Sie für die gute alte Firma XYZ zu leisten imstande sind, und vergessen Sie nicht die gemeinsamen Interessen zu erwähnen, die Sie bei Ihren Nachforschungen entdeckt haben.

In vielen Unternehmen spielen persönlicher Stil, Wertvorstellungen und andere nicht greifbare Kriterien bei der Auswahl der Bewerber eine vorrangige Rolle. Fair ist das nicht, vielleicht nicht einmal beabsichtigt. Aber Sie sind ein unbeschriebenes Blatt, und woran könnte sich die Firma sonst orientieren? Deshalb sollten Sie Ihre Wertvorstellungen betonen, die sich anscheinend mit denen des Unternehmens decken.

Warten Sie genau eine Woche.

Dann rufen Sie an – und zwar so lange, bis Sie jemanden gefunden haben, der sich bereit erklärt, mit Ihnen ein Einstellungsgespräch zu führen.

Jetzt haben Sie 98 von hundert Konkurrenten an die Wand gespielt, die nicht mehr getan haben, als ein Stellenangebot in der Zeitung ausfindig zu machen und das Personalbüro anzurufen.

Natürlich landen auch Sie unter Umständen in der Personalabteilung, aber wenigstens sind Sie dann von der Person dorthin verwiesen worden, an die Sie Ihre Bitte um ein Vorstellungsgespräch gerichtet haben. Und dieser Brief ist vor Ihrer Ankunft im Personalbüro an Ort und Stelle, so daß der Personalchef etwas zum Anschauen hat und Ihnen beiden der Gesprächsstoff nicht ausgeht.

Garantien? Die gibt es nicht in diesem Leben! Was es jedoch sehr wohl gibt, sind kreative Möglichkeiten, Ihre Chancen zu verbessern, und dies ist eine solche.

# *Lektion 5*

## Fünf Punkte, die es zu beachten gilt, wenn Sie eine Gehaltserhöhung fordern

Wenn Sie eingestellt wurden und sich rund um die Uhr abgerackert haben, um Ihrer Firma zu beweisen, daß sie den besten neuen Mitarbeiter aller Zeiten eingestellt hat, könnten Sie zu der Schlußfolgerung gelangen, daß eine Gehaltserhöhung fällig sei. Hier sind fünf Tips, die Ihnen zumindest eine Chance geben, im Kampf zu bestehen:

*1. Bestimmen Sie die Tagesordnung.* Gehalt und/oder Leistung fast aller Mitarbeiter werden einmal im Jahr beurteilt; ich finde es jedoch erstaunlich, wie wenige angemessen darauf vorbereitet sind. Sie sollten auf jeden Fall darauf achten, daß Ihre Unterlagen vollzählig sind. Sie müssen in der Lage sein, die Fakten anzuführen, die Sie von Ihrer besten Seite zeigen, und diese auf verständliche, geordnete Weise vortragen können. Was Sie außerdem noch brauchen, ist die Fähigkeit, Ihre Rolle gut zu spielen. Als loyaler Mitarbeiter müssen Sie als erstes die Fragen über sich ergehen lassen, die Ihr Chef auf seiner Liste hat. Fahren Sie keine schweren Geschütze auf, während er oder sie noch dabei ist, sein Programm durchzuziehen. Wenn Sie zu schnell dazwischenfunken, bekommen Sie mit Sicherheit zu hören: »Sie sind nicht der einzige, dessen

Leistungen beurteilt werden, und die Firma hat ein festes Verfahren für derartige Gespräche.«

Sie werden niedergeschossen, noch bevor Sie ziehen können.

Warten Sie ab. Nachdem Ihr Chef die Punkte auf seiner Tagesordnung abgehakt hat, bitten Sie ihn, jetzt Ihren Fall mit eigenen Worten vortragen zu dürfen.

»Ich habe da einige zusätzliche Informationen, die vielleicht ganz nützlich sind, wenn Sie Ihre Empfehlungen äußern und Entscheidungen über meine Zukunft treffen.«

Sie sind noch immer der loyale Mitarbeiter, aber nun findet ein Positionswechsel statt. Sie sind auf dem besten Weg, zum Verhandlungskontrahenten Ihres Arbeitgebers zu werden – aber wer kann schon »nützliche Informationen« ablehnen? Schließlich leben wir doch im Informations-Zeitalter, oder?

*2. Führen Sie Buch.* Sie sollten Ihre wichtigsten Leistungen seit der letzten Gehaltsüberprüfung schriftlich in klar verständlichen Formulierungen festhalten und hieb- und stichfest mit Name, Datum und Ort untermauern.

Versuchen Sie nicht, sich auf Ihr Gedächtnis zu verlassen und in letzter Minute Pluspunkte auszugraben. Sie werden die Fakten nie auf die Reihe kriegen.

Machen Sie Ihre Hausaufgaben.

Dazu gehört auch die tägliche Eintragung des Arbeitsablaufs in Ihrem Tischkalender.

Wenn Sie beispielsweise zwei Überstunden gemacht haben, um eine bestimmte Aufgabe zu Ende zu bringen, sollten Sie dies festhalten. Machen Sie sich jedesmal eine Notiz. In einem Jahr können sie dann eine sehr eindrucksvolle, nachweisbare Zahl präsentieren, statt sich auf die vage Behauptung »Ich hab' 'ne ganze Menge Überstunden gemacht« beschränken zu müssen.

Wenn Sie Aufgaben übernommen haben, die über die in Ihrer Stellenbeschreibung genannten hinausgehen – notieren Sie es.

Wenn Sie Ihren Beitrag in Form einer neuartigen Idee, einer Problemlösung oder einer kostensparenden Technik geleistet haben – notieren Sie es.

Wenn Sie irgendeine Belobigung in mündlicher oder schriftlicher Form von einem Vorgesetzten, Kollegen oder Kunden erhalten haben – notieren Sie es.

Stellen Sie das Ganze zu einem großen, optisch ansprechenden Paket zusammen, und stellen Sie eine Zusammenfassung der wichtigsten Punkte an den Anfang, etwa »insgesamt 247 unbezahlte Überstunden«.

Es ist schwer, Argumente gegen solche einwandfrei belegten Fakten vorzubringen.

3. *Machen Sie sich mit dem Terrain vertraut.* Eine der althergebrachten Abwehrmaßnahmen gegen geforderte Gehaltserhöhungen ist der Hinweis: »Bestimmt haben Sie eine Gehaltserhöhung verdient, aber wir hatten ein lausiges Jahr.«

Tatsächlich?

Handelt es sich um ein Unternehmen mit Publizitätspflicht, beschaffen Sie sich den letzten Geschäftsbericht. Konnte ein Gewinnzuwachs verbucht werden, dann haben Sie ein stichhaltiges Argument für den Hinweis, daß der Geschäftsverlauf nicht gar so schlecht gewesen sein kann. Befindet sich die Firma in Privathand und die Ertragsbilanz unter Verschluß, dann stehen Ihnen immer noch andere Vergleichsmöglichkeiten zur Verfügung, um Ihre Forderung durchzusetzen. Wie steht es mit den veröffentlichten Ergebnissen anderer Aktiengesellschaften derselben Branche? »Mein Gott, ich bin total überrascht, daß wir so schlecht abgeschnitten haben, denn in den Zeitungen stand, die Briefumschlagfirma ›Krummer Hund‹ konnte Rekordgewinne erzielen.«

Und dann denken Sie noch an die Berge von Wirtschaftsstatistiken. Die Wirtschaftsministerien und diverse Institute produzieren laufend Statistiken über den Anstieg der Durchschnittsgehälter im privatwirtschaftlichen Sektor. Sie machen sich sogar die Mühe, dieses Zahlenmaterial nach Branchen aufzugliedern. Sollte Ihnen etwa weniger zustehen als die durchschnittliche Gehaltserhöhung in Ihrer Branche? Die einzelnen Gewerkschaften und deren Dachverbände stützen sich auf diese Statistiken. Das können Sie auch.

*4. Bitten Sie um konkrete Zahlen.* Das ist am schwierigsten, aber Ihnen bleibt keine andere Wahl. Die meisten Leute fühlen sich äußerst unbehaglich, wenn sie sich wie ein Stück Fleisch auf dem Markt verkaufen sollen; aber wenn Sie keinen Preis nennen, dann wird es jemand anderes für Sie tun; oder ihn zu Ihren Ungunsten diktieren. Und dieser Jemand muß nicht unbedingt einer sein, dem Ihr Wohl mehr am Herzen liegt als der Gedanke, der Firma ein paar Kröten einzusparen.

Legen Sie also Ihre Karten auf den Tisch. Achten Sie darauf, daß die Zahl realistisch ist und daß Sie bei Fakten ansetzen. Dabei helfen Ihnen die zuvor erwähnten Überstunden-Eintragungen oder die Zahlen des Handelsministeriums.

Wenn Sie ein Jahresgehalt von 80000 DM beziehen und zusätzlich zu den 2000 bezahlten Arbeitsstunden noch 247 Überstunden leisten, dann haben Sie sich zu 123,35 Prozent für Ihre Firma eingesetzt. Sie haben ihr 12,35 Prozent mehr geboten als vertraglich ausgehandelt, und Sie sind der Meinung, Sie wären im folgenden Jahr eine Gehaltssteigerung in eben dieser Höhe wert, wenn Sie gleiche oder bessere Leistungen vorweisen können. Wenn Sie für keine müde Mark Überstunden gemacht oder sich auf anderem Gebiet hervorgetan haben, die Regierung jedoch von einer durchschnittlichen Industrielohnsteigerung von 5,5 Prozent spricht und Ihre Leistungen als zufriedenstellend beurteilt worden sind, dann sollten Sie zumindest ein Anrecht auf den gleichen Zugewinn wie ein Durchschnittsarbeiter haben.

*5. Lassen Sie sich nicht mit einem »vielleicht« abspeisen.* Wenn Sie Ihre Hausaufgaben gemacht haben, ist es unwahrscheinlich, daß Sie ein klares Nein zu hören bekommen. Rechnen Sie jedoch mit irgendeiner Abwandlung des alten Liedes: »Einmal sehen wir uns wieder«, oder des Gedichts: »...Aber wer weiß schon, wo und wann...« Sorgen Sie dafür, daß Sie wissen, »wo und wann« Ihre Stunde geschlagen hat.

# *Lektion 6*

---

## Fünf Dinge, um die Sie bitten können, wenn man Ihre Gehaltserhöhung abgelehnt hat

Na gut, es hat nicht geklappt.

Was nun?

Denken Sie daran, Fragen schadet nicht. Ihre kurzfristige Taktik ist vielleicht gescheitert, aber dafür wird sich Ihre langfristige Strategie als Erfolg erweisen. Es dauert eben nur etwas länger und erfordert mehr von Ihnen, als Sie gehofft hatten. Gleichgültig, wie höflich das Nein auch vorgebracht wurde, es erzeugt mit Sicherheit Schuldgefühle.

Eine Firma hatte am Anschlagbrett einmal folgende Mitteilung hängen: »Diejenigen, die unterbezahlt sind, werden als letzte entlassen.«

Sie können aus diesem Schuldgefühl Kapital schlagen, sich selbst auf andere Weise helfen und das Fundament für ein künftiges Ja legen, wenn Sie statt um eine Gehaltserhöhung um folgendes bitten:

*1. Längere Arbeitszeit.* Sie haben richtig gelesen, nicht kürzere, sondern längere Arbeitszeit. Aber Sie suchen keine Beschäftigung, bei der Sie den Besen schwingen müssen. Bisher war es lediglich so, daß Ihre Überstunden dem Unternehmen nicht mehr wert waren. Jetzt wollen Sie, daß Ihre zusätzlichen Arbeitsstunden tatsächlich besser honoriert werden. Sie zielen darauf ab, diese zusätzliche Arbeitszeit in neue Aufgabenbereiche zu investieren, die mehr Verantwortung mit sich bringen und Sie vor größere Herausforderungen stellen.

2. *Berufliche Weiterbildung.* Sie möchten die Möglichkeit erhalten, Ihre bereits vorhandenen Fähigkeiten zu vertiefen und neue Fertigkeiten zu erlernen. Wie wär's mit der Chance, an einem Seminar oder einer Tagung teilzunehmen? Oder zahlt die Firma Privatunterricht, damit Sie Ihr Talent als Redner oder Verkäufer verbessern können? Wie wär's mit einem Computer-Lehrgang? Würde die Firma ein solches Ansinnen unterstützen und Ihnen durch den Kauf der erforderlichen Arbeitsplatzausrüstung helfen, das Erlernte in die Praxis umzusetzen?

3. *Leistungsprofil.* Möchten Sie wissen, welche Anforderungen Sie erfüllen müssen, um Ihre Gehaltsziele zu erreichen? Fragen Sie! Und dann bitten Sie um eine erneute Überprüfung Ihrer Bezüge, und zwar noch vor dem regulären Termin, um laufend »Ihre Fortschritte zu verzeichnen«.

4. *Karriereplanung.* Sind Ihre Karriereziele realistisch? Fragen Sie danach! Und dann bitten Sie darum, daß Ihr Chef seine Vorstellungen von Ihrer langfristigen Laufbahn im Unternehmen äußert und einen vernünftigen Zeitplan aufstellt, aus dem Sie ersehen können, wann Sie Ihr Ziel erreichen.

5. *Den Schritt wagen.* Können Sie mit der vollen Unterstützung der Firmenleitung rechnen, wenn Sie um die Versetzung in eine andere Abteilung bitten oder in ein anderes Unternehmen überwechseln, wo man Ihren Gehaltsvorstellungen und Karrierezielen besser gerecht wird?

Dahinter steht der Gedanke, schneller zu sein als der Rest, Abstand von den üblichen Verfahren zu gewinnen, deren sich Ihre Firma bei der Überprüfung der Gehälter bedient. Sie wollen das Rennen auf der Überholspur bestreiten. Sie haben Ihr eigenes Programm entwickelt. Sie sind etwas ganz Besonderes!

# *Lektion 7*

## Wie man seine Stellung behält

Spüren Sie einen kalten Windhauch im Nacken? Kommt das, weil Entlassungen in der Luft liegen?

Personalkosten zu senken ist wohl die bedeutungsschwerste Reaktion der Unternehmen auf die Konkurrenz aus dem Ausland. Allein im Jahr 1988 waren in den USA 3500 Firmenzusammenschlüsse und -übernahmen eine der gravierendsten und sichtbarsten Ursachen für Entlassungen, obwohl der Wandel in der Unternehmenskultur ein noch entscheidenderer Faktor ist.

Das Konzept der »bedarfsgerechten Lieferung« hat sich auch auf dem Arbeitsmarkt durchgesetzt. Die Zeiten, in denen man Mitarbeiter wie Ersatzteile »eingelagert« hat, sind vorüber. Überschüssiges Personal wird »abgebaut«. Die Ära der Kostenanalyse hat begonnen.

Die einzige Möglichkeit, Ihr Überleben zu sichern, ist der Nachweis, daß Ihre Anwesenheit für das Unternehmen Gewinn bringt.

Sehen Sie sich selbst und Ihre Tätigkeit als Profit Center: Egal ob Sie als Verkäufer, Büroangestellter, Krankenschwester, am Computer oder als Produktionsassistent arbeiten, entscheidend, ja unvermeidlich und letztlich ausschlaggebend ist nur die Frage: Bringen Sie Ihrer Firma mehr Geld ein als es kostet, Sie weiterhin zu beschäftigen?

Falls Sie über diesen Punkt bereits Rechenschaft ablegen müssen, um so besser. Falls nicht, dann sollten Sie es jetzt tun.

In manchen Berufszweigen, beispielsweise im Verkauf auf Provisionsbasis, ist die Antwort leicht zu finden. Keine Leistung, kein Geld. Wenn Sie in diesem Bereich tätig sind, ist Ihr Wert für die Firma auf Anhieb meßbar.

Aber machen wir es schwerer. Angenommen, Sie arbeiten in der Personalabteilung, die keinen Pfennig der Firmeneinnahmen in die Hand bekommt und auch betriebsintern keine Dienstleistungen in Rechnung stellt. Vergleichen Sie Ihre Arbeitsplatzkosten mit denen, die anfallen würden, wenn ein anderer – oder etwas anderes – Ihre Aufgaben übernähme. Ihr Konkurrent ist vielleicht keine andere Person, sondern ein anderes Unternehmen.

Könnte ein anderes Unternehmen, wenn es Ihrer Firma einen Stundenlohn in Rechnung stellte, anstatt sie zur Einstellung eines neuen Mitarbeiters zu veranlassen, die gleichen Leistungen erbringen wie Sie – und zwar ohne die Kosten, die für Ihren Krankheitsausfall, Jahresurlaub, Krankenkassen- und Rentenbeitrag anfallen?

Es mag wie eine Ironie des Schicksals erscheinen, aber wenn Sie im Zuge einer dieser kostensenkenden Maßnahmen an die Luft gesetzt werden, sollten Sie keinesfalls alle Brücken hinter sich abbrechen. Es besteht nämlich tatsächlich eine Möglichkeit, daß Sie am Ende wieder Ihren alten Job für Ihr altes Unternehmen verrichten – aber von einer neuen Firma und zu einem merklich niedrigeren Gehalt beschäftigt werden.

Ihr einziger Schutz ist Ihr Geldwert unter dem Strich. Wenn Sie ihn nicht ruhigen Gewissens rechtfertigen können, dann sollten Sie schleunigst versuchen, Ihre Fähigkeiten aufzupolieren oder Ihrem Aufgabenbereich eine zusätzliche Dimension zu verleihen. Sie könnten beispielsweise Reden für die Firma halten, unentgeltlich bestimmte Aufgaben übernehmen, neue Mitarbeiter schulen und/ oder aggressiv die Karriereleiter bis zu dem Punkt hochklettern, an dem Sie Ihren Wert für das Unternehmen rechtfertigen können.

Andernfalls ist es nur eine Frage der Zeit...

# *Lektion 8*

## Halten Sie mehr, als Sie versprechen

Das ist die beste Methode, um nicht arbeitslos zu werden.

Smucker's, der bekannte amerikanische Marmeladenhersteller, verfolgt die Firmenpolitik, immer ein wenig mehr in die Gläser zu füllen, als auf dem Etikett steht. Wiegt irgend jemand nach? Vermutlich nicht. Aber das ist auch nicht nötig, denn jeder weiß, daß sich die Firma an den Grundsatz hält, stets mehr zu tun, als sie tun muß. Das könnte der Grund dafür sein, daß ich – wie viele andere Leute – Marmelade von Smucker's kaufe.

Der erfolgreichste Einzelhändler in den USA, Nordstrom – die höchsten Gewinnspannen, die beste Kapitalrendite, ausnahmslos die richtigen Zahlen – geht für seine Kunden immer noch ein paar Schritte weiter.

Marilyn Savage, eine Lehrerin aus Oregon, wollte eine Nordstrom-Broschüre kaufen über die Kunst, ein Kopftuch zu binden. Preis: ein Dollar. Das Bändchen war nicht vorrätig, aber vier Wochen später wurden ihr zwei Broschüren ins Haus geschickt, gratis. Natürlich kauft sie jetzt bei Nordstrom. Das wäre nicht weiter erstaunlich – wenn sie nicht in Bend leben würde und 250 Kilometer mit dem Auto nach Portland zur nächsten Filiale fahren müßte. Glauben Sie jetzt, daß sich die zwei Dollar für Nordstrom bezahlt gemacht haben?

Eine weitere Geschichte aus Bend. Dieselbe Lehrerin. Dieses Mal fuhr sie ihr Auto zu Schrott und kam knapp mit dem Leben davon. Da sie sich ein anderes Fabrikat zulegen wollte, ging sie zu einem anderen Händler. Das gewünschte Modell war nicht auf Lager, und der Händler weigerte sich auch, es ohne vorherige Kaufverpflichtung zu bestellen. So landete sie schließlich wieder bei dem Händler, von dem das alte Auto stammte, mit dem sie einen Totalschaden gebaut hatte. Der gleiche Verkäufer, der sie damals beraten hatte, bestellte das gewünschte Modell nicht nur zur Ansicht, sondern half ihr auch, für den Schrotthaufen bei der Versicherung weitere 1000 Dollar Schadensausgleich loszueisen.

Wo steht geschrieben, daß Autoverkäufer dazu da sind, einem potentiellen Kunden beim Ausfüllen der Versicherungsformulare zu helfen? Reine Zeitverschwendung.

Aber dieser hilfsbereite Mann ist zufällig schon seit Jahren der beste Verkäufer in seinem Autohaus. Er erhielt von der Lehrerin sogar einen selbstgebackenen Kuchen, als sie den Scheck von der Versicherungsgesellschaft bekam. Sie kaufte das Auto natürlich, obwohl sie sich nicht dazu verpflichtet hatte. Können Sie sich vorstellen, daß sie ihm durch Mund-zu-Mund-Propaganda noch weitere Kunden zugeführt hat?

Erfolgreiche Menschen tun Dinge, die andere ungern tun.

Lou Holtz hat jedesmal, wenn ich mit ihm sprach, gefragt: »Was kann ich für Sie tun?« Das bedeutet nicht, daß er meinen Wünschen immer entspricht; aber sie bedeuten ihm zumindest soviel, daß er sie zu erfüllen versucht. Es gibt nicht viele Leute, die sich so verhalten. Aber es gibt auch nicht viele Leute, die es so weit gebracht haben wie er.

Welche Einstellung haben Sie zu Ihrer Arbeit? Wir alle müssen Dinge erledigen, die uns nicht gerade Spaß machen, aber wir bringen sie hinter uns, um dann das tun zu können, was uns Freude macht. Beverly Sills hat sich als Opernsängerin auf internationalen Bühnen einen Namen gemacht. Als Schriftstellerin mußte sie jedoch lernen, eine neue Erfahrung zu bewältigen, nämlich Autorenlesungen in verschiedenen Städten. Glauben Sie mir, das ist bei weitem nicht so bequem, wie mit der Metropolitan-Oper auf Tournee zu gehen, sondern eher so, als wenn man mit dem Motocross-Team der Toledo Mud Hens übers Land zöge.

Als sie sich nach einem anstrengenden Tag, ausgefüllt mit Radio-Talk-Shows, Zeitungsinterviews, Vorträgen, Lesungen in Buchläden und Autogrammstunden, zu entspannen versuchte, wurde sie von einem Fan bedauert, weil sie »Dutzende von Städten besuchen und so viele verschiedene Leute kennenlernen müsse«. »Nein«, erwiderte sie, »ich *muß* das nicht; ich *möchte* diese Städte besuchen; und ich *muß* die Leute nicht kennenlernen; ich *möchte* sie kennenlernen.« Genau diese Einstellung und diese Persönlichkeit waren ausschlaggebend dafür, daß man sie als Künstlerin umjubelte und ihre Autobiographie in den USA auf der Bestsellerliste landete.

Sorgen Sie dafür, daß man auf Sie aufmerksam wird. Liefern Sie Ihren Bericht nicht pünktlich, sondern vor Termin ab! Das ist gar nicht so schwer, und schreiben müssen Sie ihn ohnehin.

Versuchen Sie nicht nur, die Anforderungen zu erfüllen, die man an Sie stellt. Bieten Sie mehr, als verlangt wird. Tun Sie, was erforderlich ist, um sich vom Rest der Meute abzusetzen. Sorgen Sie dafür, daß man Sie braucht.

## *Lektion 9*

---

# Es gibt keine zweckmäßige Niederlage – weder beim Tennis noch in einer anderen Disziplin

»Die gewinnträchtigste Investition eines jungen Mannes besteht darin, seinem Arbeitgeber Spitzenleistungen zu präsentieren«, erklärte Roger Babson, ein Finanzfachmann aus New England.

Lassen Sie ruhig zu, daß Ihr Chef Ihre Idee stiehlt. Er weiß, woher er sie hat – und an wen er sich wenden kann, wenn er das nächste Mal eine braucht.

Paul Oreffice, der sich zum Vorstandsvorsitzenden der Dow Chemical Company hochgearbeitet hat, kam nach Abschluß des Gymnasiums als Einwanderer in die USA. Er stand vor einer größeren Herausforderung als die meisten jungen Männer am Anfang ihrer Karriere. Er sprach kein Wort Englisch, als er sein Studium an der Purdue University begann.

»Man sollte keine Hemmungen zeigen und den Chef auf jedem nur möglichen Gebiet schlagen«, sagt Oreffice, der oft mit mir Tennis spielt. »Ich bin der festen Überzeugung, ein Gewinner ist ein Gewinner; das glauben übrigens auch die meisten Leute aus meinem Bekanntenkreis in einflußreichen Positionen. Es gibt keine zweckmäßige Niederlage, weder beim Golf noch im Tennis, weder im Umgang mit Vorgesetzten noch mit Kunden.«

Rund zwei Monate vor der Super-Bowl-Abstimmung traf ich Victor Kiam, Besitzer der New England Patriots. Kiam und ich spielten eine Partie Tennis, weil wir beide Autoren von Wirtschaftsbüchern und Tennisnarren sind. Der Einsatz: ein Jahr kostenlose Belieferung seiner Führungskräfte mit Briefumschlägen – oder Remington-Rasierer für meine Mitarbeiter, falls er verlor.

Obwohl ich als Firmeneigner nicht zur selben Liga wie er gehöre (seine Remington-Rasierer-Firma ist um mehr als das Zehnfache größer als mein Betrieb, Mackay Envelope), brauchte ich nicht lange, um herauszufinden, daß wir uns zumindest im Tennis ebenbürtig waren. Ich dachte mir: Dieser Mann wird bei der Wahl des Austragungsorts für die Super Bowl abstimmen; soll ich vielleicht ein paar Aufschläge ins Netz setzen, damit er eine gute Figur macht?

Ich habe darauf verzichtet, denn ich bin ein besserer Tennisspieler als Schauspieler. Hätte er gespürt, daß ich absichtlich verlor – und er ist kein Hohlkopf –, dann hätte ihm das mit Sicherheit weniger gefallen, als wenn er von mir fair besiegt worden wäre.

Außerdem hatte ich ihm für den Fall einer Niederlage bereits ein perfektes Alibi geliefert.

Gerade als er zu seinem ersten Aufschlag ansetzen wollte, hielt ich meine Hand hoch, um ihn zu unterbrechen, rannte ans Netz vor, sprang mit einem Exemplar seines Buches *Unternehmergeist* hinüber in seine Platzhälfte und bat ihn um ein Autogramm.

»Gegen wen spiele ich hier eigentlich«, fragte er, »gegen Bobby Riggs?«

An diesem Tag war nichts mit Mauscheltennis.

Die 350 Remington-Rasierapparate, die ich gewann – für jeden Mitarbeiter von Mackay Envelope einen –, wurden mit einer eleganten Mitteilung von Kiam ausgeliefert: »Harvey hat mich ganz schön eingeseift; aber das ist nichts gegen die Rasur, die ich Ihnen verpassen werde.«

## *Lektion 10*

---

# Die Zehntausender-Regel

Als Kind haben Sie vermutlich erst Eis zum Nachtisch bekommen, wenn die Erbsen aufgegessen waren.

Wenn wir älter werden, finden sich subtilere Druckmittel. Ihr Chef muß nicht unbedingt mit Entlassung drohen, damit Sie Ihr tägliches Arbeitssoll erfüllen.

Aber noch heute erfreut sich eine Variante des Eis/Erbsen-Spiels großer Beliebtheit, bei der die gleichen Resultate erzielt werden. Einer der erfolgreichsten Betreuer des Landes im College-Basketball hält sich an die Zehntausender-, genauer gesagt: die Zehntausend-Dollar-Regel.

»Du hast mehr Freiwürfe verpatzt als jeder andere Neuling unserer Mannschaft. Und du sagst, du könntest den Korb nicht treffen?« fragt er. »Wie wär's, wenn ich dir zehntausend Dollar dafür zahlen würde, daß du für den Rest der Saison mehr Freiwürfe im Korb plazierst, als im Ligadurchschnitt erzielt werden? Traust du dir eine Trefferquote von 65 Prozent zu?«

»Klar, schaff' ich.«

»Ja, das weiß ich auch. Da ist nur eines: Ich zahl' dir keine zehntausend Dollar. Du gehst an die Markierungslinie, und ich will, daß du jedesmal vor dem Wurf denkst, du würdest dafür zehntausend Dollar bekommen.«

Dieser Spieler konnte seine Trefferquote von 50 auf

70 Prozent steigern – und das einem Coach zuliebe, dessen Team öfter als jedes andere an NCAA-Wettbewerben (Nationalverband der College-Sportarten) teilnimmt.

Das gleiche Problem, Szenenwechsel.

»Sie kommen öfter zu spät als jeder andere Mitarbeiter in dieser Abteilung. Ich kenne Ihre Entschuldigungen zur Genüge – sparen Sie sich das. Ich sage Ihnen, was wir machen: Ich werde Sie bestechen. Das verstößt eigentlich gegen die Unternehmensregeln, aber wenn Sie nicht ein einziges Mal mehr zu spät kommen – sagen wir im ganzen nächsten Jahr –, dann werde ich dafür sorgen, daß Sie von uns zehntausend Dollar erhalten. Also, können Sie sich für die zehntausend Dollar einen Wecker beschaffen und sich daran erinnern, ihn zu stellen? Sind Sie in der Lage, für zehntausend Dollar pünktlich am Arbeitsplatz zu erscheinen?«

»Darauf können Sie wetten!«

»Da wäre nur noch eines. Sie werden nicht mehr zu spät kommen, aber ich zahle ihnen auch keine zehntausend Dollar. Ich verlange jedoch, daß Sie sich haargenau so verhalten, als glaubten Sie, ich würde Ihnen das Geld zahlen. Ich weiß jetzt nämlich, daß Sie pünktlich sein können. Das Ganze ist nur eine Frage der Motivation.«

Noch immer das gleiche Problem, erneuter Szenenwechsel.

Dieses Mal ist der Schauplatz des Geschehens Ihr Kopf. Das Problem, ganz gleich welches, können nur Sie lösen. Ihr Chef setzt Ihnen zu. Vage Drohungen. Probieren Sie die Zehntausend-Dollar-Regel bei sich selbst aus. Könnten oder würden Sie's für zehntausend Dollar extra schaffen?

Sie wären dazu in der Lage, stimmt's?

# *Kapitel 3*

# Handbuch der Selbstverteidigung für Arbeitnehmer

# *Lektion 11*

---

## Vorsicht, Büro-Tyrann!

Manche Leute leben nur, um anderen das Leben schwerzumachen.

Es ist fast wie eine Art Vergewaltigung, eine Krankheit, dieser Drang, die natürliche Hemmschwelle des Unpersönlichen in einer zwischenmenschlichen Beziehung zu durchbrechen und andere absichtlich zu verletzen.

Solches Fehlverhalten kann die verschiedensten Formen annehmen. Sexuelle Belästigung und kränkende, unnötig harsche Kritik sind zwei der Spielarten, die am Arbeitsplatz oft vorkommen.

Tyrannen spielen ihr Spiel am liebsten, wenn sie ihre Kräfte mit nur einem Gegner messen, im Vorteil sind oder Amtsautorität haben und wenn sie meinen, sie hätten jemanden gefunden, der sich nicht zur Wehr setzt.

Diese Taktiken muß man durchkreuzen.

Die beste Art, sich zu verteidigen, besteht darin, daß Sie – und nicht Ihr Gegner, der Tyrann – Zeit und Ort der Auseinandersetzung bestimmen. Ein Tyrann kann niemanden tyrannisieren, der sich nicht tyrannisieren läßt. Brechen Sie *umgehend* jeden Kontakt zu ihm ab, sobald er Sie zu drangsalieren beginnt. Machen Sie auf dem Absatz kehrt und verlassen Sie den Raum, jedoch nicht, ohne beim Hinausgehen mit fester Stimme zu verkünden: »Ich werde über diesen Zwischenfall eine Aktennotiz machen.« Legen Sie soviel Distanz wie möglich zwischen sich und Ihren Peiniger, und setzen Sie sich so bald wie möglich an Ihren Schreibtisch, um den gesamten Vorfall sorgfältig und objektiv schriftlich festzuhalten.

Warum?

Sie sind nun derjenige, der die Situation steuert. Sie haben die Lanze des Tyrannen mitten im Stoß zerbrochen. Sie sind außer Reich- und Sichtweite. Da Sie den Tatort verlassen haben, bestimmt nicht mehr der Tyrann den weiteren Verlauf der Ereignisse, sondern Sie. Er ist des Vergnügens beraubt worden, sich an Ihrer Schockreaktion, Wut oder Unterwerfung zu weiden. Er fühlt sich unbefriedigt, um den Sieg betrogen. Sein Versuch, Ihnen Schaden zuzufügen, ist gescheitert. Und er sitzt auf glühenden Kohlen, weil Sie die Möglichkeit nutzen könnten, ihm über seinen Kopf hinweg höheren Orts die Hölle heißzumachen.

Da Sie nun im Ballbesitz sind, müssen Sie entscheiden, wie weit Sie gehen wollen. Sie können darauf wetten, daß der Vorgesetzte Ihres Gegners nicht besonders erpicht sein wird, der Angelegenheit auf den Grund zu gehen; sie wirft nicht nur ein schlechtes Licht auf den Tyrannen, sondern auch auf ihn selbst. Und Sie müssen sich Klarheit verschaffen, ob es Ihrer eigenen Karriere schaden könnte, wenn Sie die Sache an die große Glocke hängen. Niemand möchte bei seinen Kollegen in dem Ruf stehen, ein Jammerlappen oder Denunziant zu sein.

Aber natürlich rechnet der Tyrann damit, daß ihn solche Überlegungen schützen.

Die Wahl ist also nicht leicht, aber zumindest ist es Ihre Entscheidung, auf die der Tyrann keinen Einfluß hat. Für dieses Mal lassen Sie es vielleicht noch bei einer Aktennotiz bewenden. Darin sollte die Erklärung enthalten sein, Sie hätten darauf verzichtet, die Angelegenheit weiter zu verfolgen, weil Sie der Meinung seien, der Tyrann habe mit dem Abbruch des Kontakts von Ihnen eine unmißverständliche Botschaft erhalten, so daß weitere Zwischenfälle dieser Art nicht zu befürchten seien. Sie hätten diese Aktennotiz lediglich für den Fall geschrieben, daß es zu einer Wiederholung kommen sollte.

Dieses Mal könnten Sie sich darauf beschränken, mit dem Tyrannen eine Begegnung auf Ihrem eigenen Territorium zu arrangieren, zu einem Zeitpunkt und an einem Ort Ihrer Wahl. Setzen Sie ihn von der Aktennotiz in Kenntnis und weisen Sie ihn darauf hin, was ihm beim nächsten Mal blüht.

Dann gibt es vielleicht keinen Wiederholungsfall.

Wenn es sich aber nicht vermeiden läßt zu handeln, sollten Sie folgendermaßen vorgehen:

Schreiben Sie auch dieses Mal – und das ist von entscheidender Bedeutung – einen Bericht.

Dann lassen Sie sich einen Termin für das gefürchtete Gespräch mit dem Vorgesetzten des Tyrannen geben. Sie haben nun das Kräfteverhältnis eins zu eins geändert und bei der Auseinandersetzung mit Ihrem Peiniger einen Zeugen, der ihm gegenüber Machtbefugnisse besitzt. Alle drei Parteien sollten bei diesem Gespräch anwesend sein.

Was nun vor Ihnen liegt, ist ein wahrer Kraftakt. Sie können getrost davon ausgehen, daß der Chef des Tyrannen nicht besonders begeistert sein wird, Sie zu sehen. Vermutlich kommt ihm jede Ausrede gelegen, die dafür sorgt, daß die leidige Angelegenheit zwischen Ihnen und dem Tyrannen – und natürlich zu dessen Gunsten – geregelt wird. Eine andere Vorgehensweise würde die Autorität des Tyrannen untergraben und dazu beitragen, daß bald jeder in der Tinte sitzt. Die Vorstellung, es könnte zu einem Prozeß kommen, der Millionen verschlingt, treibt allen den kalten Angstschweiß auf die Stirn.

Wenn Sie sich also zum Handeln entschließen, sollten Sie keinen Fehler machen.

Lesen Sie Ihre Notizen über den Zwischenfall/die Zwischenfälle vor.

Handelt es sich um zwei Vorfälle, dann beweisen Ihre Notizen, daß Sie den Tyrannen nicht übergangen, sondern ihm eine faire Warnung gegeben und die Angelegenheit nicht unnötig hochgespielt haben. Sie belegen auch, daß Sie den zweiten Zwischenfall nicht einseitig provoziert haben. Gab es nur einen Vorfall, könnte man Sie natürlich fragen, was die ganze Aufregung soll. Zu dumm, daß Sie nicht das Gefühl hatten, man müsse es auf einen zweiten Vorfall ankommen lassen.

Der Fall liegt jetzt klar beim Vorgesetzten. Vermutlich haben Sie keinen Einfluß auf die Konsequenzen, aber zumindest werden Sie nicht mehr Gefahr laufen, eine weitere Kostprobe des tyrannischen Verhaltens serviert zu bekommen. Wenn dieses Gespräch den Schikanen nicht ein für allemal ein Ende setzt, kann nur noch der Schritt vor Gericht helfen. Sie müssen jedoch auch die Möglichkeit in Betracht ziehen, daß Sie sich getäuscht bzw. den Zwischenfall oder die Zwischenfälle übertrieben haben.

Wenn Sie nach wie vor überzeugt sind, im Recht zu sein, oder wenn die Einschüchterungsversuche andauern und unerträglich werden, sollten Sie vielleicht doch überlegen, ob Sie nicht besser Ihren Anwalt aufsuchen.

Es könnte nämlich sogar der Fall eintreten, daß Sie so unverkennbar im Recht sind, daß die Firma meint, Ihnen beweisen zu müssen, daß Sie falsch liegen, um Schadenersatzzahlungen aus dem Weg zu gehen.

In diesem Fall gebe ich Ihnen einen starken Tip: Wenn die Anwälte des Unternehmens Sie bitten, Ihre Version der Geschichte zu wiederholen und unter Androhung einer Kündigung von Ihnen verlangen, eine Erklärung zu unterschreiben und/oder ihnen Kopien Ihrer Notizen zur Verfügung zu stellen – bleiben Sie standhaft! Lächeln Sie freundlich und sagen Sie: »Gerne, wenn *mein* Anwalt damit einverstanden ist.« Lassen Sie sich keinesfalls aus dem Konzept bringen.

Und hier ein noch größerer Knüller: Sie werden tatsächlich an die Luft gesetzt. (Es dauert nicht lange, bis Sie feststellen, daß auch die Firma meint, sie hätte einige Verteidigungsstrategien in petto.) Bitten Sie schriftlich um Angabe der Gründe für die Entlassung. Wollen wir wetten, daß eine Überraschung auf Sie wartet? Sie werden nicht wegen Ihres Verhaltens in Zusammenhang mit diesem Zwischenfall entlassen, sondern aus einem völlig anderen Grund, weil Sie beispielsweise »mit Ihren Kollegen nicht auskommen« oder Ihre »Leistungen nicht dem Standard entsprechen«.

Zu diesem Zeitpunkt sind Sie zweifellos schon zu der Schlußfolgerung gelangt, daß es Ihnen a) leid tut, die leidige Angelegenheit überhaupt zur Sprache gebracht zu haben, und daß Sie b) gerne wissen möchten, wer dieser verdammte Harvey Mackay ist und wie Sie ihn am besten erwürgen.

Vergessen Sie nicht: Ich versuche, Ihnen gegenüber nichts zu beschönigen. Wenn Ihre Firma mauert, dann sind – um die leidige Angelegenheit zum Abschluß zu bringen – lückenlose Beweise, die Fähigkeit, sie überzeugend vorzutragen, Zeit, Geld, Einsatzbereitschaft und Schneid erforderlich. Wenn Sie diese Voraussetzungen erfüllen, dann sollten Sie eigentlich gewinnen. Aber garantieren kann Ihnen das niemand. Schon John F. Kennedy hat gesagt, daß das Leben nicht immer fair ist.

Natürlich können die Hauptpersonen in diesem Drama auch ganz andere Persönlichkeitsmerkmale aufweisen. Vielleicht sehen Sie sich nicht einem Tyrannen, sondern dem »Spion«, der »Flasche«, dem »Fiesling«, dem »undankbaren Bastard«, dem »Dieb von Bagdad«, dem »Hämischen« oder anderen Stereotypen gegenüber, die der menschlichen Rasse nicht gerade zur Ehre gereichen. Ich habe nie gewußt, daß das Verbrecheralbum mit den Büronieten so umfangreich ist, bis Oprah Winfrey mich in ihre Talk-Show einlud, wo ich über firmeninterne Intrigen reden sollte. Die Horrorgeschichten, die das Publikum und die Gästerunde zum besten gaben, legten die Schlußfolgerung nahe, daß diese Büronieten ein echtes Problem darstellen. Als mich Oprah aus der Reserve lockte, ging mir zum ersten Mal ein Licht auf, daß all diese Mißhelligkeiten, gleich welchen Umfangs und welcher Art, in einem bestimmten Zusammenhang stehen und daß man sie mit einer einzigen grundlegenden Methode beseitigen kann.

Um welchen Typ es sich auch handeln mag – Ihre Reaktion sollte stets dieselbe sein: Lassen Sie sich nicht auf eine Konfrontation ein, bei der das Kräfteverhältnis eins zu eins ist. Führen Sie genau Buch über die Ereignisse. Warten Sie so lange wie möglich, bevor Sie Ihre schweren Geschütze auffahren, aber wenn die Situation unerträglich wird, dann sollten Sie sich an die nächsthöhere Etage wenden und dort oben so lange Stunk machen, bis etwas geschieht oder man Ihnen signalisiert, Sie müßten entscheiden, wie weit Sie gehen können.

Vergessen Sie jedoch nicht, daß man mit dieser Methode nicht jedes persönliche Problem auf der Welt lösen kann. Das Leben ähnelt oftmals der politischen Lage im Mittleren Osten. Auch hier ist keine glatte Lösung in Sicht.

Ich neige dazu, in Konfliktsituationen aggressiv zu reagieren. In der Regel – aber nicht immer – habe ich damit Erfolg gehabt. Vielleicht zahlt sich diese Methode ja auch für Sie aus.

Ich garantiere Ihnen, daß Sie Gelegenheit haben werden, das selbst auszuprobieren. Denn in jeder Firma gibt es Ränke und Intrigen, wobei sogar schon eine Würstchenbude mit zwei Mitarbeitern eine Firma in diesem Sinne ist. Jeder kämpft um die beste Stellung. Und ich bin sicher, daß nur drei Arten von Menschen in jedem Unternehmen zu finden sind: Haie, Haifischfutter und jene, die gelernt haben, mit den Haien zu schwimmen, ohne von ihnen gefressen zu werden. Zu welcher Kategorie gehören Sie?

# *Lektion 12*

## Ein loses Mundwerk bringt Mauern zum Einsturz

In dieser Geschichte geht es um einen Konflikt zwischen Mitarbeitern, aber die Moral läßt sich auch auf zahlreiche andere Situationen anwenden.

Sie sollte eine Warnung sein. Lesen Sie das Kapitel deshalb Ihren Kindern vor, wenn Sie sie schon nicht überreden können, mein Buch zu Ende zu lesen.

Eine der unerfreulichsten Phasen auf dem Weg zum Erwachsensein kommt dann, wenn wir den Babyspeck jener Naivität verlieren, die uns glauben machte, jeder außer Frank Lorenzo sei ein wunderbarer Mensch, dem einzig unser Wohlergehen am Herzen liege.

Die Tochter eines meiner Freunde hatte gerade ihr Examen als Grafikerin bestanden. Sie wuchs als behütetes Kind in einer konservativen texanischen Familie auf und machte ihren Abschluß ebenso behütet an einem konservativen, geisteswissenschaftlich orientierteren College in Texas. Danach wurde sie von einer kleinen Werbeagentur in North Carolina als Assistentin engagiert. Man teilte ihr mit, sie könne nach ungefähr drei Monaten, wenn alles in Ordnung und man mit ihren Arbeiten zufrieden sei, mit einer festen Anstellung rechnen als Schritt auf dem Weg zu ihrem langfristigen Karriereziel, einer Spitzenposition als

Werbegrafikerin. Diese Praxis ist bei Werbeagenturen durchaus nicht ungewöhnlich. Denn für die Einstellung im kreativen Bereich ist meistens die Mappe mit den bisherigen Arbeiten ausschlaggebend, und bei Anfängern kann man nicht sagen, ob die vorgelegten Arbeiten wirklich von dem jungen Bewerber oder seinem letzten Lehrer stammen.

Während ihrer Probezeit freundete sich unsere Assistentin mit einer gestandenen Werbegrafikerin an, die schon seit einigen Jahren dort arbeitete und die sie als Mentorin unter ihre Fittiche nahm.

»Wenn sie dir eine Festanstellung anbieten«, erklärte die Erfahrene, »mußt du wissen, wie hoch du mit deiner Gehaltsforderung gehen kannst. Du solltest auf keinen Fall weniger als 17500 Dollar pro Jahr akzeptieren.«

»Du meinst, wenn der Chef mir weniger anbietet, soll ich ablehnen?«

»Auf jeden Fall. Verlang 17500 Dollar. Das bist du wert«, erklärte die Grafikerin.

Es stellte sich heraus, daß die Assistentin talentiert und beliebt war. Man bot ihr eine feste Anstellung an. Sobald sie das Büro ihres Chefs verlassen hatte, lief sie zu ihrer neuen Freundin.

»Ich bin ja so aufgeregt! Er hat mir den Job angeboten und ich habe zugesagt.«

»Das ist ja wunderbar. Wieviel?«

»Du wirst es nicht glauben: 19500 Dollar.«

Die Atmosphäre wurde eisig. Die Grafikerin glaubte es sehr wohl.

»19500 Dollar? Das ist beinahe so viel, wie ich verdiene, und ich bin schon zwei Jahre hier.«

Am nächsten Morgen wurde die Assistentin in das Büro ihres Chefs zitiert. »Tut mir leid«, erklärte dieser, »aber ich kann Sie nicht einstellen. Ich würde eine Revolte auslösen. Wir sind ein kleiner Betrieb, und bei uns steht Teamwork an erster Stelle. Sie müssen fähig sein, sich anzupassen. Offenbar haben Sie überall mit dem Gehalt geprotzt, über das wir gesprochen haben, und keiner will mit Ihnen zusammenarbeiten. Wirklich zu dumm, aber so liegen die Dinge nun einmal.«

Die Assistentin konnte es nicht glauben. Natürlich hatte

sie ein paar Leute gekannt, die Sue Ellen, der falschen Schlange aus der »Dallas«-Serie, glichen. Wenn die einer anderen Frau das Kompliment machte: »Du hast nie bezaubernder ausgesehen«, konnte man sicher sein, daß ihre Rivalin einen Fummel aus der Mottenkiste trug. Aber so ein Biest wie diese Werbegrafikerin war ihr noch nie begegnet. So sah das wirkliche Leben also aus. Man hatte sie benutzt, ausgetrickst. Und sie war auf dem besten Weg, beruflich kaltgestellt zu werden.

Also rief sie Papi an.

Der setzte sich mit dem Leiter der Agentur in Verbindung, erklärte genau, was passiert war, und fragte, ob er nicht seine Meinung ändern und seine Tochter wieder einstellen könne. Das Gehalt sei nicht so wichtig.

Die Antwort lautete weiterhin: »Nein.«

Der Job war unwiderruflich verloren.

Auch das ist ein untrügliches Zeichen dafür, daß wir erwachsen geworden sind, wenn die Angehörigen die Schwierigkeiten nicht mehr ausbügeln können, in die wir uns selbst gebracht haben.

Es gibt einige Dinge, die niemand anderen etwas angehen als Sie selbst: Ihr Gehalt, Ihr Bankkonto, Ihre medizinische Vorgeschichte und Ihr Sexualleben. Sie sind kein Diskussionsthema im Kollegenkreis. Sprechen Sie mit niemandem – absolut KEINER MENSCHENSEELE – darüber. Es gibt keinen Grund, sich mit irgend jemandem darüber zu unterhalten. Denken Sie daran, ein Geheimnis ist etwas, das nur ein Mensch kennt – und vergessen Sie auch nicht, daß die Wände manchmal Ohren haben!

Ihnen wird ja sicher nicht entgangen sein, daß die Büros, in denen die großen Transaktionen abgeschlossen werden, eine gut gepolsterte Tür haben, und dafür gibt es einen Grund.

Sprechen Sie nie über Firmenangelegenheiten, wenn zufällig jemand mithören könnte. In Fahrstühlen sind schon genauso viele Geschäfte bergab gegangen, wie Fahrstühle nach unten gefahren sind.

Einen hieb- und stichfesten Beweis für den Verdacht, daß Sie jemanden vor sich haben, mit dem Sie sich nie auf einen Handel einlassen sollten – beispielsweise einen

Vollidioten oder einen windigen Geschäftsmann –, haben Sie dann in der Hand, wenn Sie ihn an einem Ort mit dem Abschluß eines Bombengeschäfts prahlen hören, wo man ihn gar nicht überhören kann.

Schweigen Sie wie ein Grab.

## *Lektion 13*

# Lassen Sie Ihr Licht nicht neben einem Superstar leuchten

Nicht jeder würde dieser Empfehlung zustimmen, weil es scheinbar keinen sichereren Weg gibt, auf sich aufmerksam zu machen, als sich an den Rockzipfel eines Gewinners zu hängen und in seinem Schatten zu Ruhm und Ehren zu gelangen. In den Reihen der Spitzenbetreuer im Profisport findet man zahlreiche ehemalige Assistenten von Lombardi, Woody Hayes und Bear Bryant. Und ich muß auch zugeben: Mit einer Anstellung im Weißen Haus ist ein gewisses Prestige verbunden, das ein Mitarbeiter von Mackay Envelope nicht so ohne weiteres gewinnen kann.

Aber diese Methode bringt auch Probleme mit sich.

Es ist eine Sache, für eine Firma zu arbeiten, die von einem hochkarätigen Manager geführt wird, aber eine ganz andere, im unmittelbaren Dunstkreis einer prominenten Persönlichkeit eine untergeordnete Stellung zu bekleiden. Halten Sie sich lieber an solche Menschen, die weniger Ausstrahlung besitzen.

Charismatische Führungspersönlichkeiten funktionieren in der Regel so: Die Mannschaft verrichtet die Arbeit, er erntet die Lorbeeren. Jahrelang wurden die Artikel des Broadway-Klatschkolumnisten Walter Winchell von seinem Mitarbeiterteam verfaßt. Sie hatten vielleicht die bescheidene Ehre, sich in seinem Ruhm sonnen zu dürfen, wenn ihr großartiger Chef kurz im Büro auftauchte; aber weder ihre Gehälter noch ihre weitere Laufbahn spiegelten den Beitrag wider, den sie zu Winchells Erfolg leisteten.

Wenn Sie zu den »Trittbrettfahrern« gehören, dann sollten Sie genau wissen, wann es abzuspringen gilt. Sie lassen sich von einem anderen mitziehen, aber Sie sind auch von seinem guten Ruf abhängig. Sie verlieren einen Teil Ihrer eigenen Identität. Stürzt der Mentor, fallen auch Sie. Ich ziehe es vor, mein eigener Herr zu sein und mein Schicksal selbst zu bestimmen. Ich glaube, ich hätte keine Lust, für den Rest meines Lebens als Mitglied der Nixon-Regierungsmannschaft oder des De-Lorean-Teams bekannt zu sein.

Noch schlimmer wird das Problem, wenn nicht Sie, sondern Ihr Mentor abspringt.

Einer meiner Freunde ist Polizist. In einem ganz normalen Polizeirevier gibt es mehr Intrigen als auf der Chefetage im Rathaus. Polizisten sind von Natur aus mißtrauisch. Das ist ihr Beruf. Besonderen Argwohn hegen sie jedoch gegenüber ihresgleichen. Sie bilden schon in dem Augenblick Cliquen, wenn sie die Polizeischule absolviert haben. Noch während sie in Reih und Glied auf die Zuweisung ihres künftigen Arbeitsplatzes warten, wandert ein Dienststellenleiter, der Mitglieder für die Knights of Columbus (eine Bruderschaft römisch-katholischer Männer) sucht, von der einen Seite her die Kolonne entlang, während ein anderer die Inspektion für die Freimaurer vom anderen Ende her beginnt. Nachdem sich die Truppe so schon nach Glaubenszugehörigkeit gespalten hat, beginnt die weitere Unterteilung: Zivil gegen Uniform, Sitte gegen Diebstahl, Streife bei Tag gegen Observierung bei Nacht, Revierdienst gegen Streifendienst. Und so weiter.

Mein Freund hatte einen Rabbi. Er gehört zwar nicht der jüdischen Glaubensgemeinschaft an, aber das bedeutet im Polizistenjargon soviel wie Mentor. Er bekam alle begehrten Einsätze. Aber sobald sein Boß nicht mehr sein Boß war, wurden die langen Messer gezückt. Mein Freund mußte es plötzlich nicht nur mit seinen eigenen ärgsten Feinden aufnehmen, sondern er erbte auch noch die seines

Chefs. Inzwischen ist er sowohl aus den Machtkämpfen als auch aus der Polizeitruppe ausgeschieden. Er wechselte in einen anderen Staat über und leitet jetzt eine Abteilung, die nur ein Zehntel so groß ist, wie ihm in seinen Träumen vorschwebte.

Der Schlüssel für eine erfolgversprechende Beziehung dieser Art sind flinke Füße. Wenn Sie zur Mannschaft eines Superstars gehören, dann sollten Sie darin eine kurze Zwischenstation in Ihrer beruflichen Laufbahn und nicht die Möglichkeit sehen, langfristig Karriere zu machen. Ein Referendar bleibt beispielsweise ein oder zwei Jahre bei demselben Richter, dann zieht er weiter.

Die wendigsten Karrieristen findet man im Kabinett des Präsidenten. In der Reagan-Administration blieb nur ein Mitglied seiner dreizehnköpfigen Regierungsmannschaft während der gesamten Amtsperiode von acht Jahren im selben Ressort.

Wenn Sie darauf abzielen, selber eine Leuchte zu werden, können Sie nicht bis in alle Ewigkeit im Schatten eines anderen stehen. Verschwenden Sie keine Zeit. Wenn Sie der Sonne zu nahe kommen, werden Sie sich verbrennen.

## *Lektion 14*

---

# Auftrieb im Abwind

Ende 1982 begann die längste Periode der Wirtschaftsexpansion seit dem Nachkriegs-Boom Ende der vierziger und zu Beginn der fünfziger Jahre.

Politiker neigen dazu, die Gründe zu verschleiern. Sie konzentrieren sich auf die Vergangenheit und weisen darauf mit stolzer Stimme oder warnendem Tonfall hin, je nachdem, wie sich ihre eigene Rolle am besten dramatisieren läßt. Geschäftsleute neigen dazu, die Gründe zu ignorieren. Sie konzentrieren sich auf die Zukunft, richten die Augen auf den Horizont und machen sich Gedanken darüber, wann die nächste Rezession kommt. Trotzdem ist es für uns wichtig, die Gründe zu verstehen. Da draußen gibt es eine Welle, auf der wir reiten können, wenn wir wissen, wie man sich hinaufschwingt.

Amerikanische Erzeugnisse haben auf den ausländischen Wettbewerb schon immer höchst empfindlich reagiert. Das liegt an unserem wirtschaftspolitischen Grundsatz des freien Handels. Wir haben geglaubt, das System des freien Unternehmertums statte uns mit der Flexibilität aus, sich den Herausforderungen des Marktes anzupassen, der jedem offensteht, der etwas zu verkaufen hat.

Dieser Glaube wurde einer Bewährungsprobe unterzogen, als die Japaner mit Qualitätsprodukten und Preisen in die US-Märkte eindrangen, mit denen wir uns nicht messen konnten. Wie vorher den Japanern nach dem Zweiten Weltkrieg blieb nun uns keine andere Wahl, als uns anzupassen oder unterzugehen.

Wir paßten uns an.

Wir alle haben die Geschichten über die Wunderwirkung japanischer Geschäftspraktiken bis zum Überdruß gehört. Und doch sieht man in Amerika heutzutage selten Arbeiter, die Qualitätszirkeln angehören, ihre gemeinsamen morgendlichen Gymnastikübungen absolvieren oder im Chor das Firmenlied singen. Selbst die Einführung neuer Technologien und die Wiederentdeckung der Produktqualität sind zwar wichtige, aber nicht die bedeutendsten Bereiche, in denen ein Wandel stattgefunden hat.

Die wichtigste Anpassung in den amerikanischen Geschäftspraktiken war und ist die schonungslose, systematische und anhaltende Reduzierung der Produktionskosten heimischer Erzeugnisse, vor allem dadurch, daß man die Arbeitskosten so niedrig wie möglich hielt. Wenn die Arbeitnehmer früher höhere Löhne forderten, inszenierte die amerikanische Geschäftswelt, allen voran die Automobilindustrie, eine kleine Show, gab dann nach und die Lohnerhöhungen postwendend an den Verbraucher weiter. Und alle anderen folgten ihrem Beispiel. Was für General Motors gut war, war für das ganze Land gut. Aber zu Beginn der achtziger Jahre merkte man, daß diese merkwürdige Vorstellung untragbar geworden war. Wenn wir wettbewerbsfähig bleiben wollten, nicht nur auf den Weltmärkten sondern auch und vor allem zu Hause, dann mußten wir die Kosten drastisch reduzieren.

Die größten Reibungspunkte ergaben sich natürlich zwischen Arbeitgebern und Arbeitnehmern, und eine Schlüsselrolle spielte die Niederschlagung des Fluglotsenstreiks am Beginn von Reagans Regierungszeit. Das war das Signal, daß die Arbeitnehmer nicht länger die Fahrt bestimmten. In den USA schien der Anfang vom Ende der »englischen Krankheit« in Sicht.

Dieser Klimaumschwung wurde durch die Rezession von 1982 verstärkt. Sie kühlte die inflationären Auswüchse, insbesondere die fetten Lohnabsprachen, ab.

Inzwischen beginnt sich die gesamte Organisationsstruktur der amerikanischen Unternehmenslandschaft nach und nach aufzulösen. Die Entflechtung des »Konglomerats Amerika« scheint jedoch ein schleichender Trend zu sein, dem man nicht viel Aufmerksamkeit schenkt.

Immer mehr Unternehmen grenzen den einen oder anderen Aufgabenbereich aus, der früher seinen angestammten Platz im Betrieb hatte. Diese Funktionen werden dann von Firmen mit bestimmten Organisationsstrukturen übernommen, die sich auf Marktnischen spezialisiert haben: etwa Gehaltsabrechnung, Buchführung, Rentenberechnung, Krankenstatistik und so weiter. So können beide beteiligte Unternehmen Kosten sparen. Die Gesetze über die Altersversorgung und Sozialleistungen beispielsweise sind so gestaltet, daß ein Unternehmen jedem Mitarbeiter bis hin zum Schreibpersonal diese Vergünstigungen einräumen muß. Deshalb engagieren die Unternehmen dann eine solche Spezialfirma, die ihnen Verwaltung und Auszahlung dieser Sozialleistungen abnimmt und damit die Notwendigkeit, eine firmeninterne Abteilung für diese Aufgabe einzurichten. Aber auch bei den Spezialfirmen kann so rationell gearbeitet werden: Sie verwalten nicht nur die Konten eines Unternehmens, sondern auch die vieler anderer Leute und können daher ihre Personal-, Ausrüstungs- und Gemeinkosten auf einen weit größeren Einzugsbereich verteilen.

Wie werden die Japaner auf diese Herausforderung reagieren? Werden sie ihre Toyotas in Zukunft vollgepackt mit Büroangestellten und Buchhaltern exportieren?

Franchise-Firmen bedienen sich anderer Methoden, um die Arbeitskosten zu reduzieren. Die Produkte werden standardisiert und im Fließbandverfahren hergestellt. Diese Tätigkeit erfordert ein Minimum an Fähigkeiten. Die Fluktuationsquoten sind so hoch, daß sie das Ausmaß einer Epidemie annehmen, was die Gewerkschaften entmutigt. Die Arbeitnehmer werden zu jederzeit problemlos austauschbaren Ersatzteilen.

Kein sehr schönes Bild, aber es ist das vorläufige Ende einer Entwicklung, die uns dahin gebracht hat, wo wir heute stehen. Wenn Sie zu den Arbeitnehmern gehören und sich im Wettbewerb behaupten wollen, dann müssen Sie einen Weg finden, diese Situation zu meistern.

Das US-Bundesamt für Arbeitsstatistik veröffentlichte 1988 eine Studie, die zeigt, daß ein durchschnittlicher Arbeitnehmer mit abgeschlossener Collegeausbildung seine Stellung während seiner gesamten beruflichen Laufbahn 10,3mal wechseln wird. Das Amt hat auch prognostiziert, daß im Jahr 2000 jeder dieser College-Absolventen seine berufliche Laufbahn fünfmal ändern wird.

Vor fünf Jahren trat Kimberley als Programmiererin mit glänzenden Zukunftsaussichten in den Dienst der Firma Hard Edge Software, die im Silicon Valley in Kalifornien angesiedelt ist. Hard Edge war einer der Wall-Street-Lieblinge mit zahlreichen offenen Stellen und jeder Menge Aufstiegschancen für eine dynamische, intelligente, junge Programmiererin. Zwischen Kimberleys Anfangsposition und der Spitzenfunktion – Direktorin der Software-Entwicklung – befanden sich fünf verschiedene Unternehmensebenen. Kimberley konnte mit einem stetigen Aufstieg von der Programmiererin zur Chefprogrammiererin, danach zur Assistentin des Projektmanagers und schließlich zur stellvertretenden Software-Direktorin rechnen.

Aber vor drei Jahren begann das Fundament, erste Risse zu zeigen. Hard Edge begann, hart nachzudenken und »abzuspecken«. Als Kimberley nach oben blickte, sah sie, daß ihr Karrierepfad genauso vom Winde verweht war wie die Spuren, die ihr schnittiger offener Zweisitzer auf den staubigen Nebenstraßen von Sonoma hinterließ.

Heute ist Kimberley noch immer Programmiererin. Sie arbeitet für den Leiter der Abteilung Software-Entwicklung. (Der Job des Direktors fiel dem Rotstift zum Opfer.) Manchmal schätzt sie sich glücklich, überhaupt noch einen Arbeitsplatz zu haben. Ein anderes Mal hat sie wiederum das Gefühl, in der Falle zu sitzen. Klingt das vertraut? Mehr als die Hälfte aller Angestellten in den USA kann ein Lied davon singen. Buchstäblich über Nacht wurden die Karrierehungrigen in allen Teilen der Vereinigten Staaten gezwungen, die Fahrbahn zu wechseln, von der Überholspur auf die Kriechspur auszuweichen. Und so wird es bleiben. Computer, Wettbewerb, Unternehmensentflechtungen und Fusionen haben die Anzahl der Arbeitsplätze verringert.

Was können Sie tun?

Sie halten sich an folgende sieben Faustregeln:

**Mackays sieben Schritte aus der Sackgasse, in der Ihre berufliche Laufbahn steckt**

*1. Passen Sie Ihr Tempo an.* Wenn Sie einem Sprinter bei einem 500-Meter-Lauf 250 Meter nach dem Start sagen würden, er solle jetzt eine Meile laufen – was würde er als erstes tun? Natürlich sein Tempo anpassen, Schrittlänge und Bewegungsablauf ändern. Jeder vernünftige Mitarbeiter in einem Unternehmen, das zu schrumpfen plant, macht das gleiche. Rufen Sie sich ins Bewußtsein, daß die Strecken zwischen den einzelnen Beförderungen länger werden können. Die Regeln wurden mitten im Rennen geändert. Raufen Sie sich die Haare und verfluchen Sie die Götter, wenn Sie glauben, es hilft, aber reden Sie sich um Himmels willen nicht ein, daß Sie das alles nur geträumt haben.

*2. Nehmen Sie Ihre Rivalen unter die Lupe.* Jetzt ist es wichtiger als je zuvor zu wissen, gegen wen Sie um die wenigen verbleibenden Aufstiegsmöglichkeiten kämpfen. Was macht die Konkurrenz? Was übersehen die anderen? Hat es den Anschein, als würde bei der nächsten Beförderung ein Außenstehender das Rennen machen, der »frischen Wind« und »neue Perspektiven« in das Unternehmen einbringt? Vergessen Sie auch nicht, sich selbst zu überprüfen. Wie gut lassen Sie sich draußen vermarkten? Finden Sie heraus, welchen Wert und welche Möglichkeiten Sie haben.

*3. Suchen Sie nach seitlichen Wachstumspfaden.* Wenn Ihnen das Wachstum durch Aufstieg verwehrt ist, sollten Sie herausfinden, ob Sie Ihre Qualifikationen und Erfahrungen nicht durch einen Schritt zur Seite – auf derselben Ebene – erweitern und somit neue Fähigkeiten und Fertigkeiten erwerben können. Wenn Sie als Programmierer in einer Sackgasse gelandet sind, sollten Sie die Zukunftsaussichten im Marketing erforschen. Bisher hat es noch keine Firma gegeben, die keinen Bedarf an zusätzlichem Umsatz hatte. Schlagen Sie einen anderen Kurs ein. Das ist ein hervorragender Weg, um Ihre Beförderungschancen langfristig zu verbessern.

4. *Beschäftigen Sie sich mit der Unternehmenskultur.* Bevorzugt die Firma eine bestimmte Art, Aufgaben zu erledigen? Gibt es einen typischen Geschäftsstil? Wenn Sie die typische Vorgehensweise der Gewinner mit der Ihren vergleichen, sind Sie vielleicht nicht sonderlich erfreut über das, was Sie sehen, aber Sie sollten es besser zur Kenntnis nehmen.

5. *Werfen Sie einen Blick auf Ihren persönlichen Risikofaktor.* Natürlich gibt es auch einen schnelleren Weg nach oben, aber bevor Sie einen Sprung wagen, sollten Sie sich die Risiken ansehen. Wenn es für Sie nur noch wenige Beförderungsmöglichkeiten gibt, müssen Sie einen Weg finden, sich vom Rest der Meute abzusetzen, selbst wenn Sie bei diesem Versuch auf die Nase fallen. Sind Sie bereit, ungewöhnliche neue Ideen vorzuschlagen? Würden Sie Projekte übernehmen, bei denen die Gefahr der Überforderung besteht? Sie haben die Chance, auf sich aufmerksam zu machen und voranzukommen, aber das Risiko eines Fehlschlags wächst ebenfalls.

Ich bin dafür, es zu versuchen. Nehmen Sie den Umweg in Kauf, denn auf den Nebenstraßen herrscht selten viel Verkehr.

Mißerfolge werden nicht ausbleiben, andernfalls haben Sie sich nicht genug Mühe gegeben. Wenn Sie die Meute anführen wollen, dann müssen Sie auch bereit sein, Kopf und Kragen zu riskieren. Manchmal ist es riskant, auf Nummer Sicher zu gehen.

6. *Entwerfen Sie Ihren Plan.* Listen Sie zunächst alle Faktoren auf, als da sind Tempo, Konkurrenz, langfristige Wachstumsmöglichkeiten, Risiken und die knallharten

Fakten bei Beförderungen. Legen Sie dann Ihren Plan *schriftlich* nieder.

*7. Kontrollieren Sie Ihren Fortschritt.* Wenn möglich, weihen Sie Ihren Chef in Ihren Plan ein, und kontrollieren Sie dann Ihren Fortschritt nach einem festen Zeitplan. Wenn's trotzdem nicht weiterzugehen scheint, ist es Zeit für einen radikalen Neuanfang.

# HARVEY MACKAYS
# INTENSIVKURS FÜR AUFSTEIGER

# *Kapitel 4*

## Angst ist besser als Langeweile

# *Lektion 15*

## Das fehlende Element

Letztes Jahr erhielt ich einen Brief, in dem es hieß, daß in meiner Formel »Entschlossenheit + Zielsetzung + Konzentration = Erfolg« ein Element fehle. Er stammte von einem Mann, dessen Fähigkeit, solche Formeln zu analysieren, unbestritten ist. Sein Name ist Bob Hahl, und er hat letztes Jahr seinen Doktor der Chemie an der Harvard Universität gemacht.

»Ich möchte Sie darauf aufmerksam machen, daß eine vierte Eigenschaft für den Erfolg unabdingbar ist – nämlich Mut. Entschlossenheit ist zwar auch ein Aktivposten von höchstem Stellenwert, aber sie kann durch die Angst untergraben werden, die sich mit jedem neuen Wagnis einstellt. Die meisten Menschen lernen diese Angst kennen – falls sie nicht schon vorher mit ihr gerechnet haben –, wenn sie zum ersten Mal wirklich Verantwortung übernehmen. Manche verlieren dann ihren Ehrgeiz, weil sie das Gefühl haben, ihnen fehle der Mut. Was viele nicht wissen, ist, daß Mut zu den Eigenschaften gehört, die man sich aneignen kann. Piloten etwa sind sich dieser Tatsache bewußt. Je nervenaufreibender der gerade beendete Einsatz war, desto geringer ist die Angst vor dem nächsten. Sich mit der Angst vertraut zu machen, gehört zur Ausbildung eines Flugzeugführers. Im Laufe der Jahre lernt er, seine Gefühle genauso gut unter Kontrolle zu halten wie seine Maschine. Aber das kostet einige Mühe.

Ich habe den Verdacht, daß viele Menschen ihre Ziele deshalb nicht erreichen, weil sie Angst vor der nächsten Aufgabe haben und nicht erkennen, daß sie sich daran gewöhnen können.«

Lassen Sie mich diesen Gedanken weiterführen. Meiner Ansicht nach ist nicht die Angst vor der nächsten Aufgabe der Grund dafür, daß viele ihr Ziel nicht erreichen. Die wahre Ursache liegt darin, daß die derzeitige Aufgabe ihnen zu einer so vertrauten und bequemen Gewohnheit geworden ist, daß sie sich vor der Herausforderung fürchten, die jede neue Aufgabe darstellt. Ich kenne niemanden – ich wiederhole, niemanden –, der sich freiwillig oder gezwungenermaßen von seinem Arbeitsplatz getrennt und später bereut hat, seine eigene Firma gegründet zu haben. Bedauert wurde jedoch ohne Ausnahme, daß diese Entscheidung nicht früher getroffen wurde.

Dazu gehören auch jene Leute, die schließlich vor dem Bankrott standen und gezwungen waren, doch wieder für jemand anderen zu arbeiten. Im Juni letzten Jahres brachte das *Wall Street Journal* einen Artikel über Julian Carnes, der sich in einer zukunftsträchtigen Branche selbständig machte und dabei sein letztes Hemd verlor, einschließlich der Ersparnisse, die für die College-Ausbildung seines Sohnes gedacht waren. Er fand schließlich eine hochdotierte Anstellung – seine Frau und er verdienen heute 90000 Dollar im Jahr – und sagt heute: »Ich wäre nie zufrieden gewesen, wenn ich es nicht versucht hätte. Ich würde den Versuch, mir eine eigene Firma zuzulegen, jederzeit wiederholen.«

Der Filmregisseur John Huston stand in seinem Leben immer auf vertrautem Fuß mit der Gefahr. Er riskierte sein Leben während des Krieges an vorderster Front als Auslandskorrespondent und Filmemacher. Der britische Schauspieler Michael Caine beschrieb Hustons Erfolg in der Filmindustrie einmal mit folgenden Worten: »John war über eine Staumauer hinweg geschwommen und am anderen Ufer angekommen, während die meisten von uns Angst hatten, auch nur in die Nähe des Wassers zu gelangen. Er hatte überlebt, und danach gab es nichts mehr, wovor er sich fürchtete.« Huston fand physische Mutproben zweifellos belebend. Sie wurden zum Urquell seiner schöpferischen Impulse, sie nährten seine künstlerische Inspiration, auf die er sich stets verlassen konnte.

Haben Sie Angst, etwas Neues auszuprobieren? Den meisten Menschen ergeht es so. Aber das Leben ist so schnell vorbei, daß wir am Ende weniger bereuen, was wir getan, sondern vielmehr, was wir unterlassen haben. Übrigens: Das fehlende Element ist der Mut. Er kann Ihr Leben und die Welt verändern. Sie können Ihren Mut hier und jetzt beweisen.

**Machen Sie folgenden Test, bevor Sie den Sprung wagen**
**Frage 1: Brauche ich eine neue Idee?**

»Ja«... die Antwort ist falsch.

Vor nicht allzu langer Zeit nahm mich ein junger Mann beiseite, und nachdem ich ihm hoch und heilig versprochen hatte, zu schweigen wie ein Grab, eröffnete er mir, er werde seinen Job als Aktienmakler aufgeben und seine eigene Firma gründen. »Ich habe da eine Idee«, sagte er. »Ich werde ein Geschäft aufmachen und Schnittblumen auf der Basis von langfristigen Verträgen verkaufen. Sie kennen doch all diese Werbeagenturen, die Konferenzräume und Chefbüros. Dort gibt es optisch ansprechende Bereiche für den Publikumsverkehr, denn das Image ist ja wichtig. Aber was findet man in ihren eigenen Vorzimmern? Topfpflanzen, Farne. Ich kann ihnen frische Schnittblumen für das gleiche Geld liefern, das sie ausgeben, um einen vermoderten alten Feigenbaum zu mieten, der einmal in der Woche von jemandem aus der Gärtnerei gegossen wird.«

»Alles gut und schön«, erwiderte ich. »Ich glaube, ich verstehe das Konzept. Aber warum sind die alteingesessenen Floristen noch nicht auf die Idee gekommen? Und warum sollte jemand bei Ihnen und nicht dort kaufen?«

»Um Gottes willen, vergessen Sie nicht, das ist ein Geheimnis. Die Idee ist neu. Deshalb bietet noch niemand diesen Service an.«

»Ich weiß nicht, ob die Idee gut oder schlecht ist, aber eines weiß ich ganz sicher – neu ist sie nicht.«

Natürlich hat er mir nicht geglaubt. Wie Millionen von uns, die von einer Idee besessen sind und mit allen Mitteln versuchen, sie zu verwirklichen, war auch er auf etwas gestoßen, das niemand zuvor erprobt hatte.

Aber Sie brauchen keine neue Idee. »Tun Sie das Normale, aber tun Sie's ungewöhnlich gut«, empfiehlt Paul Oreffice, Vorstandsvorsitzender von Dow Chemical. Nicht die Qualität der Ideen entscheidet darüber, ob Sie Erfolg haben, sondern die Qualität der Umsetzung. Selbst die Experten im kreativen Bereich, die ihren Lebensunterhalt mit frischen und originellen Einfällen bestreiten, müssen immer wieder eines feststellen: Das Konzept, mit dem sie den großen Durchbruch zu erzielen hofften, hat längst ein anderer verwirklicht. Daß wir dazu neigen, ähnliche Ideen zu produzieren, liegt wohl daran, daß viele Menschen über ähnliche Lebenserfahrungen, einen ähnlichen kulturellen Hintergrund und eine ähnliche Ausbildung verfügen. Ein Freund hat mir erzählt, wie er einmal eine Kopie von einem Leonardo-da-Vinci-Gemälde ins Museum schleppte und dem Kurator zeigte. Der warf einen kurzen Blick darauf und nannte ihm nicht nur das Jahr, in dem die Kopie entstanden war, sondern auch die Nationalität des Malers. Beides erwies sich als richtig, als die beiden das Bild umdrehten und Signatur und Datum auf der Rückseite überprüften.

»Wie haben Sie das geschafft?« fragte mein Freund, der glaubte, er sei auf den größten Zaubertrick aller Zeiten gestoßen. Es stellte sich jedoch heraus, daß mehr dahintersteckte. »Wir sind alle Gefangene unserer Zeit«, sagte der Kurator. »Insbesondere die Fälscher, deren Macht der Phantasie definitionsgemäß begrenzt ist. Motiv- und Themenwahl, Pinselstrich und Hervorhebungen im Bild spiegeln Geschmack und Stilrichtungen wider, die zu dem Zeitpunkt und an dem Ort vorherrschen, wo die Kopie angefertigt wurde. Sie hinterlassen genauso verräterische

Spuren wie schmutzige Stiefel – sie heben sich grell von der Leinwand ab. Wie kann jemand erwarten, er sei in der Lage, seiner eigenen Haut zu entschlüpfen?«

Das charakteristische Merkmal des Genies, eines Picassos oder Beethovens, ist die Fähigkeit, aus einer bestehenden Form etwas wirklich Einmaliges und Dauerhaftes zu schaffen. Das charakteristische Merkmal eines Menschen mit Talent besteht in der Fähigkeit, eine bestehende Form zu perfektionieren. Vor sechzig Jahren mußten Baseballspieler nur vier technische und taktische Anforderungen erfüllen: sich durch Sprintschnelligkeit als Läufer, durch Zielgenauigkeit als Feldspieler oder Werfer und durch gutes Augenmaß als Schlagmann bewähren. Babe Ruth, das einzige wahre Genie in dieser Sportart, führte eine weitere Dimension ein: die Fähigkeit, den Ball so weit wie möglich ins Feld zu schlagen, und dann gegen den Uhrzeigersinn um das Innenfeld zu laufen. Das Spiel hat sich seither entscheidend verändert.

Warren Buffet, ein Anleger aus Omaha, der 1965 einen Kredit von hunderttausend Dollar in einen Gewinn von mehr als einer Million Dollar verwandelte, versteht sich auf die Wahl der richtigen Aktien. Er hat seinen Erfolg nicht neuen Ideen zu verdanken, sondern er setzte die Methoden in die Praxis um, die in Graham und Dodd's Buch *Security Analysis* beschrieben sind, das sich seit Jahrzehnten im Handel befindet. Der Schlüssel zu Buffets Erfolg waren seine eiserne Selbstdisziplin und sein Zielbewußtsein – Charaktereigenschaften, die Clausewitz in seiner Definition einer militärischen Strategie beschrieb: »Alles in einer Strategie ist sehr einfach, aber das bedeutet nicht, daß alles sehr einfach ist.«

Buffet schildert diese alles verzehrende Zielstrebigkeit anhand der Geschichte von einem armen Schneider, der sein Leben lang knauserte und sparte, bis er schließlich genug Geld zusammengekratzt hatte, um sich einen lebenslangen Traum zu erfüllen, eine Pilgerfahrt in den Vatikan. Nach seiner Rückkehr versammelten sich die Freunde, um zu hören, was er auf seiner Reise erlebt hatte.

»Hast du auch den Heiligen Vater gesehen?«

»Ja, natürlich.«

»Kannst du ihn beschreiben?«

»O ja, natürlich. Größe 50 hätte ihm gepaßt wie angegossen.«

Als ich meinen jungen Freund schließlich überreden konnte, seine neue Idee bei den Floristen vor Ort zu testen, fand er heraus, daß dieses Konzept von Zeit zu Zeit erprobt worden war, daß die Verträge aber niemals lange bestanden hatten.

»Warum nicht?«

»Soweit ich feststellen konnte, war der springende Punkt die Pflege. Die Gärtner kriegen für die Schnittblumen kaum mehr als für die Topfpflanzen, und sobald ein Farn dort steht, ist die Sache erledigt. Man muß ihn vielleicht noch einmal in der Woche gießen. Die Schnittblumen halten sich dagegen nicht lange, und manche lassen schon innerhalb von wenigen Tagen die Köpfe hängen. Und dann beginnen sich die Firmen auch Sorgen zu machen, daß ihre eigenen Kunden und Angestellten denken könnten, sie gäben leichtfertig zuviel Geld für unwichtige Dinge aus. Sie werden nervös und steigen aus dem Vertrag aus.«

»Mit anderen Worten, du glaubst, die Floristen sind nur zu faul, die Blumen in der Firma zu pflegen, und zu schwach im Verkauf, um die Kunden in ihrer ursprünglichen Entscheidung zu bestärken.«

»Stimmt.«

»Nun, darin sehe ich kein unüberwindliches Problem. Du mußt eben darauf achten, daß du dich um deine Kunden kümmerst. Das ist die einfachste und zugleich schwierigste Aufgabe im Geschäftsleben. Sie hat nichts Geheimnisvolles, aber ihre Tücken, weil du Gefahr läufst, nachlässig zu werden. Dein Produkt ist hochgradig sichtbar. Vielleicht darfst du einmal vergessen, den Farn zu gießen, aber wenn du deinen Kunden die Schnittblumen nur ein einziges Mal nicht termingerecht oder in minderwertiger Qualität lieferst, merken sie's – und du bist weg vom Fenster.«

»Stimmt. Und wenn die Wirtschaft in einer Flaute steckt, brechen auch nicht gerade ›rosige‹ Zeiten an; entschuldige den blumigen Vergleich. Schnittblumen zählen nicht gerade zu den heiligen Kühen, wenn die Kosten gesenkt werden müssen.«

»Und du mußt dich vergewissern, daß dir dein Großhändler nicht Konkurrenz macht, wenn der Laden einmal richtig läuft. Also brauchst du vielleicht mehr als einen Lieferanten.«

»Stimmt.«

»Aber offenbar hast du deine Hausaufgaben gemacht. Wenn du über genügend Kapital verfügst, sehe ich eigentlich keinen Grund, warum du es nicht schaffen solltest.«

Allerdings *konnte* ich mir sehr wohl einen Grund vorstellen: Alles hing von ihm ab, von seiner Zielstrebigkeit, seiner Motivation, seiner Entschlossenheit, seinem Erfolgswillen, seinem Mut und der Bereitschaft, alle anderen Vergnügungen und Verpflichtungen hintanzustellen.

Falls er diese Eigenschaften besaß, war er am richtigen Platz gelandet. Die Anzahl der amerikanischen Millionäre verdoppelte sich zwischen 1980 und 1987, und die Inhaber kleiner Firmen stellten die meisten Millionäre.

Ob sich ein Wagnis lohnt, läßt sich am besten anhand eines Kriteriums beurteilen: Man muß etwas mehr als alles andere auf der Welt wollen. Und, noch wichtiger: Man muß sicher sein, daß man es *niemals* bekommen wird.

Die Erfolgreichen, die ich kenne, haben ständig eine Mohrrübe vor der Nase, die ihre Antriebskraft stärkt. Sie befindet sich knapp außer Reichweite – wobei es keine Rolle spielt, wie viele Mohrrüben jemand bereits besitzt. Als Lou Holtz dreißig war, listete er auf einem Blatt Papier die 107 ehrgeizigen Träume auf, denen er sein Leben lang nachjagen würde, vom Besitz eines Chevrolets Baujahr 1949 bis zur Dinner-Einladung im Weißen Haus. Als er 52 war, hatten sich 86 erfüllt. Wollen wir wetten, daß es ihm gelingt, auch noch die restlichen 21 zu verwirklichen? Und daß er dann die ursprüngliche Liste zerreißen und weitere 107 aufschreiben wird?

Curt Carlson, Inbegriff des Unternehmers und Gründer der Carlson Companies, träumte davon, eine Milliarde Dollar Umsatz zu machen. Als er dieses Ziel erreicht hatte, nahm er die Summe von zwei Milliarden aufs Korn. Nachdem auch diese Hürde genommen war, peilte er ein neues

Ziel an – vier Milliarden. Jetzt hat er neun Milliarden im Visier. Irgendwie kann ich nicht recht glauben, daß er aufhört, wenn er das geschafft hat.

Wie erging es nun unserem Blumen-Unternehmer in spe mit der blühenden Phantasie? Als ich ihn das letzte Mal traf, arbeitete er noch in derselben Firma, in der ich ihn kennengelernt hatte, und sein Traum, sich selbständig zu machen, war ein Traum geblieben.

»Ich hab' einfach nicht den Dreh gekriegt«, erklärte er mir. »Ich glaube noch immer, daß es klappen könnte. Aber du weißt ja, ich habe einen ganz guten Job, später mal 'ne Superrente, na ja, das alles eben. Vielleicht ist es für mich besser, da zu bleiben, wo ich bin.«

Vielleicht. Aber ich bilde mir ein zu wissen, was bei der ganzen Sache fehlte. Ein Tiger, der etwas in Angriff nimmt, ist nicht zu bremsen.

Neue Ideen? Wunderbar, wenn Sie über Einfallsreichtum verfügen. Aber Ihre größte Erfolgschance besteht darin, aus alten Konzepten mit harter Arbeit das Beste zu machen.

### Frage 2: Wer sind meine Kunden?

»Jedermann.« Falsch.

Niemand hat »jedermann« als Kunden, seit es mit den Geschäften der guten alten Zeitschrift *Life* genau deshalb bergab ging. Wenn Ihr Konzept Erfolg haben soll, müssen Sie eine realistische Zielgruppe ausmachen, die groß genug ist, um Ihnen Gewinne einzubringen, jedoch klein genug, daß Sie diesen Markt zufriedenstellend bedienen können.

### Frage 3: Warum sollte sich jemand für mein Produkt oder meine Dienstleistung entscheiden?

»Jeder braucht es.« Falsch.

Forschen Sie nach einem bisher unbefriedigten, unerfüllten Bedürfnis, indem Sie ein Marktsegment identifizieren, das noch nicht oder nur ungenügend bedient worden ist.

125 Jahre lang war die Post in den USA »jedermann« zu Diensten und machte dabei Verluste. Federal Express entdeckte einen Markt im Bereich gewerblicher Nutzer, die eine schnelle und sichere Auslieferung brauchten. In diesem Segment, das die Post vernachlässigt hatte, spielt der Zeitfaktor eine entscheidende Rolle. Plötzlich erwachten andere Firmen aus dem Tiefschlaf, ironischerweise auch die Post. Ausgerechnet die Post erkannte, daß sich der von Federal Express entdeckte Markt noch in weitere Segmente unterteilen ließ. Die Post schöpfte das preisempfindliche Segment ab, indem sie die gleiche Express-Dienstleistung zum niedrigeren Preis anbot. Dann kamen die Faxgeräte. Sie haben den Kuchen in immer kleinere Portionen unterteilt, weil nun diejenigen Unternehmen als Zielgruppe angesprochen werden, die mit der Zustellung innerhalb von vierundzwanzig Stunden nicht zufrieden sind, sondern eine Informationsübermittlung wollen, die auf der Stelle erfolgt. Bei diesem Marktsegment ist die Zeit ein superkritischer Faktor.

Alle diese Unternehmen arbeiten mit Gewinn, bis auf die Post. Keines – außer der Post – orientiert sich in seiner grundlegenden Geschäftsstrategie an dem Versuch, an »jedermann« zu verkaufen.

**Frage 4: Wer sind meine Konkurrenten?**

»Es gibt keine.« Wieder die falsche Antwort.

Sie haben Konkurrenten, es sei denn, Sie zielen auf die Käufer von Federkielen und Ameisenpeitschen oder einen anderen obskuren Markt ab, der nicht existiert. Wenn es einen Markt für Ihr Produkt oder Ihre Dienstleistung gibt, dann können Sie sicher sein, daß ihn bereits jemand bearbeitet. Er bietet vielleicht ein anderes Produkt an. Oder er hat ein beinahe identisches Erzeugnis im Sortiment, das Sie jedoch auf der Basis von Qualität, Funktionstüchtigkeit oder Serviceleistungen auf den zweiten Platz verweisen können. Dessenungeachtet ist Wettbewerb kein schlechtes, sondern ein gutes Zeichen. Niemand hat jemals einen Weltrekord in einer Disziplin aufgestellt, in der er als einziger, gegen sich selbst, angetreten ist. Sie müssen nur noch einen Weg finden, es besser zu machen als die Konkurrenz.

### Frage 5: Welche Vorteile hat mein Angebot für den Kunden im Vergleich zur Konkurrenz?

Das ist eine Frage, bei der mehrere Antworten zur Wahl stehen: Produkt? Qualität? Standort? Bequemlichkeit? Serviceleistung? Preis? Auswahl? Zufriedenheit des Kunden? Sauberkeit? Innenausstattung des Ladens/Warenrepräsentation? Verläßlichkeit? Eine einzige Antwort ist nicht genug. Manchmal reichen sogar alle nicht aus. Siehe nächste Frage.

### Frage 6: Welche Vorteile weist meine Firma im Vergleich zur Konkurrenz auf?

Management? Produkt? Dienstleistung? Finanzkraft? Ansehen? Anerkennung? Marketing? Menschen?

Nehmen wir das Marketing ein wenig genauer unter die Lupe. Zum Beispiel die Schnellrestaurants. Es gibt einen Grund dafür, daß McDonald's Milliarden für Werbeanzeigen und Verkaufsförderungsmaßnahmen ausgibt. Die Strategie hat Erfolg: sie würgt die Konkurrenz ab. Sollten Sie es auf die gleiche Marktnische wie McDonald's abgesehen haben, befinden Sie sich automatisch auf der Liste der bedrohten Arten. Sie können den Konzern mit Hilfe jedes in Frage vier genannten Wettbewerbsvorsprungs schlagen, und dennoch laufen Sie Gefahr, daß er Ihnen das Grab schaufelt, falls Sie nicht über das Werbebudget verfügen, um Kunden über ihre Türschwelle zu bringen.

Ist es möglich, einem finanziell besser ausgestatteten Konkurrenten dadurch den Rang abzulaufen, daß man den Kunden größere Vorteile bietet? Ja, aber versuchen Sie es nicht auf der gegenüberliegenden Straßenseite, wenn Ihr Konkurrent über ein besseres Marketing-Know-how und tiefere Taschen als Sie verfügt.

## Frage 7: Habe ich einen Geschäftsplan?

Es gibt Kurse für Fortgeschrittene über dieses Thema, aber wir wollen die Sache vereinfachen.

Zum Glück ähneln sich alle nicht ganz so exakten Wissenschaften – und Unternehmensführung ist nicht gerade mit der Kernphysik zu vergleichen – in einer Hinsicht: Die Überlegungen in bezug auf ein Thema folgen meistens einem bestimmten System, das im Marketing, in der Unternehmensplanung, ja sogar in der Sozialarbeit Anwendung findet. Es spielt keine Rolle, ob Sie es Plan, Prospekt, Rundschreiben mit Angeboten, Entwurf oder sonstwie nennen. Wir benutzen einen Plan für eine neue Zeitschrift als hypothetisches Beispiel. Er sieht folgendermaßen aus:

### *Situationsanalyse*

Beschreiben Sie den gegenwärtigen Stand der Branche, in der Sie Fuß fassen wollen.

Beginnen Sie mit einem generellen Überblick, analysieren Sie ihre Gewinnträchtigkeit, den Status Ihrer wichtigsten Konkurrenten und die Aussichten für die kommenden Jahre, und prüfen Sie alle belegbaren Fakten über die Erfolgs- bzw. Mißerfolgsrate bei Geschäftsgründungen jüngeren Datums. Dann konzentrieren Sie Ihre Aufmerksamkeit auf die Überprüfung des Marktsegments, auf das Sie abzielen.

### *Ziele*

Beschreiben Sie, was Sie erreichen wollen.

Beispiel: Sie streben eine Rendite an, die über dem Branchendurchschnitt liegt, indem Sie eine Fachzeitschrift veröffentlichen und verwandte Dienstleistungen im Bereich Karriereplanung, Lifestyle oder Mode der oberen Preiskategorie für übergewichtige Damen und Herren anbieten.

*Zielgruppen*

Beschreiben Sie, wen Sie als Kunden gewinnen wollen. Im Zeitschriftengeschäft gibt es beispielsweise zwei Einkommensquellen: Kunden, die Ihr Magazin kaufen, und Inserenten. Deshalb könnten Sie folgende Zielgruppe ansprechen: Stadtbewohner zwischen 25 und 59 Jahren/Jahreseinkommen bei 30000 Dollar plus/ Ausbildung High School plus/ übergewichtig.

Quantifizieren Sie Ihre Zielgruppe: Wie groß ist sie überhaupt? Wie viele Leser könnten Sie erreichen?

Als Inserenten kämen Firmen in Frage, die sich auf Übergrößen für Damen und Herren oder Diätprodukte spezialisiert haben. Beschreiben Sie auch, wen Sie sich keinesfalls als Kunden wünschen, beispielsweise die Hersteller von durchsichtigen Dessous und Aphrodisiaka.

*Die Formulierung Ihrer Unternehmensmission*

Vielleicht glauben Sie, diesen Punkt ignorieren zu können, aber er ist der Kern Ihres Vorhabens, von dem Sie sich fünf Jahre später wünschen werden, Sie hätten ihm mehr Beachtung geschenkt. Die Mission unserer hypothetischen Zeitschrift könnte folgendermaßen lauten: »Landesweit als Quelle aktueller Informationen anerkannt zu werden; berufstätigen Damen und Herren, die unter Gewichtsproblemen leiden, mit Informationen, Tips, Ermutigung, Produkten und Dienstleistungen zur Seite zu stehen und eine überdurchschnittliche Rendite in der Zeitschriftenindustrie zu erzielen.«

*Ziel*

Nun beginnt sich das Puzzle zusammenzufügen, oder? Ihr Ziel ist es offensichtlich, eine Zeitschrift herauszugeben und diese als Ausgangsbasis für verwandte Produkte und Dienstleistungen zu verwenden. Es geht nicht darum, ein Publikationsnetz aufzubauen, das sich über die gesamte

Welt der Magazine oder auch nur der Frauenzeitschriften erstreckt. Wenn Sie wachsen wollen, dann streben Sie eine Expansion in die Tiefe Ihres Marktsegments an, die Ihnen eine Fülle von Möglichkeiten offenläßt, beispielsweise die Herstellung von Produkten, die Veröffentlichung von Büchern, die Durchführung von Seminaren oder die Errichtung von Erholungszentren.

*Strategie und Taktiken*

Früher habe ich Taktiken und Strategien dauernd durcheinandergebracht. Das passiert mir vielleicht heute noch, aber ich glaube, eine Strategie ist das, *was* man zu tun beabsichtigt, während Taktiken widerspiegeln, *wie* man eine Botschaft rüberzubringen plant. In unserem Fall sind mehrere einzelne Schritte erforderlich. Als erstes müssen Sie Marktforschung betreiben, um die Größe Ihrer Zielgruppen und deren Bedürfnisse zu bestimmen. Es wäre nicht schlecht, wenn Sie in Erfahrung bringen könnten, ob wirklich Interesse an einer Zeitschrift wie der von Ihnen geplanten besteht. Jetzt ist der Zeitpunkt gekommen, um das herauszufinden, und nicht erst dann, wenn Ihre gesamten Ersparnisse zum Teufel sind. Vielleicht stellen Sie dabei fest, daß es besser wäre, eine andere Dienstleistung anzubieten. Möglicherweise entdecken Sie auch, daß die Leute Ihre Zeitschrift nicht am Kiosk kaufen, weil sie sich schämen, danach zu fragen. Oder die potentiellen Inserenten ziehen Publikationen mit einem breiteren Zielpublikum vor. An diesem Punkt müssen Sie sich der Frage stellen, in welcher Hinsicht Sie sich von der Konkurrenz unterscheiden. Weight Watchers wird sich mit Sicherheit nicht einigeln und totstellen, wenn Ihre Zeitschrift erstmalig erscheint.

Jetzt wäre es auch an der Zeit, um ein wenig Marktforschung in bezug auf den Titel zu betreiben und eine viel Fingerspitzengefühl erfordernde und enorm wichtige Entscheidung zu treffen.

Als ich mein erstes Buch schrieb, hieß es im Vertrag mit meinem Verleger – William Morrow –, der Titel müsse

»für beide Vertragspartner akzeptabel« sein. Das war natürlich nicht der Fall. Dem Verleger gefiel der von mir vorgeschlagene Titel nicht: *Wie man mit den Haien schwimmt, ohne gefressen zu werden.* Erstens sei er zu lang, und zweitens könne der Leser nicht erkennen, worum es in dem Buch geht. Drittens stifte er Verwirrung: Jemand, der es zufällig in die Hand nehme, könne denken, es handle sich ums Schnorcheln. Und viertens, fünftens, sechstens, siebtens, achtens, neuntens, zehntens usw. Sie mochten den Titel einfach nicht, und damit basta. Für ein Buch aus dem Unternehmensbereich klang er sonderbar. Die Titel solcher Bücher sollten konkrete Hinweise auf den Inhalt geben, beispielsweise »Zehn Methoden...«, wie bei den Überschriften meiner Lektionen. Es gab ein Meeting, es wurde abgestimmt. Das Ergebnis: elf gegen eine Stimme. Abgelehnt. Die Gegenstimme des Hartnäckigen gehörte natürlich mir.

Da ich zu den vernünftigen Menschen gehöre, mußte ich wohl oder übel die – wenn auch nur entfernte – Möglichkeit in Betracht ziehen, daß elf Profis, die einen der erfolgreichsten Verlage in den USA leiten, vielleicht besser wissen, was zum Verkaufserfolg eines Buchs beiträgt, als ein Briefumschlaghersteller, der bis zu diesem Zeitpunkt noch nichts veröffentlich hatte.

Aber ich war noch nicht bereit, das zu akzeptieren. Deshalb engagierte ich die Firma Janz/Abrahamson, im Hinblick auf den Titel Marktforschung zu betreiben. Sie übertrugen einem Dutzend kreativer Mitarbeiter die Aufgabe, fünfzig Seiten aus dem Buch zu lesen. Dann stellte das Marktforschungsunternehmen Fokus-Gruppen zusammen. Die Teilnehmer listeten achthundert zusätzliche Titel auf, aus denen einer gewählt werden sollte; man hatte ihnen nicht gesagt, für welchen ich mich entschieden hatte. Auf den ersten Platz kam *Wie man mit den Haien schwimmt, ohne gefressen zu werden.*

Ich ging wieder zu Morrow, ausgerüstet mit der mächtigsten Waffe, die man bei gleich welcher Verhandlung nur besitzen kann: besseren Informationen. Und schließlich erreichten wir das im Vertrag geforderte gegenseitige Einvernehmen: Ich bekam *Schwimm mit den Haien, ohne gefressen zu werden* und sie die Aufgabe, das *Wie man* zu streichen.

### *Durchführung*

Beschreiben Sie Ihr Produkt in allen Einzelheiten.

Preis/Häufigkeit des Erscheinens/ Inhalt/ Format/ Farben/ Verfügbarkeit. Also alles Wissenswerte. Noch einmal zurück zu unserem Beispiel, der Zeitschrift. Ein Blindmuster wäre nicht schlecht, eine Technik, die in dieser Branche häufig angewendet wird. Unter dieser Rubrik beschreiben Sie auch, wie lang der Zeitraum zwischen Startphase und dem Zeitpunkt ist, an dem sich das Geschäft Ihrer Meinung nach eingespielt hat. Stellen Sie auch einen Plan für die Korrektur der Dinge auf, die schieflaufen könnten (und das passiert immer).

### *Budget*

Nun betreten wir das Reich der Phantasie. Wie hoch Sie die Kosten auch immer ansetzen mögen, sie belaufen sich letztlich auf das Doppelte. Sie sollten Ihre Kapitalquellen, Ihren voraussichtlichen Bargeldfluß sowie Einnahmen und Ausgaben in Pro-forma-Einkommenserklärungen und Bilanzen auflisten, die bis zur Rentabilitätsschwelle und darüber hinaus gehen.

### *Maßstäbe*

Dabei handelt es sich in der Regel um Statistisches. Zum Beispiel könnten Sie eine Auflagenhöhe von 150000 innerhalb der ersten sechs Monate oder 300000 im zweiten Jahr, und so weiter anvisieren. Sie dürfen auch solche Maßstäbe setzen, die zwar phantastisch anmuten, aber für Sie von Bedeutung sind: Beispielsweise die Häufigkeit, mit der Sie in anderen Veröffentlichungen zitiert werden, Zahl und Qualität der Autoren und so weiter.

*Kurzbericht*

Er gleicht einem Geschäftsabschluß und kann ganz einfach formuliert sein: »Aufgrund der günstigen Marktbedingungen, der Existenz und Attraktivität eines Marktsegments, das – wie umfangreiche Marktforschungsprojekte andeuten – nicht bedient wird, und infolge unserer Fähigkeit, eine überlegene, am Markt getestete Produktstrategie zu entwickeln, die unverzüglich den jeweiligen Bedürfnissen angepaßt werden kann, beabsichtigen wir...«

Kommen Sie mit bei diesem Entwurf? Ist doch gar nicht so schwer. Er dient verschiedenen nützlichen Zwecken: Er zwingt Sie, die Anlaufphase und Ihre langfristigen Ziele gründlich zu durchdenken. Er stellt auch ein Dokument dar, das Sie brauchen, wenn Sie eine Fremdfinanzierung in Betracht ziehen – es sei denn, es handelt sich bei dem Geldgeber um einen Ihrer Verwandten.

Erscheint Ihre Projektskizze einem neutralen Geschäftsmann nicht überzeugend und gründlich durchdacht, dann sagt auch das etwas über Ihre tatsächlichen Erfolgschancen...

## Frage 8: Was sagt meine Bank?

Banker müssen den ganzen Tag lang Geschäftspläne begutachten und auswerten. Das ist ihr Job. Je älter und erfahrener sie sind, desto mehr haben sie gesehen. Wahrscheinlich ist ihnen dabei auch einer unter die Augen gekommen, der dem Ihren ähnelt. Bitten Sie Ihren Ansprechpartner bei der Bank, Sie auf die Stärken und Schwächen in Ihrem Plan hinzuweisen. Danach stellen Sie ihm die alles entscheidende Frage: Würden Sie mir einen Kredit zur Finanzierung dieses Geschäftes geben? Lehnt er ab, bedeutet das noch nicht das Ende der Welt. Finden Sie heraus, welche Voraussetzungen Sie erfüllen müssen, damit die Bank ja sagt.

Und dann kündigen Sie an, daß Sie wiederkommen werden.

## Frage 9: Was sagt mein Anwalt?

Haben Sie einen? Und zwar einen mit langjähriger Erfahrung im Geschäftsbereich, nicht den, der Ihr Testament aufgesetzt hat? Legen Sie Ihrem Anwalt den Geschäftsplan vor. Fragen Sie ihn nach den juristischen Fußangeln, die Ihr Vorhaben vielleicht enthält, und bitten Sie ihn um Auskunft, wie Sie diese vermeiden können, und zwar schon *jetzt*. Vergessen Sie jedoch nie: Ihr Anwalt ist dazu da, Sie zu schützen; unternehmerische Entscheidungen kann er Ihnen nicht abnehmen.

Eine bekannte, große Anwaltskanzlei hat den Trend vorweggenommen und eine eigenständige Abteilung mit 25 »Präventiv-Anwälten« gegründet. Diese Anwälte sind auf Vertragsrecht, Produkthaftung, Urheberrecht, Umweltschutz, Gesundheitswesen und Antikartell-Gesetze spezialisiert. Meiner Meinung nach sollten sie noch ein paar Steuer- und Immobilienexperten in die Runde aufnehmen.

Warum sollten Sie Zeit und Geld investieren, um präventiv ein Problem zu ergründen, mit dem Sie bisher noch nie zu tun hatten? Aus dem gleichen Grund, der Sie veranlaßt, zum Arzt zu gehen und sich durchchecken zu lassen, wenn Sie sich bei bester Gesundheit fühlen. Machen Sie sich noch heute auf den Weg; vielleicht retten Sie so schon morgen Ihre Haut.

## Frage 10: Was sagt mein Mentor?

Wenn Sie meinen Empfehlungen gefolgt und bei Ihrer Bank und Ihrem Anwalt vorstellig geworden sind, dann haben Sie schon neunzig Prozent der Meute überholt. Um an neunundneunzig Prozent vorbeizuziehen, sollten Sie Ausschau nach einem alten Fuchs halten, vorzugsweise einem, der die Jagdgründe wie seine Westentasche kennt. Sogenannten Pensionären zum Beispiel, denn sie verfügen über genau die Eigenschaften, die einen Mentor kennzeichnen. Sie haben Zugang zu Leuten mit allen nur denkbaren beruflichen Erfahrungen und verfügen über Zeit, Geduld, Kompetenz, Weisheit und Verständnis, um Ihnen zu helfen

– oder manchmal auch nur zuzuhören. Wenn Sie wirklich clever sind, dann können Sie in Amerika zum Beispiel einem der bestgehüteten Geheimnisse auf die Spur kommen: einer Organisation namens SCORE (Service Corps of Retired Executives). Sie zählt 12500 pensionierte und aktive Führungskräfte zu ihren Mitgliedern und hat 736 Ortsgruppen und Geschäftsstellen in den USA, die Jungunternehmer kostenlos beraten. Solche Organisationen gibt es selbstverständlich auch in vielen anderen Ländern.

Als ich anfing, kam mir jeder recht, der bereit war zuzuhören – mein Banker und mein Anwalt, beide schon etwas älter und sehr erfahren, und nicht zuletzt mein Vater, der einen beruhigenden Einfluß auf mich ausübte. Meine Golfpartner am Mittwochnachmittag dienten mir schon bald als inoffizieller Unternehmensvorstand. Ich suchte hemmungslos bei jedem Rat – eine Eigenschaft, die ich bis heute beibehalten habe. Jemanden nach seiner Meinung zu fragen tut schließlich nicht weh, oder?

Ich weiß, wie stark der Instinkt eines Unternehmers ist, alles allein zu machen. Ich weiß aber auch, wie dumm es ist, diese Neigung so weit zu treiben, daß man sich von nützlichen Informationsquellen abschneidet, weil man vielleicht etwas zu hören bekommen könnte, was man nicht hören will. Diese Schwäche hat sich in Unternehmerkreisen nahezu weltweit wie eine ansteckende Krankheit verbreitet. Sie ist jedoch leicht heilbar, und der Vorteil dieser Medizin besteht darin, daß man sie nicht nehmen muß, wenn man nicht will. Sie steht aber jederzeit zur Verfügung, wenn man sie braucht.

### Frage 11: Habe ich mich selbst und meine Motive ehrlich geprüft?

Sind Sie wirklich fest entschlossen, Ihren Plan in die Tat umzusetzen, oder versuchen Sie nur, Ihren augenblicklichen Problemen aus dem Weg zu gehen? Die alte Firma zu verlassen und eine neue zu gründen ist ein Vorhaben, das sich mit einer zweiten Ehe vergleichen läßt. Wenn Sie schon beim ersten Versuch ständig die Socken auf dem

Fußboden herumliegen ließen, dann wird Ihnen Ihre zweite Angetraute die Hölle genauso heiß machen wie die erste. Bevor Sie den Absprung wagen, sollten Sie deshalb nachforschen, ob nicht *Sie selbst* das Problem sind.

Eine eigene Firma ist nichts für Leute, die etwas anderes als den Drang verspüren, morgens als erste auf der Matte zu stehen und sich nachts als letzte aus dem Büro schleifen zu lassen.

J. Willard Marriott, Gründer der Marriott Corporation, arbeitete jahrelang achtzehn Stunden pro Tag. »Kein Mensch kann es mit einer Vierzig-Stunden-Woche im Leben sehr weit bringen«, erklärte er.

»Einige meiner Investitionen haben sich ausgezahlt, andere als kompletter Fehlschlag erwiesen«, sagte mein Schwiegervater Rudolph W. Miller. »Eines habe ich jedoch festgestellt: Gleichgültig wie hart du auch für dein Geld arbeitest, es gibt immer jemanden, der gewillt ist, doppelt so hart zu arbeiten, um es dir wieder abzunehmen.«

Leute, die im Geschäftsleben hoch hinauswollen, sind selten ohne Kanten oder über alle Maßen glücklich. Aber sie zeichnen sich durch eine Eigenschaft aus, die anderen fehlt: Sie sind zielbewußt. Sie haben nicht zuletzt deshalb Erfolg, weil sie alle anderen Bedürfnisse und Signale ausschalten. Keiner wird behaupten, das sei angenehm, aber kein Fleiß, kein Preis.

Habe ich soeben jemanden sagen hören, man müsse nicht arbeitssüchtig sein, um Erfolg zu haben? Stimmt, und vielleicht beeinträchtigt die Arbeitswut sogar Ihre hervorragenden menschlichen Qualitäten. Aber menschliche Größe steht hier auch gar nicht zur Debatte. Was wirklich zählt, ist, ob Sie über die Eigenschaften verfügen, die einen echten Unternehmer auszeichnen. Menschen mit Unternehmergeist sind nicht arbeitssüchtig, weil ihnen gar nichts anderes übrigbleibt. Sie haben diese Entscheidung aus eigenem freiem Willen getroffen, weil ihnen die Arbeit wichtiger ist als die Charakterpflege. Sie tun's nicht, weil sie daraus Vorteile zu ziehen hoffen; sie engagieren sich um der Sache selbst willen. Sie sind Unternehmer aus Passion. Auf sie trifft das Sprichwort zu: Man muß keinen Tag im Leben mehr arbeiten, wenn man etwas findet, was einem Spaß macht.

Romanautoren sind für mich der Inbegriff des Unternehmers. Sie arbeiten völlig eigenständig, und das Produkt ihrer Heimindustrie in Miniaturformat befindet sich fest verschlossen in ihrem Kopf. Nach Monaten oder sogar Jahren haben sie schließlich die Einzelteile ihres Werks auf Manuskriptpapier zusammengefügt, das nicht mehr als ein paar Dollar wert ist. Anschließend klappern sie die Verlage ab, um jemanden zu überreden, eine Menge Geld zu riskieren, um das Werk zu drucken und auf den Markt zu bringen. Die Erfolgsaussichten in diesem Metier müßten Sie eigentlich kennen: Jedes Jahr werden eine halbe Million Buchmanuskripte geschrieben. Nur zehn Prozent – rund 50000 – werden jemals veröffentlicht, und davon schafft nur eine Handvoll den Sprung in die Bestsellerlisten. Das sind keine glorreichen Aussichten für kleinmütige Seelen!

Können Sie sich an Wayne Dyer erinnern? Die Geschichte vom Beginn seiner Karriere ist fast so bekannt wie sein Buch *Your Erroneous Zones (Der wunde Punkt).* Er hatte Mühe, einen Verleger zu finden, aber daß Dyer an sich selbst glaubte und Mumm besaß, ließ sich nicht leugnen. Da der Absatz seiner Bücher stagnierte, beschloß er, selbst Vertreter zu spielen und damit hausieren zu gehen. Er hatte sich eine Formel zurechtgelegt, von der er sich Erfolg versprach: Er nahm vorab Kontakt mit dem lokalen Sender in der nächsten Kleinstadt auf seiner Liste auf und versuchte, eine Einladung als Gast bei einer oder mehreren regional ausgestrahlten Talk-Shows zu erhalten. Ort, Show und Zeitpunkt spielten keine Rolle; er nahm, was sich bot. Dann packte er seine Bücher ins Auto und fuhr in die jeweilige Stadt. Hier klapperte er sämtliche Buchläden ab und eröffnete den Mitarbeitern, er werde an dem und dem Tag in dieser oder jener Show zu sehen sein. Er beschwatzte sie so lange, bis sie ihm einige Bücher abkauften. Dann zog er seine Talk-Show-Nummer ab und machte sich daran, einen Auftritt in der nächsten Stadt zu arrangieren.

So ging es zwei Jahre lang. Wayne Dyer verdiente seinen Lebensunterhalt damit, daß er mit seinen im Kofferraum verstauten Büchern hausieren ging. Eines Nachts hielt er sich in San Francisco auf. Es war drei Uhr morgens. Ein weiterer Auftritt außerhalb der Hauptsendezeiten stand ihm bevor. Er zog seine Show vor vielleicht siebzehn Leuten ab, die ihm weltweit zuhörten. Und unter diesen siebzehn befand sich zufällig Johnny Carson, und er fand sie hervorragend.

Als nächstes trat Dyer in der Johnny-Carson-Show auf, und sein Buch hatte die Schallmauer des Erfolgs durchbrochen.

Einige Wochen später besuchte Dyer ein Ehemaligen-Treffen seiner High-School. Ohne die Carson-Show hätte er vermutlich nicht gewagt, sich dort blicken zu lassen. Aber er nahm teil. Ein alter Klassenkamerad watschelte auf ihn zu.

»Hey, Dyer«, sagte er. »Hast du dir je erträumt, mal das Glück zu haben, bei der Johnny-Carson-Show mitzumachen?«

Glück? Wayne Dyer hat sein Glück selbst geschmiedet. Wenn Sie sich für eine Laufbahn als Unternehmer entscheiden, dann müssen Sie an sich selbst glauben, mehr als an alles andere in der Welt.

**Frage 12: Was mache ich, wenn es schiefgeht?**

Beten Sie, daß es einmal schiefgeht.

Nur wenige Unternehmer schaffen es beim ersten Anlauf. Wenn Sie Ihre Erfolgsquote verdoppeln wollen, dann müssen Sie auch Ihre Fehlerquote verdoppeln. Bei vielen Titanen aus der Frühzeit der amerikanischen Industrie, wie beispielsweise Andrew Carnegie, weist die berufliche Laufbahn spektakuläre Sprünge und Einbrüche auf. Sie schafften den Aufstieg aus der Armut, entrannen dem Untergang oft um Haaresbreite, mußten Bankrott anmelden oder waren nahe daran, und entwickelten Produkte und Konzepte, die sich als Flop erwiesen. Aber mit jedem zerronnenen Traum haben diese Männer die erforderliche Lektion gelernt, den Staub abgeschüttelt und noch einmal ganz von vorne angefangen.

3M, ein Zehn-Milliarden-Dollar-Unternehmen, das mehr als 60000 verschiedene Produkte herstellt, entstand auf der Basis eines solchen Flops. Die Firma plante die Herstellung von Sandpapier, aber das für die Schmirgelfläche verwendete Mineral war wertlos. So blieb nur die Wahl: Innovation oder Untergang. Nach einigen vergeblichen Mühen trafen die Leute von 3M schließlich zum erstenmal voll ins Schwarze. Sie entwickelten ein naß oder trocken zu benutzendes Schmirgelpapier mit dem aufschlußreichen Namen »Wetodry«. 1929 brachten sie Klebstreifen auf den Markt, ursprünglich als Isoliermaterial gedacht und inzwischen ein Produkt mit 750 Millionen Dollar Jahresumsatz. *Business Week* zitierte William McKnight, den ersten Firmenchef, der noch heute als Quelle der Inspiration und Leitbild gilt, wie folgt: »Wenn das Management auf Fehler mit Intoleranz und destruktiver Kritik reagiert, dann wird jede Eigeninitiative im Keim erstickt.«

Bei 3M ist die Eigeninitiative die Hauptantriebskraft. Rund ein Viertel des Umsatzes wird mit Produkten erzielt, die vor fünf Jahren noch nicht erfunden waren, und in fünf Jahren werden weitere fünfundzwanzig Prozent des Umsatzes von Erzeugnissen herrühren, die heute noch nicht existieren.

Das Unternehmen engagiert sich in außergewöhnlich hohem Maß für die »reine« Forschung, selbst wenn es nicht die leiseste Ahnung hat, wie sich damit auch nur ein paar Mark verdienen lassen. Sie führte das Programm »Genesis-Zuschüsse« ein, einen Fonds, mit dem Projekte finanziert werden, für die es augenblicklich noch keine klar erkennbaren kommerziellen Anwendungen gibt. Wenn ein 3M-Wissenschaftler ein Forschungsprojekt in Angriff nehmen möchte, bewirbt er sich um diese Mittel. Das Unternehmen unterstützt derzeit rund einhundert solcher Vorhaben, deren Kosten in die Millionen gehen. Aus rein wissenschaftlichem Altruismus? Natürlich nicht! 3M weiß, daß sich seine Investitionen schon auszahlen, wenn auch nur eine dieser Ideen das Produktstadium erreicht.

Und wenn keiner diese Hürde schafft? Was ist, wenn sich sämtliche Projekte als Fehlschlag erweisen?

Dann profitiert 3M immer noch davon. Die Firma legt Zeugnis von dem Vertrauen ab, das sie in ihre Mitarbeiter setzt, und schafft so eine Atmosphäre, in der sich die Kreativität voll entfalten kann.

Viele kennen die Romanhelden des amerikanischen Schriftstellers Horatio Alger (1832–1899) und ihre Erfolgsgeschichten. Sie wurden geschrieben, um uns zu inspirieren – und das sollte auch gelingen. Interessant ist dabei nicht so sehr die Frage, woher unsere Helden den Mut für einen zweiten Anlauf nahmen (blieb ihnen denn eine andere Wahl?), sondern vielmehr, wo die Leute, die sie unterstützten, den Mut hernahmen. Wer leiht schon einem Versager Geld?

Die Banken warten lieber ab, bis Ihnen der erste größere Fehler unterlaufen ist, bevor sie Ihnen eine größere Summe zur Verfügung stellen. Sie wissen, daß Sie beim nächsten Mal um einiges vorsichtiger sein werden. Ihr Glaube an Sie wird verstärkt, wenn Sie Mut, Unverwüstlichkeit, Entschlossenheit und eine Lernkurve vorweisen können, die rapide ansteigt. Und sie sind geradezu entzückt, wenn Sie diese Eigenschaften auf Kosten anderer erwerben.

Die wenigsten Menschen führen beruflich oder privat ein Leben, das nicht den geringsten Makel aufweist. Fehler wiedergutzumachen zählt dabei mehr, als niemals Fehler zu machen. Die Theologen weisen gern darauf hin, daß nur der Glaube von Wert sei, der schon einmal auf die Probe gestellt wurde. Es gibt kein Vergehen im Sündenkatalog, dessen sich selbst ein vom Papst anerkannter Heiliger nicht schuldig gemacht hätte. Sie alle haben gesündigt, sich ihre Verfehlung bewußt gemacht und ihre Schuld bewältigt. Das macht sie zu Heiligen.

Welche wichtige Lektion können wir aus einem Fehlschlag ableiten?

Er lehrt uns, keine Angst vor einem Fehlschlag zu haben. Denn wenn man ihn überlebt und bereit ist, den Kampf wieder aufzunehmen, dann hat man nicht versagt, sondern nur gelernt, den Erfolg mehr zu schätzen. Nietzsche wußte es am treffendsten auszudrücken. Von ihm stammt der Ausspruch: »Was uns nicht umbringt, macht uns härter.«

Linda Gottlieb war Vizepräsidentin von Highgate Pictures, einem ehemaligen Geschäftsbereich der Learning Corporation of America. Als das Unternehmen stark expandierte, sagte sie: »Die Eigenschaften, die mein Chef früher an mir geschätzt hatte – meine Freimütigkeit, meine unerschütterlichen Überzeugungen und meine Zähigkeit in Verhandlungen –, wurden nun als störend und unannehmbar empfunden. Plötzlich hatte ich Personal unter mir und um mich herum, und ich sollte Menschen führen anstatt Filmprojekte verwirklichen, was mir am meisten liegt.«

Linda Gottlieb blieb nicht mehr lange. Sie wagte den Sprung und begann, Spielfilme zu produzieren. Für ihr Lieblingsprojekt, das fünf Millionen Dollar kostete – nach Hollywood-Maßstäben eine bescheidene Summe –, fand sie lange Zeit keinen Geldgeber, bis sie Vestron Pictures überreden konnte, sich auf das Wagnis einzulassen. Der Film trug den Titel *Dirty dancing*. Bruttogewinn: 140 Millionen Dollar.

»Der Fehlschlag hat mich befreit«, erklärte sie. »Durch die Beendigung des alten Arbeitsverhältnisses war ich gerüstet, meine geheimsten Träume zu verfolgen.«

Wenn Sie nicht aus Fehlern gelernt haben, dann leiten Sie aus Ihrem Erfolg unweigerlich die falsche Botschaft ab.

Sie glauben nämlich, sie hätten ihn verdient.

Was Sie aus einem Erfolg lernen sollten, ist, ihn mehr zu fürchten als den Mißerfolg.

Immer wieder habe ich Leute kennengelernt, die glaubten, sobald sich der Erfolg einmal eingestellt hätte, ließe sich die Situation nicht mehr umkehren, ähnlich wie beim Verlust der Jungfräulichkeit. Aber wenn jemand einmal das Richtige getan hat – und dazu noch alle anderen denken, er befände sich völlig auf dem Holzweg –, dann lag es sicher an seiner Entschlossenheit, eine Glanzleistung zu vollbringen. Manager von Baseball-Teams, die in einer Saison Bombenverträge abschließen, beweisen selten zweimal hintereinander eine so glückliche Hand. Die darauffolgende Saison wird mit Sicherheit ein totaler Schuß in den Ofen. Don Burr, der People Express auf einem Konzept aufgebaut hat, das in der kommerziellen Luftfahrt eigentlich nicht die mindeste Erfolgschance besaß, legte eine Bruchlandung hin, als er zu schnell expandierte.

Brett Johnson, der sein Konterfei schon im Alter von

fünfundzwanzig Jahren in *Fortune* bewundern konnte, machte aus der bescheidenen Anstreicherkappe einen heißbegehrten Moderenner für Teenager, auf dessen Schirm die Aufschrift Kopenhagen und Skoal zu lesen war. Im darauffolgenden Jahr war er aus dem Rennen; entweder hatte er die Launenhaftigkeit seines Marktes unterschätzt, oder zuviel Selbstvertrauen an den Tag gelegt – oder beides.

Die Gunst der Götter ist uns nicht auf ewig sicher. Und unfehlbar sind weder Sie noch ich.

Wir würden gerne glauben, daß wir uns den Erfolg durch harte Arbeit, Entschlossenheit, Intelligenz und Weitsicht verdient haben. Natürlich hätten wir es ohne sie nicht geschafft, aber manche Leute verfügen über die gleichen Qualitäten und sind dennoch nie erfolgreich.

Die Wahrheit ist, daß sich der Erfolg oft aus völlig unerwarteten Gründen und unter Umständen einstellt, auf die wir wenig Einfluß haben und die manchmal in keiner Beziehung zu unseren eigenen Bemühungen stehen.

Es gibt noch eine Lektion, die wir aus dem Erfolg ableiten können: Staunen Sie darüber genauso wie Ihre Freunde. Wenn der Erfolg Sie wirklich überrascht, dann haben Sie die besten Chancen, ihn zu wiederholen.

# *Lektion 16*

## Sie sind nicht in der Armee, also melden Sie sich freiwillig

James Michael Curley, der verstorbene Bürgermeister von Boston, der als Modell für den korrupten, aber liebenswerten Politiker aus dem Film *The Last Hurrah* diente, war für die Errichtung des Sumner-Tunnels verantwortlich, der den Flughafen von Boston mit dem Rest der Stadt verband. Mit der Entscheidung für den Bau des Tunnels wechselte eine Menge Geld den Besitzer, und ein Teil fand seinen Weg in Taschen, in die es eigentlich nicht gehörte. Hier lag eindeutig ein Gesetzesverstoß vor. Einige Leute landeten im Gefängnis, unter anderem Curley.

Aber.

Wäre der Tunnel streng nach Gesetzbuch gebaut worden und hätte man der Verwaltung den endlos langen, majestätischen Kurs auf eine von äußeren Einflüssen ungetrübte Entscheidung hin zugestanden, dann müßte man wohl heute noch die Fähre nehmen, um vom Bostoner Flughafen in die Innenstadt zu gelangen. Und selbst wenn sich dieses System seinen Weg durch jahrelange Anhörungen und Sitzungen und Abstimmungen gebahnt hätte, dann hätte der Tunnel die Bostoner Steuerzahler vermutlich das Zehnfache gekostet.

Es spricht eine ganze Menge für die Demokratie, aber

zwei Dinge kann man ihr gewiß nicht zugute halten: daß sie billig oder effizient ist.

Manchmal resultieren aus schlechten Motiven gute Ergebnisse.

Und damit wäre ich wieder beim Thema des freiwilligen Einsatzes, um voranzukommen.

Einer der Hauptgründe für die ehrenamtliche, karitative Arbeit ist der persönliche Vorteil, den sie mit sich bringt. Aber ich finde es wesentlich richtiger, aufgrund der falschen Motive das Richtige zu tun. Ein großer Teil der ehrenamtlichen karitativen Arbeit bliebe ungetan, wenn es nicht die sozialen Aufsteiger und Opportunisten in der Geschäftswelt gäbe. Und wenn es ohne sie nicht geht, dann ist ihre Beteiligung durch die Vorteile gerechtfertigt, in deren Genuß andere kommen.

Was ist so verwerflich daran, daß es jemandem gutgeht, weil er Gutes tut?

Wenn die Moralisten die Nase rümpfen, weil Sie auf dem Wohltätigkeitsball nicht genug gelitten haben, obwohl Sie für die Teilnahme ein kleines Vermögen bezahlt haben, was soll's? Glauben Sie nicht, Sie müßten Mutter Teresa nacheifern oder Ihr Leben nach den Vorstellungen ausrichten, die irgendein anderer Mensch von politisch korrektem Verhalten hat, um sich zu engagieren oder anderen zu helfen.

Kontakte knüpfen und ehrenamtlich arbeiten sind nahezu gleichbedeutend. Als Curt Carlsons Firma den fünfzigsten Jahrestag ihres Bestehens feierte, hatte man eine Skulptur des Gründers in Auftrag gegeben. Ich lernte den Künstler kennen und fragte ihn, wie er zu dem Auftrag gekommen sei. Er erzählte mir, seine Frau habe sich ehrenamtlich für die Mitarbeit in einem United-Way-Komitee gemeldet und dort Carlsons Frau Arlene kennengelernt. Eins habe zum anderen geführt, und schließlich sei er Curt Carlson vorgestellt worden. Sieben Jahre später zog er das große Los und erhielt den Auftrag seines Lebens. Ich finde das toll. Wie soll denn ein Bildhauer die Werbetrommel für sich rühren – indem er Figuren aus Zuckerguß für Hochzeitstorten meißelt, die dann beim festlichen Empfang zu bewundern sind?

Ach ja, die wichtigste Referenz, die bei der Aufnahme in

nahezu jeden Vorstand einer Wohltätigkeitsorganisation in Amerika gefordert wird, ist noch immer die Kreditempfehlung. Das heißt allerdings nicht, daß Sie sich nicht um die Mitgliedschaft bemühen sollten.

Geben Sie nicht so viel und so lange, bis es Ihnen weh tut. Geben Sie, bis sich ein gutes Gefühl einstellt. Das ist genauso teuer und läßt Sie in wesentlich besserer Gemütsverfassung zurück.

Vieles, was ich über Verkaufen, öffentliches Reden, Geldauftreiben, Teamarbeit, Management und Organisation – mit anderen Worten, über all das, was für die Unternehmensführung relevant ist – lernen konnte, habe ich durch freiwilligen Einsatz gelernt. Wenn mir Fehler unterliefen, und davon gab es in meinen Ehrenämtern viele, waren sie Teil eines Lernprozesses, den ich auf meine eigene Unternehmenssituation anwenden konnte. Und wenn ich mir eine neue Technik angeeignet hatte, setzte ich auch sie in meinem geschäftlichen Alltag ein.

Bei der wichtigsten Lektion, die ich gelernt habe, ging es ums Verkaufen.

Jede sozial engagierte Gruppe und karitative Organisation braucht Geld, und die Aufgabe, um die sich keiner reißt, besteht darin, es zu beschaffen. Die Leute hassen schon den Klang des Wörtchens »Nein«, weil sie die Zurückweisung persönlich nehmen. Und gerade beim Spendensammeln gleicht die Ablehnung einem Faß ohne Boden.

Die Sammelaktion läuft in der Regel folgendermaßen ab: Die ehrenamtlichen Helfer scharen sich um ihren Gruppenleiter, der die »Wunschliste« vorliest. Sie besteht aus Karteikärtchen im Format 8×13 cm mit Namen darauf. Auf manchen stehen die Leute, die früher schon einmal gespendet haben, nebst der Höhe des Spendenbetrags. Andere tragen die Namen von Prominenten, die ihr Scherflein noch nicht beigetragen haben, aber dies nach irgend jemandes Ansicht tun sollten. Sobald die Namen verlesen und die für jeden angemessene Summe vorgeschlagen wurde, erwartet man von den Freiwilligen, daß sie sich ihren geziemenden Anteil Karten vom Stapel nehmen und losziehen, um ihre Pflicht zu tun.

Und das ist der Zeitpunkt, an dem Sie lernen, wie schwer es ein Verkäufer hat.

Die Leute haben eine merkwürdige Einstellung zum Geld. Man stellt fest, daß sich sogar die besten Freunde plötzlich ganz anders, nämlich schlechter, benehmen, wenn man sie um Geld bittet.

Schon bald werden Sie an sich das »Kontaktsyndrom« feststellen, Fachjargon der Versicherungsleute für die Angst vor Zurückweisung. Sie befällt die Mehrzahl der Versicherungsagenten nach zwei Jahren – gerade Zeit genug, um sämtliche Verwandten übers Ohr zu hauen und von anderen Zeitgenossen einige hundert Mal mit einem unsanften Fußtritt aufs Pflaster befördert zu werden. Wenn ein Versicherungsagent es versteht, so lange zu überleben, kann er von seinem Job normalerweise ganz gut leben.

Ehrenamtliche Helfer, die eine Spendensammelaktion oder auch zwei durchstehen, verdienen dieselben Tressen, die für Tapferkeit vor dem Feind verliehen werden.

Die Kernlektion im Verkauf läßt sich auf den Punkt bringen. Sie lautet: Sag niemals nein anstelle des anderen.

Vielleicht kennen Sie die Geschichte von dem frischgebackenen Versicherungsvertreter, der sich damit brüstete, jeden Tag fünfzig Kunden zu besuchen. Das ist keine Kunst, wenn man jedes Verkaufsgespräch mit dem Satz beginnt: »Sie wollen nicht zufällig eine Versicherung abschließen, oder?«

Wenn sich das »Kontaktsyndrom« aufbaut, neigt ein Verkäufer dazu, sich selbst einzureden: »Ich kenne diesen Typ. Der wird garantiert nein sagen. Also hat ein Besuch überhaupt keinen Zweck.« Und deshalb läßt er es.

Wer den Kunden nicht aufsucht, riskiert wenigstens nicht das, was demjenigen blühen kann, der den Kunden tatsächlich aufsucht: ein definitives Nein. Es gibt aber noch zwei entscheidende Unterschiede: Erstens erspart man seinem angeschlagenen Ego eine weitere Zurückweisung; und zweitens hat man nicht die Chance von einem Prozent, einen Abschluß zu tätigen, sondern überhaupt keine.

*Man muß nicht jedesmal einen Abschluß erzielen, um erfolgreich zu sein.*

Über 95 Prozent der per Post verschickten Werbesendungen von Publishers Clearing House landen im Müll. Aber dadurch, daß die Firma nur einen von fünfundzwanzig Interessenten in Kunden umwandelt, hat sie in ihrer Branche Maßstäbe gesetzt.

Als Lou Holtz die Betreuung der Minnesota-Teams übernahm, konnten wir die erfolgreichste telefonische Marketingkampagne in der Geschichte des Colleges in Gang setzen. Wir verkauften 6000 Saisonkarten, und die Medien machten viel Aufhebens davon. Was wir der Welt nicht mitteilten, war, daß wir 75000 Telefongespräche führen mußten, um diesen Verkaufsrekord aufzustellen.

Messen Sie den Erfolg am Erfolg und nicht an der Zahl der Fehlschläge, die Sie hinnehmen mußten, um Ihr Ziel zu erreichen.

# *Lektion 17*

## »Müllmänner gesucht: 30000 Dollar Jahreslohn«

An dem Tag, als ich diese Schlagzeile in der Lokalzeitung entdeckte, wußte ich, daß es Ärger geben würde.

Helen, eine meiner wichtigsten Mitarbeiterinnen, hatte die Anzeige ebenfalls gesehen.

»Schauen Sie sich das an«, sagte sie und knallte die Zeitung auf meinen Schreibtisch. »Die Müllmänner verdienen mehr Geld als ich. Entweder bekomme ich das gleiche Gehalt, oder ich gehe.«

»Helen«, erwiderte ich, »ich kann Ihnen nur einen guten Rat geben: Ich meine, Sie sollten auf der Stelle kündigen und ab morgen früh den Müll einsammeln, denn das ist der beste Weg, den ich kenne, um dreißigtausend Dollar im Jahr zu verdienen.«

Ich versuchte ihr zu erklären, daß der hohe Verdienst der Müllmänner unter anderem auch auf Angebot und Nachfrage zurückzuführen sei. Die meisten Leute reißen sich nicht gerade darum, Müll einzusammeln, ein Beerdigungsunternehmen zu leiten oder in Beirut Bomben zu entschärfen. Jede verhältnismäßig hoch bezahlte Tätigkeit ist mit einer Bürde verbunden: entweder in bezug auf das Image, das Risiko oder die Fähigkeiten, die dazu erforderlich sind.

Wirtschaftslehre war nicht Helens Stärke, aber sie beruhigte sich. Für eine Weile zumindest. Schließlich verließ sie die Firma doch des Geldes wegen. Es ging ihr in der neuen Stellung ganz gut, bis ihre hartgesottene Gewerkschaft zu hoch pokerte. Die Arbeiter traten in den Ausstand, die Firmeneigner bewiesen schließlich Rückgrat und stellten Ersatz ein. Sechs Jahre Streikposten stehen ist eine lange Zeit. Falls Helen jedoch immer noch auf die dreißig Mille wartet, sozusagen als Anstoß für die Rückkehr ins Arbeitsleben, dann müßte sie dort noch heute zu finden sein.

Nebenbei gesagt, dreißigtausend Dollar ist wirklich ein Wahnsinnsgeld für einen Müllmann, und ich habe einmal einen meiner Freunde im Stadtrat gefragt, warum der Lohn so hoch sei.

»Weil dieser Job in unserer Stadt zu den gefährlichsten gehört«, erklärte er mir.

»Jetzt hör aber auf. Du meinst, die Leute werfen mit Nachttöpfen nach den Müllmännern? Das glaube ich nicht.«

»Nein. Aber von allen Berufsgruppen im städtischen Dienst hat die Müllabfuhr den höchsten Prozentsatz an Verletzten und Kranken. Höher als bei Polizei oder Feuerwehr. Jede Menge Knochenarbeit. Darum ist die Höhe des Lohns legitim. Man sieht heutzutage kaum noch alte Müllmänner. Das ist ein harter Job.«

Ich wünschte, ich hätte das bei meinem Gespräch mit Helen gewußt. Aber ich bezweifle, ob es dann anders verlaufen wäre.

# *Lektion 18*

## 33 Fragen Marke Mackay

Jede menschliche Institution hat ihr eigenes Wertsystem. Wenn es sich um eine Firma handelt, werden Sie trotzdem kein Wort darüber im Handbuch für Mitarbeiter finden. Aufgrund unseres traditionellen Strebens nach vollkommener Gleichheit in der menschlichen Gesellschaft empfinden wir es als peinlich, drüber zu diskutieren, aber manche Branchen sind praktisch Kolonien der einen oder anderen ethnischen Gruppe: Stahlindustrie, Banken und Versicherungen sind Domänen der WASPs (der weißen protestantischen Amerikaner angelsächsischer Herkunft). Im Baugewerbe geben Italiener und Iren den Ton an, in der Filmindustrie Juden.

Andere Unternehmenskulturen hingegen sind das Vermächtnis eines Gründers mit eisernem Willen. Als Thomas Watson das Zepter bei IBM schwang, wurde von den Mitarbeitern erwartet, daß sie weiße Hemden trugen. Eines Tages tauchte Watson im blauen Hemd auf.

»Meinst du, das bedeutet, daß wir von jetzt an blaue Hemden tragen dürfen?« flüsterte ein Manager einem anderen zu.

»Warte lieber sechs Wochen«, erwiderte dieser. »Es könnte eine Falle sein.«

Die perfekte Manifestation eines firmeneigenen Wertsystems ist vielleicht die Geschichte, die man sich über MGM erzählt. Damals war Louis B. Mayer Leiter der Westküsten-Projekte; Nicolas B. Schenk verwaltete die Finanzen und regierte das gesamte Imperium in glanzvoller Abgeschiedenheit von New York aus. 1941, als die amerikanische Öffentlichkeit noch unter dem Schock litt, den Japans Überraschungsangriff auf Pearl Harbor und Präsident Franklin Roosevelts leidenschaftliche Rede über den »Tag der Schande« ausgelöst hatte, die Amerika in den Zweiten Weltkrieg hineinkatapultierte, trommelte Mayer seine Führungskräfte zusammen.

Er hielt eine bewegende – und lange – Rede, sprach von der Notwendigkeit, die Moral zu stärken, Führungsstärke zu beweisen und sich vom Teamgeist leiten zu lassen, um der großen Herausforderung begegnen zu können, die auf Amerika warte. Schließlich erhob sich Mayer, von seiner eigenen Redekunst mitgerissen und mühsam die Tränen zurückdrängend, um einen Toast auszubringen: »Meine Damen und Herren, auf unseren Präsidenten... Nicolas B. Schenk.«

Wo immer Sie auch arbeiten oder zu arbeiten gedenken, Sie müssen sich mit diesen wunderlichen Grillen oder Traditionen, deren Ursprung nur nebelhaft in Erinnerung geblieben ist, auseinandersetzen. Hier ist eine Übung zur Einstimmung. Ich würde Ihnen allerdings nicht empfehlen, den Fragebogen in Ihrer Firma abzugeben, wenn Sie ihn ausgefüllt haben. Ich an Ihrer Stelle würde mein Exemplar unter der Überschrift »Berichtsentwurf über die eingestellten kanadischen Projekte« zu den Akten nehmen, oder besser noch, zu Hause unter Verschluß halten.

## UNTERNEHMENSKULTUR

## BESTANDSAUFNAHME FÜR ARBEITNEHMER/UNTERNEHMER

**Einstellung der Firma gegenüber den Mitarbeitern**

1. Wie behandelt die Firma ihre Angestellten generell? (Fair? Unfair? In manchen Bereichen besser als in anderen? Unberechenbar?)

______________________________________________

______________________________________________

2. Welche Gehälter und Sozialleistungen bietet die Firma im Vergleich zu ähnlichen Unternehmen?

______________________________________________

______________________________________________

3. Arbeitsbedingungen? (Arbeitszeiten? Werden unentgeltliche Überstunden erwartet? Streßniveau? Angenehme, saubere, moderne Büros und Umgebung?)

______________________________________________

______________________________________________

4. Welche Aufstiegschancen gibt es? Wieviel Unterstützung?

______________________________________________

______________________________________________

5. Wie steht die Firma zur beruflichen Weiterbildung? (Zahlt sie Lehrgänge? Gibt es eine Bibliothek für

Mitarbeiter? Bietet sie die Grundlagen für eine Beförderung?)

6. Wie verhält sich die Firma gegenüber Minderheiten? Welche Einstellung hat sie zu Frauen? Sind sie in führenden Positionen zu finden?

7. Welche Leistungen bewertet die Firma am höchsten? (Verkaufstalent? Kostenbewußtsein? Führungsrolle bei kommunalen Aktivitäten?)

8. Welche Einstellung hat die Firma zu Aktivitäten außerhalb des Betriebs? (Ermutigend? Mißbilligend? Gleichgültig? Wählerisch?)

9. Welche persönlichen Verhaltensweisen und Einstellungen schätzt die Firma am meisten? (Freiwilliger Einsatz? Familie? Männerfreundschaften? Teure Kleidung und Autos? Konventioneller Lebensstil? Parteipolitische Aktivitäten?)

10. Welche persönlichen Verhaltensweisen und Einstellungen schätzt die Firma am wenigsten? (Gewerkschaften? Sexistisches Verhalten? Unkonventionelle politische/persönliche Werthaltungen?)

______________________________________________

______________________________________________

11. Wie hoch ist die Fluktuationsquote im Unternehmen? (Hoch für die Branche? Niedrig? Normal?)

______________________________________________

______________________________________________

**Selbst-Bewußtheit und Beziehungen**

12. Welchen Ruf hat die Firma in der Kommune?

______________________________________________

______________________________________________

13. Wieweit stimmen das Selbstbild der Firma und ihr Ruf in der Gemeinde überein?

______________________________________________

______________________________________________

14. Wie werden Kontrolle und Überwachung gehandhabt? (Firma erwartet, daß Sie wissen, was Sie tun? Starke Bevormundung?)

______________________________________________

______________________________________________

15. In welchem Stil beurteilt und bewertet die Firma ihre Mitarbeiter? (Fair? Unfair? Selten? Dauernd? Konsequent?)

16. Wie reagiert die Firma auf Kritik seitens der Angestellten? (Tolerant? Intolerant? Aufgeschlossen? Unempfänglich?)

17. Wie reagiert die Firma auf Kritik von anderen? (Presse? Aktionäre? Kunden? Gewerkschaften?)

18. Wie sieht die Firma ihre Konkurrenten?

19. Welchen Ruf hat die Firma bei der Konkurrenz?

20. In welchem Ausmaß beeinflussen Bürointrigen den Entscheidungsprozeß?

21. Wie übermittelt die Firma ihren Mitarbeitern wichtige unternehmenspolitische Zielsetzungen? (Über Vorgesetzte? Gruppen-Meetings? Schriftlich aus der Führungsetage? Gerüchteküche? Steht's in der Zeitung?)

22. Informiert die Firma die Öffentlichkeit über wichtige unternehmenspolitische Zielsetzungen? Ist die Methode wirksam? Welche Techniken werden eingesetzt? (Werbeanzeigen und Public Relations? Geheimniskrämerei, exponiert sich bewußt so wenig wie möglich? Führungskräfte, die auf persönliche Publicity aus sind?)

**Kurz- und langfristige Zielsetzungen**

23. Welche langfristigen Ziele hat sich die Firma gesetzt? (Branchenführer? Fusion? Den Lebensunterhalt der Familie des Firmeninhabers sichern?)

24. Mit welchen Mitteln versucht die Firma, diese Ziele zu erreichen? Sind sie effektiv?

25. Mit welchen Mitteln versucht die Firma, diese Ziele anderen nahezubringen? Sind sie effektiv? (Anerkennung der Mitarbeiterleistungen? Vergütung? Anschauungsmaterial? Betriebsinterne Veröffentlichungen?)

________________________________________

________________________________________

26. Welche Einzelpersonen/anderen Unternehmen dienen der Firma als Vorbilder? Warum?

________________________________________

________________________________________

27. Welches ist die effektivste Methode für die Sicherung des beruflichen Aufstiegs? (Persönliche Verdienste? Andere Faktoren?)

________________________________________

________________________________________

28. Wo liegen die Stärken des Unternehmens?

________________________________________

________________________________________

29. Auf welche Weise setzt das Unternehmen diese Stärken ein?

________________________________________

________________________________________

30. Wo liegen die Schwächen des Unternehmens?

________________________________

________________________________

31. Auf welche Weise korrigiert das Unternehmen diese Schwächen?

________________________________

________________________________

32. Worauf ist die Firma am meisten stolz? (Hohe Gewinnergebnisse? Innovative Produkte? Kundendienstleistungen? Ausschüttung einer hohen Dividende? Hohe Gehälter? Egotrip für Führungskräfte?)

________________________________

________________________________

33. Sind Sie stolz darauf, für diese Firma zu arbeiten? Würden Sie lieber in einem anderen Unternehmen tätig sein? Warum?

________________________________

________________________________

Sie sehen, bei diesem Fragenkatalog ist das Unheil geradezu vorprogrammiert. Warum sich darüber also den Kopf zerbrechen?

Natürlich müssen Sie sich Gedanken machen, wenn es um den Kurs geht, den Ihre Firma einschlägt, und somit um Ihre Karriere. Sie sollten mit Sicherheit einige Überlegungen anstellen, wenn Sie eine verantwortungsvolle Position in einem Bereich bekleiden, der verbesserungsbedürftig ist. Im Idealfall würden auch die Vorgesetzten ihren

Mitarbeiterstab bitten, den Fragebogen auszufüllen, anonym natürlich.

In einer idealen Position für die Benutzung des Fragebogens befinden sich all diejenigen, die noch nicht auf der Lohnliste des Unternehmens stehen. Sie können auch mit den Füßen abstimmen, falls die Antworten unbefriedigend sind. Ich will damit keineswegs vorschlagen, daß man diese Fragen jedem stellen sollte, der für die Einstellung neuer Mitarbeiter zuständig ist. Aber bevor ich meine berufliche Laufbahn einer Firma anvertraue, würde ich mit Sicherheit versuchen, auf indirektem Weg so viele Antworten wie möglich zu erhalten.

Was ist, wenn Sie bereits für die Firma arbeiten, aber zuwenig Befugnisse besitzen, um das unternehmerische Umfeld zu ändern?

Vielleicht möchten Sie den Fragebogen trotzdem ausfüllen. Wenn das äußere Erscheinungsbild stimmt, dann hat sich Ihre Entscheidung doch nur als die richtige erwiesen. Und falls nicht, finden Sie möglicherweise den erforderlichen Mut zum Absprung.*

---

* 33 Fragen Marke Mackay: Eingetragenes Warenzeichen; © 1990, Mackay Envelope Corporation.

# *Kapitel 5*

## Der einzige, der Ihnen immer gern eine Lektion erteilt, ist ein zäher Konkurrent

# *Lektion 19*

## Folgen Sie der Flotte

Mein erster richtiger Job, nachdem ich endlich den Besen aus der Hand legen durfte – übrigens das wichtigste Lehrfach auf dem Stundenplan der Quality Park Envelope Company, bei der man das Metier von der Pike auf (oder vielmehr vom Fußboden aufwärts) mittels eines Verkaufstrainingsprogramms lernt –, war der eines Nachwuchsverkäufers. Ich war 21 Jahre alt, und ein Umschlag war für mich ein Gegenstand, den man benutzt, um zu verhindern, daß der an die Freundin adressierte Brief von ihren Eltern gelesen wird. Was ich sonst an Wichtigem zu schreiben hatte, paßte bequem auf eine Ansichtskarte.

Eine Woche lang durchforstete ich die Telefonbücher nach den Adressen von Interessenten. Dann riet mir mein Vater zu dem Versuch, mich mit einem der alten Haudegen aus dem Außendienst anzufreunden. Also wartete ich am nächsten Morgen auf dem Parkplatz, und als der erste Cadillac anrollte, folgte ich dem Fahrer in die Stierkampfarena, sprich Großraumbüro.

Er war der unfreundlichste Mann in der ganzen Firma. In der vorausgehenden Woche hatte ich ihm nicht einmal ein Grunzen abringen können. Während ich in Habachtstellung vor seinem Schreibtisch stand und seine Schuhsohlen anstarrte, befaßte er sich erst einmal mit seiner

Tasse Kaffee und irgendwelchen Comics. Sie müssen an diesem Morgen besonders witzig gewesen sein, denn endlich gewährte er mir das begehrte Grunzen.

»Darf ich Sie wohl etwas fragen?« sagte ich.

»Nur zu.«

»Könnten Sie mir irgendeinen Rat geben, für den Einstieg ins Berufsleben, meine ich?«

»Frisch vom College, stimmt's?«

»Nun, ja«, erwiderte ich.

»Glauben Sie, Ihre Kunden auch? Tragen Sie deshalb diesen komischen Klassenring?«

Daran hatte ich nicht gedacht; offenbar besaß er ein weit schärferes Auge als ich bemerkt hatte. In bezug auf mich. Und in bezug auf unsere Kunden. Damals hatten die meisten Einkäufer keinen College-Abschluß vorzuweisen. Ich zog den Ring vom Finger und steckte ihn in die Tasche.

Ein weiteres Grunzen, das dieses Mal ein bißchen freundlicher klang.

Er stand von seinem Schreibtisch auf und krümmte den Finger, womit er andeutete, daß ich ihm folgen sollte.

»Heute tun Sie nichts«, sagte er.

Wir gingen zum Parkplatz zurück, stiegen in seinen Wagen und fuhren zu meiner Verblüffung zur Fabrik unseres Erzrivalen, die sich rund fünf Kilometer entfernt befand. War ich ein so hoffnungsloser Fall, daß er mich auf der Türschwelle der Tension Envelope Company aussetzen wollte, mit einem Zettel am Anzug: »Das ist Harvey. Vielleicht könnt ihr irgend etwas mit ihm anfangen. Weiß Gott, wir können ihn nicht brauchen.«

Wir parkten ungefähr fünfzig Meter vor Tensions Speditionsabteilung und warteten, bis der Exodus der Lastwagen mit den täglichen Lieferungen begann. Für den Rest des Tages folgten wir den Vehikeln. Und was für Adressen von Interessenten wir auf dieser Tour bekamen! Die LKWs hielten sogar vor der Tür eines der besten Kunden, die mein Mentor hatte. Er stieß seinen Kopf auf das Lenkrad.

»Wann werde ich endlich schlau? Manche Einkäufer kommen nur mit Lügen über die Runden. Sie machen dir gern vor, daß sie nur mit dir Geschäfte machen, weil sie sich nicht auf einen einzigen Lieferanten festlegen wollen.« Er konnte es kaum abwarten, in sein Büro zurückzukehren. Dort arbeitete er postwendend ein neues Angebot aus, das auf der tatsächlichen Abnahmemenge des Kunden basierte, die er sich nun ausrechnen konnte.

Was würden Sie dafür geben, wenn Sie die Kundenkartei Ihres größten Konkurrenten in die Hände bekommen könnten? Sie befindet sich in Reichweite, direkt vor Ihren Augen. Sie müssen nur lernen, wie man jene Straßen abklappert, die nicht immer die feinsten sind.

# *Lektion 20*

---

## Das wertvollste Instrument, über das ein Anbieter verfügt

... ist mehr als ein Käufer.

Vor zwanzig Jahren wurde Bob Stein, ein Mitglied der College-Meistermannschaft der Universität von Minnesota, in der fünften Runde für das Profi-Footballteam der Kansas City Chiefs rekrutiert. Wenn man erst in der fünften Runde ausgewählt wird, kann man nicht gerade auf das große Geld hoffen. Bis zu dem Zeitpunkt, wo man auf dieser niederen Ebene nach Talenten sucht, sind bereits mindestens hundert Spieler zum Zug gekommen, hundert junge Sportler, die man für talentierter hielt, hundert extrem ehrgeizige junge Athleten, die um den Topf mit den begrenzten Prämiengeldern kämpfen. Ich kannte Bob und seine Familie schon zu der Zeit, als er noch glaubte, Karten würden gezeichnet und nicht beim Pokern gezogen, und ich nahm ihn unentgeltlich unter meine Fittiche.

Jeder auf der Transferliste hat einen Grund, sich für etwas Besonderes zu halten und zu glauben, er habe eine bessere Bezahlung als die für neue Team-Mitglieder festgelegte verdient. Glücklicherweise konnte Stein den besten aller möglichen Gründe anführen: Es herrschte Wettbewerb um seine Dienste. Er hatte Spitzennoten und ein Stipendium für die Havard Law School in der Tasche.

An den eigentlichen Verhandlungen habe ich nie teilgenommen. Da Stein sich vor allem als Dr.-Jekyll-Mr.-Hyde-Kombination (cleverer Harvard-Mann und eisenharter Defensiv-Spieler) verkaufte, mußte er es im Kampf um die Kohle mit dem Manager des Teams selbst aufnehmen. Ich sorgte dafür, daß er den Chief-Chefs unermüdlich erklärte, wenn sie nicht von ihrer Fünfte-Runde-Mentalität abließen, Tacheles redeten und ihn wie einen in der zweiten Runde ausgewählten Spieler bezahlen würden, dann werde er im nächsten Herbst lieber Rechtsbrecher als durchbrechende Angreifer attackieren. Der einzige Fehler, der ihm meiner Meinung nach bei der Verhandlung unterlief – die sich über Monate hinzog –, bestand darin, daß er jeden Tag im Morgengrauen aus der Haustür stürzte und einen Fünfzehn-Kilometer-Lauf in Angriff nahm, um in Form zu bleiben.

Als ich davon hörte, bat ich ihn in mein Büro.

»Bob, du weißt ja gar nicht, wie clever diese Typen sind«, sagte ich. »Wenn du schon laufen mußt, dann wenigstens dort, wo sie dich nicht sehen können. Glaubst du, die investieren das Geld, das du verlangt hast, ohne dich im Auge zu behalten? Du benimmst dich wie ein ganz gewöhnlicher Sportler und nicht wie ein Mann mit dem brennenden Wunsch, in Harvard zu studieren.«

»Jetzt komm, Harvey, entspann dich. Ich will ja, daß sie mich sehen.«

»Um Gottes willen, nein! Du wirst dir die Tour vermasseln.«

»Harvey, jetzt warte mal eine Minute, okay?«

Stein zog seine Trainingsjacke aus. Darunter trug der stolze Sportsfreund ein knallrotes T-Shirt, auf dem in weißen Buchstaben zu lesen war: HARVARD LAW SCHOOL.

Er erhielt einen guten Vertrag, der etwa einem in der dritten Runde ausgewählten neuen Spieler zugestanden hätte – die Herren auf der anderen Seite des Verhandlungstischs waren also auch nicht auf den Kopf gefallen. Während des ersten Jahrs, als Bob im Team spielte, gewann Kansas City den Super Bowl, und er kassierte zusätzlich eine Siegprämie von 25000 Dollar. Bob gehört noch heute zu den Gewinnern – als Präsident der Timberwolves, Minnesotas Neuzugang in der Basketball-Nationalliga.

Bob Stein gelang eine klassische Umkehrung des normalen Verhältnisses von Angebot und Nachfrage: Er war nicht länger irgendein schlechtbezahlter Durchschnittsathlet auf einer langen Liste, sondern ein begehrtes Kaufobjekt. Nicht Bob kämpfte mit 100 Konkurrenten um einen Vertrag bei den Chiefs, sondern die Chiefs konkurrierten mit einem anderen Interessenten um seine Dienste.

Als Käufer sind Sie immer besser dran, wenn es mehr als einen Anbieter gibt, als Anbieter, wenn es mehr als einen Kaufinteressenten gibt. Egal, was Sie sind, Hauptsache ist, daß auf der anderen Seite des Tisches Konkurrenz herrscht.

# *Lektion 21*

## Nicht was man im voraus weiß, zählt, sondern daß man's im voraus weiß

Möchten Sie gerne wissen, wie Los Angeles, eine Stadt ohne See, zu einem Basketball-Team namens Lakers kam? Der Name ist ein Relikt aus jener Zeit, als Minneapolis noch die Lizenz hatte. Seither haben wir mit allen Mitteln versucht, eine Mannschaft der Nationalliga in unsere Stadt zurückzulocken, und vor rund zehn Jahren war ich an einer dieser Bemühungen beteiligt.

Es fing damit an, daß mein Telefon läutete und der Mann am anderen Ende der Leitung folgendermaßen loslegte:

»Hallo Harvey, mein Name ist John Y. Brown, und ich bin Besitzer der Basketballmannschaft Buffalo Braves, die in der Nationalliga spielt. Ich habe gehört, daß Sie mein Ansprechpartner in Minneapolis sind, falls ich mein Team dorthin umsiedeln möchte. Ich würde gerne übermorgen nach Minneapolis fliegen, um mich mit einigen von den wichtigsten Leuten aus Ihrer Stadt und mit Regierungsvertretern zu treffen, damit wir uns gegenseitig in Augenschein nehmen können.«

Ich war aus dem Häuschen. Denn Brown war der Mann, der Kentucky Fried Chicken für 285 Millionen Dollar an Heublein verkauft hatte und der als Kandidat für den

Gouverneursposten in Kentucky gehandelt wurde. Kein schlechter Start für einen Mann, der noch nicht einmal vierzig war.

Es gelang mir, die Großmoguln in unserer Stadt zusammenzutrommeln, und mit John Y. im Schlepptau zogen wir los, um unserem Gouverneur einen Besuch abzustatten. Jeder war von jedem gebührend beeindruckt.

Während der nächsten sechs bis acht Wochen gingen zahlreiche Telefonate hin und her. Brown signalisierte, daß wir eine Mordsarbeit geleistet hatten, um ihm unsere Gegend schmackhaft zu machen. Freitag nachmittag rief er noch einmal an.

»Harvey, ich habe beschlossen, mein Buffalo-Team nach Minneapolis zu verlegen. Es gibt möglicherweise nur einen Haken. Ich habe als Junge schon davon geträumt, die Boston Celtics zu besitzen. Dieses Wochenende nehme ich meine sieben Anwälte mit und reise nach Boston, und wir wollen versuchen, unsere Mannschaften zu tauschen. Wenn das gelingt, kann ich die Celtics natürlich nicht nach Minneapolis bringen.

– Aber glauben Sie mir, diese sieben Anwälte werden das Geschäft vermasseln, und deshalb gehe ich davon aus, am Montag in Minneapolis zu sein. Ich wollte Sie nur darüber informieren, für den Fall, daß ein Wunder geschieht.«

Das Wunder geschah tatsächlich. An diesem Wochenende tauschte Brown die Buffalo Braves plus etliche »Eier« aus dem »Hühnergeschäft« gegen die Boston Celtics ein. Ob ich wütend war? Nein. Er hatte mir ja von Anfang an gesagt, was passieren könnte.

Aber was wäre gewesen, wenn ich am Montag in der Zeitung über den Tausch gelesen und die Information nicht aus erster Hand, von Brown selbst, erhalten hätte?

Ich wäre wohl kaum ein fröhlicher Spießgeselle gewesen.

Ohne Browns Vorwarnung wären wir wohl zu der Schlußfolgerung gelangt, er habe uns von Anfang an nur benutzt, um einen besseren Handel mit den Celtics-Leuten abzuschließen, während es uns mit dem Geschäft ernst war.

Wenn er das Celtics-Geschäft tatsächlich als langfristige Investition betrachtete, wie er behauptet hatte, dann war er ein beträchtliches Risiko eingegangen, uns überhaupt etwas davon zu erzählen. Es gibt Interessenten, die sofort abspringen, wenn sie herausfinden, daß die Ware, um die sie verhandeln, überall und hinter ihrem Rücken feilgeboten wird.

Soweit mir bekannt ist, benutzte Brown unsere Minneapolis-Gruppe, um sich eine stärkere Verhandlungsposition gegenüber den Celtics-Besitzern zu verschaffen. Er konnte sie davon überzeugen, daß es noch andere Bieter für die Braves gab. Da er mich aber im voraus über den Stand der Dinge informiert hatte, gab er mir die Chance, unverzüglich zu meiner Gruppe zurückzukehren – was ich auch tat – und mein Gesicht zu wahren. Der Kontakt zu diesem Mann war schließlich von mir hergestellt worden. Aber da er nicht hinter unserem Rücken verhandelt hatte, fühlten wir uns am Ende sogar wie heimliche Mitwisser. Wir kannten die Geschichte – oder zumindest ihren möglichen Ausgang –, noch bevor die Medien Wind davon bekamen.

Ob wir jemals mit Brown ins Geschäft gekommen sind? Nein. Ich wollte, ich könnte die Frage bejahen, aber wir standen nie in geschäftlicher Verbindung.

Ich wurde aber dennoch an die Geschichte erinnert, als ich einen Brief von einem Freund erhielt, der Charles Hendrickson Brower von der Werbeagentur BBD & O zitierte: »Aufrichtigkeit ist nicht nur die beste Politik, sondern selten genug, um angenehm aufzufallen.«

Ich habe noch heute ein Andenken, das an diese Erfahrung anknüpft: eine Einladungskarte zur Hochzeit von John Y. Brown mit Phyllis George, einer ehemaligen Miss America. Norman Vincent Peale war Zeremonienmeister, und ich werde diese Feier nie vergessen. Die Braut war so schön, daß ich mich dreimal in die Schlange der Gratulanten einreihte, um einen Kuß von ihr zu bekommen. Und somit, schätze ich, habe ich wohl keinen Verlust auf ganzer Linie erlitten.

# *Lektion 22*

## Hier liegen Ihre Chancen, die Konkurrenz zu schlagen

*Tauchen Sie einfach auf*... In achtzig von hundert Fällen sind Sie ein Gewinner. Die meisten Kunden werden gewonnen, weil kein anderer sie anspricht.

*Tauchen Sie zum richtigen Zeitpunkt* auf... Was könnte ärgerlicher sein als ein Außendienstmitarbeiter, der nicht einmal das erste liefert, was er versprochen hat, nämlich sich selbst? Tun Sie genau das, was Sie angekündigt haben, und zwar genau zum angekündigten Zeitpunkt, und Sie sind in fünfundachtzig von hundert Fällen ein Gewinner.

*Tauchen Sie zum richtigen Zeitpunkt mit einem Plan auf*... Nun gut, jetzt sind Sie da. Und was jetzt? Sie müssen die Stärken und Schwächen Ihres potentiellen Kunden kennen und in der Lage sein, seine oder ihre Einwände vorauszusehen. Informieren Sie ihn oder sie auf klare und verständliche Weise über die Vorzüge Ihres Produkts und die Einzelheiten der Preis-/Liefer-/Servicekonditionen. Erwarten Sie nicht, mit vagen, improvisierten Antworten auf die Einwände Ihres potentiellen Kunden davonzukommen. Wenn es irgendwelche Probleme gibt, von denen Sie Kenntnis haben, dann reden Sie nicht um den heißen Brei herum, sondern machen Sie Ihren potentiellen Kunden von Anfang an darauf aufmerksam. Durch ehrliche und konkrete Antworten erhalten Sie Aufträge, die andere nicht bekommen würden, weil ihre Reaktion nicht eindeutig war, auch wenn ihre Produkte den Bedürfnissen des Kunden besser entsprechen sollten. Tun Sie das Richtige, und Sie sind in neunzig von hundert Fällen ein Gewinner.

*Tauchen Sie zum richtigen Zeitpunkt mit einem Plan und dem unerschütterlichen Willen auf, ihn durchzuführen...* Wenn Sie schon nicht an das glauben, was Sie verkaufen, wie können Sie dann erwarten, daß andere es tun? Mangelndes Engagement schimmert genauso durch wie Rost bei einem Gebrauchtwagen und wird das Geschäft noch schneller zum Platzen bringen. Sie müssen überzeugend aussehen, fühlen und handeln. Deshalb ist die Motivation der einzige gemeinsame Nenner, den Sie bei sämtlichen Spitzenverkäufern finden, und die Einstellung, die sich langfristig am schwersten aufrechterhalten läßt. Wenn Sie motiviert sind, können Sie davon ausgehen, daß Sie in fünfundneunzig von hundert Fällen gewinnen.

*Tauchen Sie zum richtigen Zeitpunkt mit einem Plan und dem unerschütterlichen Willen auf, ihn durchzuführen, und setzen Sie ihn in die Praxis um...* Nichts ist tödlicher für eine geschäftliche oder jede Art der Beziehung, als ein gebrochenes Versprechen. Wie Ihre Zusage auch immer lauten mag, Sie sollten sich unbedingt daran halten. Falls Sie jedoch feststellen, daß Sie es nicht können, wäre es besser, so großzügige Zugeständnisse im Hinblick auf Preis/Serviceleistung/Lieferung zu machen, daß der Kunde froh darüber ist. Sobald Sie alle anderen Elemente berücksichtigt haben und sich an Ihr Versprechen halten, oder, besser noch, mehr halten als Sie versprochen haben, dann werden Sie die Konkurrenz in hundert von hundert Fällen schlagen.

(Diese Regeln wurden zusammengestellt und als richtig garantiert von Harvey, der nichts von böhmischen Dörfern hält, sondern auf Einfachheit schwört.)

# HARVEY MACKAYS
# INTENSIVKURS FÜR SPIELLEITER

# *Kapitel 6*

# Handbuch der Selbstverteidigung für Führungskräfte

# *Lektion 23*

## Sieben Tips, wie man die Ärmel richtig hochkrempelt

Das Zeitalter des Managers, der hinter seinem leeren Schreibtisch sitzt, Richtlinien vorgibt und sämtliche Aufgaben delegiert, sich danach gemütlich im Sessel zurücklehnt und mit einem Handzeichen dafür sorgt, daß um ihn herum alles so geschieht, wie er es wünscht, ist vorüber.

Firmenübernahmen, Kostendämpfung, Schrumpfen und ausländischer Wettbewerb lauten die Schlagworte, die unsere Wirtschaftsperiode beherrschen.

Wir sind wieder so weit gekommen, daß auch Führungskräfte mit zupacken müssen.

Hier einige Tips, die den Managern von heute den Sprung in die Schützengräben erleichtern.

### 1. Es dauert nicht so lange, wie man Sie glauben machen will

Stellen Sie die Zeit in Frage, die Ihre Mitarbeiter angeblich brauchen, um ein neues Produkt zu entwickeln oder neue Leitlinien in die Praxis umzusetzen. Honeywell rechnete ursprünglich damit, daß es vier Jahre dauern würde, um einen neuen Thermostat zu entwickeln. Als ein Großkunde abzuspringen drohte, weil ihm das zu lange dauerte, ließ Honeywell ein »Tiger-Team« von der Leine und konnte den neuen Thermostat nach zwölf Monaten in Produktion geben.

Wenn sich diese neuen Strukturen bei spezifischen Projekten bewähren, dann sollten Sie auch in Ihrer »normalen« Organisation erfolgsträchtig sein. Wenn ein 3M-Mitarbeiter mit einer neuen Idee aufwarten kann, stellt er oder sie eine Arbeitsgruppe zur Realisierung zusammen, wobei Gehälter und Aufstiegschancen mit dem Fortschritt der Projektgruppe gekoppelt sind.

## 2. Tiger haben einen Riesenappetit

Setzen Sie eine Prämie für Innovationen aus.

S. C. Johnson richtete einen firmeninternen Fonds von 250000 Dollar ein – ein guter Nährboden, auf dem die Kreativität der Mitarbeiter gedeiht und angekurbelt wird. 3M gewährt jährlich neunzig verschiedene Starthilfen aus den zuvor erwähnten »Genesis Grants« in Höhe von 50000 Dollar für jene Mitarbeiter, die sich für bevorzugte Projekte zur Verfügung stellen. Bis zu fünfzehn Prozent ihrer gesamten Arbeitszeit gesteht das Unternehmen diesen Mitarbeitern für den Nachweis zu, daß die Sache praktikabel ist.

Zahlreiche bei der Produktinnovation führende Unternehmen haben ähnliche Programme.

## 3. Machen Sie's schon beim ersten Mal richtig

Nichts wirkt sich negativer auf Ihre Bilanz und die Beziehung zu Ihren Kunden aus als fehlerhafte Produkte. Testen Sie die Produkte während des gesamten Herstellungsprozesses und ein letztes Mal kurz vor der Auslieferung. Und dann sollten Sie die Tester testen, um sich zu vergewissern, daß die wissen, was sie tun.

## 4. Liefern Sie vor dem vereinbarten Termin

Zwei Lieferarten werden Ihre Kunden nie vergessen: Lieferungen, die zu spät, und solche, die vor Termin – aber nicht allzu früh – erfolgen. Dreimal dürfen Sie raten, welche der beiden Ihre Glaubwürdigkeit zerstört und welche sich noch in ferner Zukunft auszahlt.

## 5. Gewinnen Sie Ihre Golfpartner als »Berater« für Ihr Unternehmen

Immer mehr Firmen knüpfen untereinander ein Kontaktnetz, um betriebliche Probleme zu lösen. Warum also Unternehmensberatern von draußen Riesenhonorare zahlen oder über den Daumen gepeilte Lösungen für Wissen halten, wenn Sie einen jederzeit einsatzfähigen, inoffiziellen Vorstand parat haben (und dazu noch einen, der sich keine Sorgen um einen Prozeß wegen der persönlichen Haftbarkeit machen muß), der auf dem Golfplatz beim nächsten Loch auf Sie wartet?

## 6. Ein Chevrolet ist kein Cadillac, auch wenn Sie ihm diesen Namen geben

Nicht jedes Produkt wird auf der Grundlage seiner Qualität verkauft. Aber wenn das bei Ihrem Produkt der Fall ist und die Qualität nachläßt, können Sie sich begraben lassen. Sie haben genauso gute Chancen, Ihren guten Ruf wiederherzustellen, wie Zsa Zsa Gabor bei dem Versuch, ihre Jungfräulichkeit zurückzugewinnen. Cadillac wagt gerade den Versuch, indem es sein altes Straßenkreuzer-Image ausgerechnet mit noch größeren Modellen und Heckflossen aufpoliert. Ich glaube allerdings nicht, daß der Konzern den Marktanteil je wiedergewinnen kann, den er eingebüßt hat, als er zu schrumpfen und mit dem Bau von Automobilen begann, die das gleiche Chassis besitzen, wie es GM für seine weniger prestigeträchtigen Vehikel benutzt.

Schlitz hat sich vielleicht gedacht, die Verbraucher könnten ein Bier nicht vom anderen unterscheiden. Aber diese fanden bald keinen Geschmack mehr an der Brauerei, und sie konnte den Marktanteil nie mehr zurückerobern, den sie nach der Einführung eines neuen Brauverfahrens verloren hatte. Auch Howard Johnson gelang es nicht mehr, seinen Marktanteil wiederzugewinnen, weil man versäumt hatte, die Qualität der Produkte aufzuwerten und zu modernisieren. Burt Reynolds wurde vom Kinokassen-Knüller zur Kinokassen-Katastrophe, als er sich durch eine Serie schlechter, allein auf den Star zugeschnittener Drehbücher lavierte.

Burt Reynolds gelang zwar ein Comeback, aber wenn Sie keinen Blumentopf mehr gewinnen können, dann ist es an der Zeit, die Firma abzustoßen, solange sie überhaupt noch etwas Wert hat, anstatt sie in Grund und Boden zu wirtschaften.

Zwei junge, erfolgshungrige Verleger aus Tennessee krempelten die Zeitschriften *Esquire* um und stellten sie auf eine neue Grundlage, als das alte Management es nicht fertigbrachte, den Leserkreis zu erweitern oder das Blatt für die männlichen Inserenten attraktiv zu gestalten.

Wenn Sie wirklich gewieft sind, dann können Sie die Firma natürlich so herunterwirtschaften, daß die Unternehmensjäger sie Ihnen für ein sattes Aufgeld aus der Hand reißen.

## 7. »Erfolg verdeckt eine Vielzahl von Schnitzern«
(George Bernard Shaw)

Nehmen Sie Mißerfolge hin. Sie sind der Preis für den Erfolg. Philip Morris, das im allgemeinen als eines der bestgeführten Unternehmen der Welt gilt, hat eine lange Reihe zweifelhafter Management-Schachzüge erlebt. Die *New York Times* berichtete, daß die Miller-Leute vor ein paar Jahren zu großes Selbstvertrauen entwickelten, als Miller-Bier – eine Philip-Morris-Tochter – Budweiser den Hahn abzudrehen begann. So kam ihnen Anheuser-Busch zuvor, und Philip Morris verpaßte die einmalige Chance, die

Nummer eins auf dem Bier-Markt zu werden. Philip Morris überschätzte auch das Marketing-Know-how von General Foods, einer zugekauften Firma, die in den Werbeanzeigen für ihre Cornflakes und Gelees veralteten Strategien folgte. Durch die Fusion mit Kraft will Philip Morris einen neuen Vorstoß wagen. Warum versuchen sie es immer wieder? Warum ist das Unternehmen noch immer das Hätschelkind von Wall Street? Weil die Firma trotz dieser Probleme niemals ihren zentralen Geschäftsbereich, Tabakwaren, und ihre wichtigste Zigarettenmarke, Marlboro, vernachlässigt oder fehlgesteuert hat, die nach wie vor als Goldesel für alle anderen Aktivitäten dient.

# *Lektion 24*

## Erzählen Sie mir die ganze Geschichte

»Also, Lefty, jetzt erzähl mir die Geschichte noch mal von Anfang an.«

»Aber ich hab' euch Jungs schon hundertmal gesagt, was passiert ist.«

»Dann erzählst du sie eben zum hundertersten Mal. Und laß dieses Mal nichts aus.«

Klingt das vertraut? Der Dialog kommt in hundert Kriminserien vor. Wiederholen Sie ihn selbst zum hundertersten Mal, denn er beinhaltet eine Technik, die sich auch im wirklichen Leben bewährt hat.

Die meisten Leute haben genug Verstand, um nicht rundheraus zu lügen. Aber die Wahrheit kann peinlich sein. Deshalb suchen sie einen Kompromiß. Sie sagen die halbe Wahrheit und »vergessen« den Rest oder »dachten, es sei nicht wichtig«. Einer der besten Scheidungsanwälte, die ich kenne – ein Mann, der mit heikelsten persönlichen Problemen konfrontiert wird –, pflegt seinen neuen Klienten folgendermaßen die Zunge zu lösen:

»Wenn ich Arzt wäre und Sie kämen mit Schmerzen in der Brust und Kopfweh zu mir, würden mir aber nur von den Kopfschmerzen erzählen, dann besteht die große Gefahr, daß ich Ihnen, mit welchen Verordnungen auch immer, mehr schade als nutze. Wenn Sie guten Rat wollen, dann müssen Sie mir die ganze Geschichte erzählen, gleichgültig wie peinlich sie Ihrer Meinung nach klingt. Nur so kann ich Ihnen helfen.«

Das ist eine gute Methode, um jemanden zur Ehrlichkeit anzuhalten, wenn Ihre Aufgabe darin besteht, ihm zu helfen.

Aber was ist, wenn Ihr Gegenüber denkt, Sie wären darauf aus, ihm zu schaden? Und Sie noch immer vor dem Problem stehen, der Wahrheit auf die Spur zu kommen?

Irgend etwas läuft schief im Büro. Ein Arbeitsgerät ist verschwunden oder mutwillig zerstört. In diesem Fall sollten Sie die Krimiserie und das Melodrama im Gerichtssaal schnellstens vergessen. Denn wenn Sie jemanden zu hart anfassen, verlieren Sie unter Umständen ein in die Millionen gehendes Gerichtsverfahren anstelle von ein paar alten Schreibmaschinen aus dem Lager.

Als erstes sollten Sie sich einen schriftlichen Bericht von allen Mitarbeitern beschaffen, die Zugang zu den Maschinen hatten oder gehabt haben könnten. Sie suchen keinen Verdächtigen, sondern nur Informationen.

Dann sprechen Sie mit jedem unter vier Augen und lassen ihn oder sie ihre Version der Geschichte erzählen, und zwar so lange, bis Sie alle Fakten beisammen haben.

Vor Beginn der Unterredung fragen Sie, ob Ihr Gesprächspartner etwas dagegen hat, wenn ein neutraler Beobachter Notizen macht oder ein Tonband mitläuft – oder beides. Stellen Sie von Anfang an klar, daß Sie lediglich herausfinden wollen, was sich wirklich ereignet hat. Beschränken Sie sich strikt darauf, Fragen zu stellen. Achten Sie ganz besonders darauf, daß Sie nicht einschüchternd oder bedrohlich auf Ihren Gesprächspartner wirken und ihn weder erniedrigen noch offen beschuldigen. Wenn Sie eine Antwort in Zweifel ziehen, haken Sie mit den Worten nach: »Das finde ich ein bißchen verwirrend... Würde es Ihnen etwas ausmachen, von dem Punkt an noch einmal von vorne zu beginnen?« Am Ende des Gesprächs sollten Sie sich bei Ihrem Gegenüber für seine Kooperationsbereitschaft bedanken.

Wird der Schuldige ein Geständnis ablegen? Wird die Wahrheit ans Tageslicht kommen, genauso wie in den Fernsehfilmen?

Nein.

Sind Sie Perry Mason?

Nein.

Und es ist auch nicht nötig, sich jeden nochmals vorzuknöpfen. Sie sollten eigentlich überhaupt nichts weiter unternehmen, bis Sie sicher sind, daß Sie eine hieb- und stichfeste Lösung des Falls in Form von lückenlosen Beweisen parat haben, die jeder gerichtlichen Untersuchung standhalten würden. Und selbst dann sollten Sie zweimal darüber nachdenken, ob Sie weitere Schritte einleiten.

Wenn es sich bei dem Schuldigen nicht gerade um einen notorischen Langfinger handelt, ist es unwahrscheinlich, daß sich der Vorfall wiederholt.

Ihr Ziel besteht nicht darin, den Übeltäter zu erwischen – sondern den Schaden einzugrenzen.

Überlassen Sie die Detektivarbeit den Profis im Fernsehen.

## *Lektion 25*

# Sie steuern nicht Veränderungen, sondern Konflikte

Früher habe ich gedacht, es läge daran, daß ich in einer klassischen Low-tech-Industrie tätig bin. Aber ich verbringe weit mehr Zeit damit, firmeninterne Probleme rechtzeitig zu orten, als Möglichkeiten aufzuspüren, wie sich die neueste Umschlag-Falztechnik in unseren Betrieb integrieren läßt. Selbst IBM, das als Maßstab für den Erfolg in einer hochtechnisierten, durch stetigen Fortschritt und rapiden Wandel gekennzeichneten Industrie gilt, hat oft anderen die Pionierarbeit überlassen, bevor es einen neuen Markt erschloß.

Die meisten Führungskräfte steuern den Wandel nicht, sondern werden überraschend damit konfrontiert. Was sie dann jedoch zu steuern haben, sind die Konflikte, die jede Form der Veränderung mit sich bringt.

Wenn wir eine Konferenz abhalten, bei der das Budget festgesetzt werden soll, bringt jede Abteilung die gleiche Bitte vor: mehr Personal und Geldmittel, um der aufgeblasenen Konkurrenz mal so richtig die Luft abzulassen. Die Herstellung wünscht sich mehr Maschinen, der Verkauf ein besseres Prämiensystem, der Zustelldienst mehr Lkws, die Buchhaltung mehr Computer und die Verwaltung die Eröffnung einer Niederlassung in Sri Lanka.

Der Interessenkonflikt zwischen jeder dieser Abteilungen und dem Unternehmen als einer Einheit ist geradezu vorprogrammiert. Jede bemüht sich, ihre Ziele leichter zu erreichen, und es steht außer Frage, daß es ihr auch gelingt, wenn man ihren Wünschen entspricht. Aber anderen fällt es dafür um so schwerer, weil ihnen die Mittel fehlen, und das System gerät aus den Fugen.

Es ist immer das gleiche Tauziehen: Statt Teamwork Zerren und Loslassen, vor und zurück, und das tagaus, tagein. Obwohl es auch Beispiele dafür gibt, daß Teamwork funktioniert.

Wenn Sie nicht aufpassen, kann eine führende Position in einem Unternehmen genauso frustrierend sein wie ein verlorener Präsidentschafts-Wahlkampf. Dort verbringen Sie zunächst anderthalb Jahre damit, Front gegen einige Ihrer eigenen Parteifreunde zu machen, um Ihre Nominierung als Kandidat durchzusetzen, sich Stimmen zu sichern oder die Vorwahl zu gewinnen, während Sie nur drei Monate gegen Ihre Rivalen in der anderen Partei antreten müssen. Wenn Sie nicht achtgeben, können Sie sich unter Ihren Parteifreunden, deren Unterstützung Sie für die eigentliche Wahl brauchen, so viele Feinde schaffen, daß Sie schon vorher auf verlorenem Posten stehen. Auf diese Weise haben sich die Republikaner 1964 selbst zerfleischt, als Goldwater kandidierte und der liberale Flügel es nie bis zur Wahl geschafft hat. Den Demokraten passierte vier Jahre später das gleiche, als die Mitglieder des linken Flügels nach der Nominierung von Humphrey ihrer Verstimmung dadurch Ausdruck verliehen, daß sie ihre Hände in den Schoß legten.

Bevor Sie die gegnerische Mannschaft besiegen können, müssen Sie dafür sorgen, daß Ihre eigene hinter Ihnen steht.

Kompetente Manager verstehen sich darauf, derartige Konflikte beizeiten aufzuspüren. Es reicht nicht aus, die Mittelzuteilung und Richtlinienvorgabe rein zahlenmäßig zu betrachten. Wäre es damit getan, würde man keinen Manager brauchen; ein Buchhalter könnte das Unternehmen dann genauso gut führen. Jeder Abteilungsleiter ist ein ernstzunehmender, hart arbeitender Verwalter seines

Arbeitsbereichs. Wenn er sein eigenes Horn bläst, um soviel Geld und Verantwortung wie möglich zu erbeuten, handelt er nicht aus selbstsüchtigen Motiven. Er versucht nur das zu tun, was man ihn gelehrt hat: sich im Wettbewerb behaupten. Es fällt ihm schwer, diese Aggressivität zu zügeln, selbst im Umgang mit Mitgliedern des eigenen Teams.

Mein Freund Ichak Adizes, Honorarprofessor an der Wirtschaftsfakultät der Universität von Kalifornien in Los Angeles, beschreibt die Rolle des idealen Managers folgendermaßen: »Ein gutes Management versteht es, auf der Basis gegenseitiger Achtung Unterschiede zu einer Einheit zusammenzuschweißen.«

Solche Manager sind jedoch schwer zu finden. Andere Mitarbeiter mit fast allen Fähigkeiten können Sie dagegen en gros einkaufen.

# *Lektion 26*

## Sie kandidieren nicht bei einer Wahl

Jedesmal, wenn in den USA ein neuer Präsident ins Weiße Haus einzieht, erzählen uns die Kommentatoren, daß sich damit auch landesweit ein neuer Trend im persönlichen Führungsstil ankündige. Während der Carter-Ära standen die Technokraten hoch im Kurs. Mit Reagans Amtsantritt war Charisma Trumpf. Jetzt ist Bushs eher freundlicher, sanfter Führungsstil »in«. Charisma ist angeblich »out«, und der Firmendiktator mutet wie ein Dinosaurier an. Vergessen Sie das Ganze. Jeder hat seinen oder ihren eigenen Stil, und was in einer bestimmten Unternehmenskultur oder Situation erfolgreich ist, muß sich nicht in jeder anderen bewähren.

Um unsere Welt wäre es besser bestellt, wenn es uns gelänge, andere durch Lob und Anerkennung ihrer Leistungen zu führen. Aber bis wir unseren himmlischen Lohn empfangen, werden wir keine bessere Welt schaffen. In unseren irdischen Gefilden gibt es noch immer jede Menge Dummköpfe und Gauner. Deshalb gehört es auch zur Führungsfähigkeit, daß man sein Team wie ein Coach betreut, wenn's erforderlich ist, und es nicht nur am lautesten anfeuert.

Lou Holtz etwa erlebte Ende 1988, als es um die Nationalmeisterschaft ging, einen der Höhepunkte in seiner

Laufbahn als Coach. Wenige Stunden vor Beginn des entscheidenden Spiels gegen die Universitätsmannschaft von South Carolina suspendierte er zwei seiner Stars, weil sie an zwei Tagen hintereinander zu spät zum Training erschienen waren. Die beiden saßen im Flugzeug auf dem Heimweg nach South Bend, als Notre Dame seinen Gegner, die Trojans, auch ohne die beiden aus dem Konzept brachte. Autoritär? Aber natürlich. Doch autoritär waren auch die Vorgänger von Holtz, Leahy und Rockne, und es hatte ihren Mannschaften ebenfalls nicht geschadet. Seien Sie so nett, wie Sie können, und so unangenehm, wie Sie müssen.

# *Lektion 27*

---

## Warum nichts mehr getan wird, wenn Sie sich am Wochenende zu früh aus dem Staub machen

Habe ich nicht gerade eben gesagt, daß Sie nicht für die nächste Wahl aufgestellt sind? Na ja, den Satz möchte ich ein wenig korrigieren. »Sie sind nicht Ihrer persönlichen Beliebtheit wegen zur Wahl aufgestellt.« Wie kann Ihr Hund wissen, daß Sie gleich mit ihm den ersehnten Spaziergang machen, wenn eine unmerkliche Bewegung auf der Couch ansonsten nur signalisiert, daß Sie per Fernbedienung ein anderes Programm im Fernsehen einschalten? Die Antwort lautet: Sie verbringen ein Prozent Ihrer Zeit damit, Ihren guten alten Fiffi zu beobachten, während er neunundneunzig Prozent seiner Zeit damit zubringt, Sie zu beobachten. Damit verdient er sein täglich Brot. Ihr Hund hat ein außerordentlich feines Gespür für Ihre Körpersprache entwickelt. Müssen Sie nicht davon ausgehen, daß Ihre Mitarbeiter durch Ihr Verhalten mindestens im gleichen Maß beeinflußt werden wie Ihr Vierbeiner?

Wenn Sie als Firmenchef fluchen und brüllen, folgen Ihre Führungskräfte Ihrem Beispiel. Wenn Sie Goldketten und einen Ring am kleinen Finger tragen, schmücken sich Ihre Verkaufsmanager mit den gleichen Accessoires (manchmal leider auch ohne Ihr Zutun). Wenn Sie mehr versprechen, als Sie halten können, nehmen auch sie den Mund zu voll. Wenn Sie sich väterlich-wohlwollend geben und Vetternwirtschaft dulden, dann werden Ihre Untergebenen es Ihnen gleichtun. Ihre Mitarbeiter kopieren und zementieren Ihren Führungsstil. Sie sorgen mit Ihrem eigenen Verhalten dafür, daß Ihr Führungsstil auch dann noch bleibt, wenn Sie längst aus der Firma ausgeschieden sind. *Sie* verkörpern die Unternehmenskultur.

## *Lektion 28*

---

# Ihr Unternehmen ist nicht besser als sein Ruf in der Stadt

Nicht nur Sie, sondern auch Ihr Unternehmen sollte ein Beispiel geben und die Kommune und ihre Initiativen auf gesellschaftspolitischer Ebene aktiv und sichtbar unterstützen. Das ist kein Rat, der uns ein ruhiges soziales Gewissen verschaffen soll, sondern eine rein pragmatische Überlegung.

1987 eröffneten Übernahme-Spekulanten die Jagd auf die Dayton Hudson Corporation, einen der führenden Einzelhandelsgiganten in unserer Region und Muttergesellschaft der Warenhauskette Target Stores. Die Abwehrstrategie des Konzerns konnte nur dann Erfolg haben, wenn bestimmte Veränderungen in der staatlichen Gesetzgebung über Unternehmenseffekten und -sicherheiten durchgesetzt werden konnten – was nicht einmal unter optimalen Bedingungen eine leichte Aufgabe ist. Stellen Sie sich vor, Ihnen bliebe keine andere Wahl, als dieses Ziel innerhalb von dreißig Tagen zu erreichen oder zuzusehen, wie Ihre Firma im weit aufgerissenen Rachen eines Hais verschwindet.

Innerhalb einer Woche berief der Gouverneur eine Sondersitzung der Legislative ein, und die entsprechenden Gesetze wurden mit 131 zu 5 Stimmen verabschiedet. Der

Überfall scheiterte dadurch kläglich, und wenigstens dieses Mal verloren die Piraten ihr letztes Hemd.

Der Erfolg des Konzerns beruhte darauf, daß er sich in seinem ganzen Heimatstaat unentbehrlich gemacht hatte. Alle bedeutenderen Honoratioren, Journalisten, Mitglieder der politischen Parteien und der Regierung, ganz gleich ob links oder rechts, unterstützten ihn in seinem Bemühen, die Unabhängigkeit zu bewahren. Dayton Hudson erntete nun den Lohn, den die Firma sich durch jahrzehntelange finanzielle Beiträge und tatkräftige Mitarbeit bei Spendenaktionen, in ehrenamtlichen Ausschüssen, Vorständen von gemeinnützigen Organisationen, Bürgerinitiativen und durch seine Einsatzbereitschaft für gleich welchen guten Zweck überall in seinem Heimatstaat verdient hatte.

Da der Konzern in dem Ruf stand, anderen zu helfen, wurde auch ihm Hilfe zuteil, als er sie dringend brauchte.

Krisen von diesem Ausmaß sind selten. Wesentlich häufiger werden Sie mit den alltäglichen Auswirkungen des Ansehens konfrontiert, das Ihre Firma in der Öffentlichkeit genießt. Dayton Hudson gilt als progressives Unternehmen, und dieser Ruf verbreitet sich auch in anderen Gegenden. Es ist nicht nur der gewinnstärkste Einzelhändler der Region, sondern einer der gewinnträchtigsten in ganz Amerika. Die Kunden vertrauen ihm. Obwohl die Lohn- und Gehaltsstrukturen nicht außergewöhnlich sind, würden viele Leute gerne dort arbeiten. Für jede offene Stelle bewerben sich mehr qualifizierte Kräfte als bei jedem anderen Arbeitgeber vor Ort. Und solange das Unternehmen besteht, hat es noch keinen einzigen schwerwiegenden Arbeitskampf gegeben.

Das beweist: Die Guten (Unternehmen) werden die Ersten sein.

# *Lektion 29*

## 33 Fragen Marke Mackay für Manager

Es sollte Sie nicht sonderlich überraschen, daß derselbe absonderliche Geist, der die 66 Fragen Marke Mackay für Kunden, die 12 Psalmen des Konkurrenten-Profils und die 33 Fragen Marke Mackay für Arbeitnehmer ersonnen hat, die grundlegenden Verhaltensweisen und Interessen seiner Mitarbeiter gleichermaßen in den Griff bekommen möchte.

Dieselbe Methode, ein anderes Ziel. Hier geht es darum, Manager mit den Leuten auf Tuchfühlung zu bringen, die von ihnen geführt werden.

Der Fragebogen analysiert drei Rollen des Mitarbeiters, die eindeutig voneinander abgegrenzt sind und in einem bestimmten Zusammenhang betrachtet werden: erstens, der Mitarbeiter und seine individuelle Situation; zweitens, der Mitarbeiter und die Menschen in seinem oder ihrem unmittelbaren Umfeld; und drittens, der Mitarbeiter und seine oder ihre Ziele.

Sobald wir über die nötigen Informationen verfügen und sie analysieren, haben wir ein gutes Mittel zur Motivation unserer Mitarbeiter zur Hand. Gute Manager sind in der Regel auch gute Lehrer. Das bedeutet allerdings nicht, daß sie Profs an der Harvard Business School sein müssen. Wie Kahlil Gibran in seinem Buch *Der Prophet* schreibt, enthüllen gute Pädagogen »nur das, was bereits im Dämmerlicht des vorhandenen Wissens schlummert«, so daß »man an die Schwelle der eigenen Gedanken geführt wird«.

Diese Berichte werden als streng vertraulich behandelt und unter Verschluß gehalten. Persönliche Daten sind ein heikles Thema. Bei Mackay Envelope vergewissern wir uns stets, daß unsere Mitarbeiter die Informationen umsichtig benutzen. Die Unterlagen sollten jedes Jahr auf ihre Richtigkeit überprüft und aktualisiert werden. Wie jeder andere Bericht ist auch dieser nur so gut wie die Leute, die Gebrauch davon machen. Deshalb sollte die Auswertung in Zusammenhang mit dem jährlichen Beurteilungsprozeß für Führungskräfte erfolgen.

**Persönlichkeitsprofil**

1. Worauf ist dieser Mitarbeiter am meisten stolz? (Welche Trophäen, Fotos, Zertifikate, usw. findet man auf seinem/ihrem Schreibtisch, im Büro, Schließfach oder Arbeitsbereich?)

___

___

2. a) Welche Einstellung hat der Mitarbeiter zur Weiterbildung?

___

___

b) Besucht er/sie irgendwelche Fortbildungsveranstaltungen? Strebt er einen Abschluß (oder akademischen Grad) an?

___

___

c) Wie sorgt er/sie dafür, daß seine/ihre Fähigkeiten mit der Entwicklung Schritt halten?

3. Verfügt diese Person über Führungsfähigkeiten? Wie haben sich die Führungsqualitäten oder -mängel bemerkbar gemacht?

4. Welche Motive steuern das Verhalten dieser Person? Können wir diese Bedürfnisse befriedigen?

5. Hat diese Person Zugang zu oder Umgang mit vertraulichen Informationen? Beschreiben Sie diese.

6. Wie wirken sich die außerberuflichen Aktivitäten, Interessen und Probleme auf Mackay Envelope aus? (Mitgliedschaften, gesellschaftlicher Umgang, Auszeichnungen, schwierige häusliche Situation?)

7. Wie reagiert diese Person auf Kritik? Wie oft müssen Sie denselben Fehler korrigieren?

________________________________________

________________________________________

8. Ist dieser Mitarbeiter vor allem aufgrund seiner technischen Begabung oder seiner Ausdauer, Erfahrung, usw. zur erfolgreichen Lösung seiner Aufgaben befähigt?

________________________________________

________________________________________

9. Ist dieser Mitarbeiter für seine Aufgaben vor allem wegen unangemessener Einstellung zur Arbeit, Mangel an Erfahrung, begrenzter Problemlösungsfähigkeiten usw. ungeeignet?

________________________________________

________________________________________

10. Die größte Stärke dieser Person ist ________________. Machen wir uns diese in zu geringem oder zu hohem Maße zunutze?

________________________________________

________________________________________

11. Was würden wir empfinden, wenn diese Person bei der Konkurrenz angestellt wäre?

________________________________________

________________________________________

**Selbst-Bewußtheit und Beziehungen**

12. In welchem Maß ist sich diese Person ihrer Stärken und der Möglichkeiten bewußt, sie einzusetzen?

________________________________________

________________________________________

13. In welchem Maß ist sich diese Person ihrer Schwächen und der Möglichkeiten bewußt, sie zu überwinden?

________________________________________

________________________________________

14. Wird diese Person von Kollegen als »Intrigant/in« betrachtet?

________________________________________

________________________________________

15. Wer dient dieser Person in der Firma als Mentor oder Vorbild?

________________________________________

________________________________________

16. Gibt es Leute, die sich besser als Vorbild eignen? Warum? Und wenn ja, wie führen wir den Wechsel herbei?

________________________________________

________________________________________

17. Ist diese Person fähig, im Team zu arbeiten? Welchen bedeutsamen Beitrag leistet sie in der Gruppe? Ist die Beteiligung ineffektiv?

____________________________________________

____________________________________________

18. Verfügt diese Person über eine natürliche Begabung, Wissen zu vermitteln? Wenn ja, wie können wir diese natürlichen pädagogischen Fähigkeiten einsetzen?

____________________________________________

____________________________________________

19. Sollte diese Person als Vorbild für andere Mitarbeiter im Unternehmen dienen? Falls ja, für wen? Wie läßt sich dieses Konzept am wirkungsvollsten in die Praxis umsetzen?

____________________________________________

____________________________________________

20. Ist diese Person ein eindrucksvoller Repräsentant von Mackay Envelope? Würde er/sie sich in der Rolle des Firmensprechers wohl fühlen? Falls ja, wie können wir uns dieses Talent auf effektive Weise zunutze machen?

____________________________________________

____________________________________________

21. Wie beurteilen die Kollegen die Leistungen dieser Person am Arbeitsplatz? In seiner/ihrer Abteilung? In anderen Abteilungen?

________________________________________

________________________________________

22. Wie würden die Kollegen reagieren, wenn diese Person verantwortungsvollere Aufgaben erhielte?

________________________________________

________________________________________

**Kurz- und langfristige Zielsetzungen**

23. Welche beruflichen Zielsetzungen hat diese Person für die nächsten fünf Jahre? Die nächsten zehn Jahre?

________________________________________

________________________________________

24. Wie realistisch sind die Ziele dieser Person in Anbetracht seiner/ihrer Stärken und Schwächen?

________________________________________

________________________________________

25. Auf welche Weise haben wir dazu beigetragen, daß diese Person ihre Ziele erreicht?

________________________________________

________________________________________

26. Gibt es im Unternehmen anspruchsvolle Aufgaben, die diese Person ihrem Ziel näherbringen würden?

______________________________________________

______________________________________________

27. Welche Trainingsprogramme wären außerhalb des Unternehmens erforderlich, damit der Mitarbeiter seiner/ihrer nächsten Aufgabe gewachsen ist?

______________________________________________

______________________________________________

28. Welche Fortbildungsmöglichkeiten gibt es am Arbeitsplatz, um diese Person auf eine anspruchsvollere Aufgabe vorzubereiten, und wie könnte man im einzelnen Gebrauch davon machen?

______________________________________________

______________________________________________

29. Glaubt diese Person, daß irgend etwas oder irgend jemand seiner/ihrer Zukunft in unserem Unternehmen im Weg steht? (Ein Mitarbeiter, ein früheres Problem, unzureichende Ausbildung, usw.?) Ist diese Besorgnis begründet?

______________________________________________

______________________________________________

30. Welches Leistungsniveau hat diese Person, verglichen mit früheren Zielsetzungen, erreicht?

______________________________________________

______________________________________________

31. Haben Sie das Gefühl, diese Person würde in einem Aufgabenbereich mit mehr Befugnissen bessere oder schlechtere Leistungen erbringen?

______________________________________________

______________________________________________

32. Wurde klar und offen über unsere Unternehmensziele gesprochen? Beschreiben Sie, was wann gesagt wurde.

______________________________________________

______________________________________________

33. In welchem Maß stimmen nach Ihrem Empfinden die Zielsetzungen dieser Person mit denen von Mackay Envelope überein?

______________________________________________

______________________________________________

Sie haben sicher bemerkt, daß in diesem Test keine ausgefallenen Ideen, Fangfragen oder Versuche einer tiefenpsychologischen Analyse frei nach Freud enthalten sind. Wir haben sogar mit dem Platz für die Antworten gespart, so daß das Schreiben und Lesen keine allzu großen Anforderungen stellt.

Und trotzdem verfolgen wir mit diesem Fragenkatalog verborgene Ziele.

Führungskräfte können, wenn sie diesen Fragebogen ausfüllen, etwas lernen, das über die reine Mitarbeiterbeurteilung hinausgeht. Die Fragen sind ein Kommunikationsinstrument, das Aussagen über den erwarteten Leistungsstandard zuläßt und Manager lehrt, daß sie sich in einer objektiven, fairen und vernünftigen Art und Weise auf ihre Mitarbeiter einstellen müssen. Er soll Managern helfen, Vorurteile zu vermeiden, die sexistisch, rassistisch oder gegen ältere Menschen gerichtet sind, wie beispielsweise: »Sie sind zu alt, um noch Karriere zu machen«; oder »Sie wäre für den Job die ideale Kraft, aber mir sind Gerüchte zu Ohren gekommen, daß sie an Nachwuchs denkt«; oder »Als ich hörte, daß er in die Gewerkschaft eingetreten ist, war mir klar, daß er wohl keine Führungsposition anstrebt.«

Ein einziger Trottel, der als Vorgesetzter solche Sprüche klopft, genügt – und Sie haben es mit Verlust der Arbeitsmoral, mit zerstörten Karrierehoffnungen und möglicherweise mit jahrelangen, nervenzermürbenden und kostspieligen Gerichtsverfahren zu tun.

Bitten Sie Ihre Führungskräfte nicht nur, diese oben genannten Fragen für andere zu beantworten, sondern als allererstes für ihre eigene Person. Wenn ihr Urteil über sich selbst schon keinen Pfifferling wert ist, wie können Sie sich dann auf ihr Urteil über andere verlassen?

Wenn Sie genügend Berichte dieser Art lesen, werden Sie feststellen, daß Sie darin mehr über diejenigen erfahren, die sie geschrieben haben, als von jenen, über die geschrieben wurden.

Falls all die Mitarbeiter, die X in seinem Bericht beschreibt, tatsächlich »verunsichert und besorgt über ihre Zukunft« sind, dann könnte man daraus folgern, daß sein eigener Führungsstil diese Gefühle weckt.

Gibt es Reibungspunkte zwischen den einzelnen Abteilungen? Hier ist eine Methode, um den Ursachen auf den Grund zu gehen: Bitten Sie Ihre Führungskräfte, Fragebogen über die Mitarbeiter eines anderen Abteilungsleiters auszufüllen. Wenn beispielsweise die Leiter der Produktions- und Buchführungsabteilungen sämtliche Marketing-Leute für »arrogant und beleidigend« halten, könnte das ein Hinweis auf die Art und Weise sein, wie der Leiter der Marketing-Abteilung sein Personal anhält, mit Kollegen aus anderen Bereichen umzugehen.

Niemand ist gegen solche Fehler gefeit. Sind die Zielsetzungen des Unternehmens unklar? Dann ist das ein ziemlich eindeutiges Anzeichen dafür, daß die Geschäftsführung schlechte Arbeit geleistet hat, um sie den Mitarbeitern verständlich zu machen.

Werden solche Befragungen richtig vorbereitet und eingesetzt, läßt sich damit ein echter Durchbruch erzielen.

Einige Beispiele:

Die Verladerampe ist für gewöhnlich kein Platz, an dem man sich eine goldene Uhr für langjährige Firmenzugehörigkeit verdient; aber im Vergleich zu unserer Fluktuationsquote hätte eine Putzstelle im Fast-Food-Restaurant wie eine Lebensstellung im Staatsdienst ausgesehen. Die Berichte gaben Aufschluß über die Ursache. Laut Ansicht des Vorarbeiters, die sich in den Fragebogen widerspiegelte, gab es nicht einen einzigen Mitarbeiter in der Spedition, dessen Stärken die Schwächen überwogen oder von dem man gute Leistungen bei anspruchsvolleren Aufgaben erwarten konnte. Er hielt sie allesamt für Penner. Und so behandelte er sie auch. Sobald er die Firma verlassen hatte, steigerten sich die Leistungen ganz erheblich, und die Fluktuationsquote ging wieder auf das normale Maß zurück.

In anderen Unternehmen lieferten diese Berichte völlig unerwartete Antworten. Das Bild eines Kindes auf dem Schreibtisch erklärte, warum eine erst kürzlich geschiedene junge Anwältin eine karrierezuträgliche Beförderung abgelehnt hatte. Sie hätte zu oft reisen und Zeit opfern müssen, die sie zu Hause verbringen wollte.

Eine einfache Frage über zwei Gesteinsbrocken, die als Buchstützen dienten – und siehe da, der EDV-Programmierer entpuppte sich als Amateurgeologe, der auf eine Versetzung in den Südwesten der USA hoffte.

Ein Nachwuchstalent in der Public-Relations-Abteilung, das immer unterfordert schien, brannte darauf, sich zu profilieren. Ein Hundert-Dollar-Spesenkonto pro Monat versetzte ihn in die Lage, an den obligatorischen Geschäftsessen mit den führenden Köpfen der Gemeinde teilzunehmen und in die Vorstände verschiedener bedeutender gemeinnütziger Organisationen zu gelangen. Seine Firma wird ihn sicher bald an die Politik verlieren – aber warum jammern? Manchmal ist es ganz hilfreich, einen Freund im Rathaus zu haben.

Der Fragebogen hat sich bewährt. Er gibt Ihnen Aufschluß über das, was Sie wissen müssen und auf andere Weise nicht erfahren können.

Benutzen Sie den Fragebogen nicht nur, um sich Einblick in Mißstände zu verschaffen. Wir suchen stets nach einem Weg, um die Leistungen so vieler Mitarbeiter wie möglich anzuerkennen und hervorzuheben. Wir schreiben beispielsweise in unserer Hauszeitung über sie oder bieten ihnen die Möglichkeit, als Repräsentanten unseres Unternehmens an einem Seminar teilzunehmen. Die Fragebögen sind eine wahre Goldmine für Informationen dieser Art. Die Mitarbeiter sollten wissen, daß sie zu diesem Zweck genutzt werden.

# *Lektion 30*

## Den Leuten ist es egal, wieviel Sie über sie wissen, solange sie wissen, daß sie Ihnen nicht egal sind

Vielleicht sagt sich der eine oder andere Leser jetzt, daß es einfach nicht seinem Stil entspricht, Informationen über Mitarbeiter und potentielle Kunden zu sammeln. Das käme dem Versuch gleich, anderen nachzuspionieren und seine Nase in die persönlichen Angelegenheiten von Mitmenschen zu stecken, die (verdammt noch mal) niemanden etwas angehen.

Nun, dem kann ich nicht zustimmen.

Ich möchte nicht den Geist von J. Edgar Hoover bei Mackay Envelope lebendig erhalten. Wir haben uns andere Ziele als das FBI gesetzt.

Diese Instrumente zur Informationsgewinnung haben wirklich nur eine einzige Funktion: als Erinnerungshilfe für Führungskräfte und Verkaufspersonal, die ihnen die Beziehung zu ihren Mitarbeitern und potentiellen Kunden erleichtert. Hinter jeder Frage in jedem Formular sollte ein lebendiges, menschliches Wesen spürbar sein, dem daran gelegen ist, mehr über andere Menschen zu erfahren, so daß er sie motivieren – und nicht manipulieren – kann.

Ich gebe zu, daß die Sammlung von Informationen wesentlich einfacher ist als die Auswertung. Ich habe in diesem Buch eine Fülle von Formularen verwendet, aber ich kann gar nicht genug betonen, daß sie wertlos, ja sogar gefährlich sind, wenn sie in die falschen Hände geraten. Achten Sie darauf, daß die Amateurdetektive, die krankhaft Neugierigen, die unaufgeforderten Ratgeber, die »Gschaftlhuber« und alle anderen, die nichts darüber wissen müssen, sie nicht zu Gesicht bekommen. Noch besser wäre es, wenn Sie solche Führungskräfte oder Verkäufer gar nicht erst einstellen würden.

Diese Informationen können jedoch unglaublich effektiv sein, wenn sie angemessen eingesetzt werden.

Ein Beispiel:

Wenn unser Herstellungsleiter seinen Gang durch die Werkshallen macht, bei Mary stehenbleibt, die eine unserer Maschinen bedient, und sie wegen ihrer hohen Ausschußmenge zur Rede stellt, dann möchte ich, daß er in der Lage ist, im nächsten Atemzug zu sagen: »Herzlichen Glückwunsch, Mary. Ihre Tochter Joanie hat ja letzte Woche die Abschlußprüfung der High-School bestanden. Will sie aufs College gehen?«

Die Tatsache, daß auf der Liste der beanstandeten Produkte Marys Name des öfteren auftauchte, hat bei weitem nicht das gleiche Gewicht wie die Fehlfunktion bei einem Raumschiff, die auf der elektronischen Tafel angezeigt wird. Wir produzieren Briefumschläge und schicken keine Satelliten ins All. Was passiert ist, läßt sich nicht mehr ändern. Davon geht die Welt nicht unter. Und wenn man Mary den Kopf abreißen würde, wäre sie auch nicht in der Lage, besser oder schneller zu arbeiten. Wenn man jedoch ihr Selbstvertrauen stärkt und gleichzeitig alle erforderlichen Korrekturmaßnahmen einleitet, hat man die beste Gewähr, daß sie wieder ins rechte Gleis zurückfindet.

Unternehmen geben -zig Milliarden für Führungskräftetraining, Schulung, Tagungen, Seminare, Workshops und Bücher wie dieses aus, aber die einzige Fähigkeit, die nicht genug hervorgehoben und vertieft werden kann, ist das Geschick im Umgang mit Menschen. Die zwischenmenschlichen Beziehungen sind das fundamentale Element im Arbeitsergebnis jedes Unternehmens. Wenn Sie auf diesem

Gebiet etwas vermasseln, kann kein noch so guter strategischer Unternehmensplan, keine noch so gute Produktlinie und keine noch so gute Bilanz Ihre Talfahrt bremsen.

Ich kann Ihnen als schlechte Nachricht gar nicht alle Negativbeispiele aufzählen, die zeigen, wie ein einziger Fehler in diesem Bereich die Leistungsbereitschaft eines fähigen Mitarbeiters ein für allemal untergraben kann. Jack Shewmaker etwa, Ex-Präsident von Wal-Mart, berichtet über einen Manager, der die Bitte eines Mitarbeiters ablehnte, einige Stunden Urlaub zu erhalten, um an einer Familienfeier teilzunehmen. Die Firma erhielt zwar den vollen Gegenwert an Arbeitszeit, für den sie zahlte, aber sie verlor das Hundertfache durch die mangelnde Einsatzbereitschaft und Produktivität, die der Mitarbeiter künftig aufgrund der Sturheit dieses Managers an den Tag legte.

Die gute Botschaft aber ist, daß sich die Fähigkeiten im Umgang mit Menschen erlernen lassen. Ich meine damit nicht, daß Sie Ihre Führungskräfte in irgendein Seminar schicken sollen, aus dem sie voll bester Vorsätze zurückkehren. Nach ein oder zwei Tagen ist die Luft nämlich raus, und sie fallen wieder in den alten Trott zurück. Vielmehr sollte *jeden Tag* und bei *jedem Kontakt* der Aspekt der zwischenmenschlichen Beziehungen den höchsten Stellenwert in den Überlegungen Ihrer Führungskräfte und Außendienstmitarbeiter einnehmen. Es gibt keinen Manager, von der Spitze des Unternehmens abwärts, der seine Fähigkeiten in diesem Bereich nicht verbessern könnte. Menschliche Anteilnahme ist ansteckend. Tragen Sie zur Verbreitung bei!

# *Lektion 31*

## Supermann ist nicht mehr unter uns

Vielleicht haben Sie den Satz »Ich kann nicht« aus Ihrem Vokabular gestrichen, aber »Laß die Finger davon« gehört unbedingt hinein. Der Begriff läßt sich in Situationen anwenden, in denen Sie jemanden engagieren können, der eine Aufgabe besser erledigt als Sie selbst.

Ein Klempner aus meiner Nachbarschaft setzte folgende Anzeige in unser Lokalblatt: »Wir kümmern uns um undichte Stellen, verstopfte Abflüsse und die Reparaturarbeiten Ihres Mannes.«

Ich bekenne mich schuldig. Ich muß mir jedesmal auf die Zunge beißen, wenn ich mein Auto in die Werkstatt bringe, damit ich dem Mechaniker nicht sage, was dem Vehikel genau fehlt. Gelingt mir das nicht, werde ich doppelt zur Kasse gebeten: Zum einen setzt er das auf die Rechnung, was meiner Ansicht nach nicht funktionierte, und zusätzlich noch die Schadstellen, die er wirklich gefunden und repariert hat.

Das sind jedoch nur Bagatellen, die im Privatleben vorkommen. Wirklich ernst wird es jedoch, wenn Sie im Büro Supermann oder Superfrau spielen.

Schön und gut, Sie können wahrscheinlich die Aufgaben Ihrer Untergebenen übernehmen – wenn Sie müssen. Aber haben Sie nicht deshalb eine bestimmte Fachkraft eingestellt? Also überlassen Sie ihr die Arbeit. Wenn nur Sie wissen, wie eine Arbeit getan werden muß, dann erklären Sie es ihr. Sie dürfen es ihr sogar zeigen. Aber verrichten Sie sie nicht selbst.

Selbst die besten Manager und Motivations-Experten können die Geduld verlieren und nach den Zügeln greifen, wenn sie sehen, daß jemand auf dem besten Weg ist, eine Aufgabe zu verpfuschen. Coach Lou Holtz wollte einem Spieler demonstrieren, wie man den Versuch eines Gegners abwehrt, einem den Ball mit einem Fußtritt aus der Hand zu schlagen. Ich bin sicher, daß der junge Mann seine Lektion gelernt hat, als Holtz sich an acht Stellen den Finger brach. Ebenso kann es Ihnen ergehen.

Wenn Sie nicht wissen, wie Sie etwas anstellen sollen, dann sollten Sie sich jemanden suchen, der Ahnung hat.

Es ist kein Eingeständnis persönlicher Unzulänglichkeit, wenn man sich bei schwierigen geschäftlichen Entscheidungen Rat holt, beispielsweise bei der Standortwahl, in Fragen der Finanzierung, Reorganisation, beim Zukauf von Firmen oder bei der Besetzung von Schlüsselpositionen im Betrieb.

Ich bin genauso skeptisch wie jeder andere im Hinblick auf die Qualität der Ratschläge, die von Experten stammen. So mancher, der sich selbst als Experte bezeichnet, verdient diesen Namen nicht. Und ebenso viele, die echte Experten sind, werden überhaupt nicht zu Rat gezogen.

Dr. Thomas Self ist Gastroenterologe an der Universität von Kalifornien in San Diego. Laut *Pediatric News* führte er eine Erhebung unter einhundert Kinderärzten und Allgemeinmedizinern durch, die erklärt hatten, daß sie regelmäßig die »BRAT«-Diät (Bananen, Reis, Apfelmus und Toast) verordneten. Sie wurden gebeten, ohne nachzusehen zu erklären, wofür die Initialen BRAT standen. »Ein hoher Prozentsatz wußte es einfach nicht... die Antworten reichten von B = Bratwurst bis T = Tee.«

Leider werden viele, die als Experten gelten, so oft als Fassade benutzt, daß man inzwischen der gesamten Gattung weitgehend Mißtrauen entgegenbringt. Ein Experte muß her, um mögliche Standorte für die neue Unternehmenszentrale zu prüfen – und dem Firmenchef die nötige

Rückendeckung zu geben, um sich für den seinem Wohnsitz nächstgelegenen zu entscheiden.

Bevor Sie sich der Hilfe eines Außenstehenden bedienen, sollten Sie genau das tun, was auch diese tun würden, sobald sie in Ihren Diensten stehen: Sprechen Sie mit den Leuten, die Sie und Ihre Firma am besten kennen, nämlich Ihren eigenen Mitarbeitern. Sorgen Sie dafür, daß Ihr Verkaufspersonal es als Standard-Verfahren betrachtet, Ihnen mitzuteilen, wann ein Produkt aus dem Programm genommen werden sollte oder welche Merkmale Ihre Kunden bei einer neuen Produktlinie bevorzugen. Erkennen Sie die Kooperationsbereitschaft an, und geizen Sie nicht mit Belohnungen.

Sprechen Sie mit Ihren Kunden. Fokusgruppen, die sich aus Kunden zusammensetzen, können erstaunliche Erfolge beim Aufspüren der unterschiedlichsten Kundenprobleme vorweisen und sind zudem noch ein Pluspunkt für Ihre PR. Außerdem haben Sie Ihr zwischenmenschliches Interesse schon dadurch bekundet, daß Sie um Mithilfe gebeten haben.

Fragen Sie Ihre Kollegen, die in anderen Unternehmen ähnliche Positionen bekleiden. Die meisten kleinen und mittelständischen Firmen sehen sich vor ähnliche Probleme gestellt. Sie organisieren Initiativen, die einen Gedankenaustausch und eine für alle Seiten fruchtbare Zusammenarbeit mit anderen Firmen am gleichen Standort gestatten, um neue Ideen zu entwickeln.

Sie sind von Experten umgeben, Leuten, die Ihre Produkte auf ungeahnte Weise benutzen, Leuten, die damit ihren Lebensunterhalt bestreiten. Sie alle können mit einer Meinung aufwarten. Sie sind vielleicht nicht in der Lage, den Gesamtzusammenhang zu überblicken, und ihre Urteilsfähigkeit beschränkt sich unter Umständen nur auf ein begrenztes Fachgebiet. Aber sie könnten Themen anschneiden, an die Sie niemals gedacht hätten. Der Arbeiter, der den Kehrbesen schwenkt, merkt vielleicht lange vor dem Buchhalter, daß der Abfall bei einem neuentwikkelten Produkt angewachsen ist.

Und es kostet Sie keinen Pfennig zu fragen.

Vielleicht gefällt Ihnen nicht, was Sie zu hören bekommen. Aber Sie beleidigen niemanden, wenn Sie ihn um seine Meinung bitten, und Sie werden nachher nie weniger wissen als vorher.

Als Neuling in der schreibenden Zunft wußte ich, daß ich Rat brauchte. Mein Berater schlug vor, mein Manuskript den Teilnehmern des *Stanford Publishing Course* als Bestandteil ihres normalen Unterrichts zur Überprüfung vorzulegen. Einundachtzig waren es, allesamt erfahrene Lektoren und Verlagsleiter, die einen Teil des Sommers an der Stanford Universität verbrachten, um dort in einem Kurs ihre Fähigkeiten aufzupolieren. Sie drehten mein Buch durch die Mangel, aber ich bezweifle, ob es jemals veröffentlicht worden wäre, wenn ich nicht ihre Kritik bei der Überarbeitung des Manuskripts berücksichtigt hätte.

Je höher die Sprosse der Erfolgsleiter, die Sie erklommen haben, desto größer ist die Wahrscheinlichkeit, daß man Sie nicht wegen Ihres technischen Know-hows, sondern aufgrund Ihrer Urteilsfähigkeit und der Gabe, andere zu inspirieren, um Ihre Mitarbeit bittet. Es heißt: Fluß- oder Seebarsche gibt es dort, wo man sie findet. Genauso verhält es sich mit Informationen. Versuchen Sie nicht, alles im Alleingang zu bewältigen. Versperren Sie sich nicht selbst den Zugang zu potentiellen Quellen.

Je mehr Experten Sie hinzuziehen, desto vielfältiger sind die Standpunkte und desto vollständiger ist das Bild, das Sie sich machen können – aber desto widersprüchlicher werden auch die Ratschläge sein, die Sie erhalten. Dieses Problem läßt sich bewältigen, wenn Sie ihre Arbeitsergebnisse aufsplittern und drei Kategorien zuordnen: neue Informationen, Analyse und Schlußfolgerungen. Als erstes sollten Sie die letzte Seite in den Papierkorb wegwerfen, auf der die Schlußfolgerungen verzeichnet sind. Betrachten Sie die Experten wie die sechs blinden Männer aus dem uralten Schülerwitz, die einen Elefanten beschreiben sollen, oder wie gegnerische Anwälte vor Gericht. Beide sind gezwungen, sich mit denselben Fakten auseinanderzusetzen, aber sie bewerten und analysieren sie unterschiedlich und gelangen somit zu unterschiedlichen Schlußfolgerungen.

Sie müssen die Rolle der Geschworenen übernehmen. Setzen Sie Fachleute fachkundig ein. Suchen Sie ihre Hilfe bei der Informationssammlung und -analyse. Aber ziehen Sie Ihre eigenen Schlußfolgerungen. Das ist Ihre Aufgabe. Erweitern Sie einfach Ihre Definition von einem Experten: Ein Experte ist jemand, der etwas weiß, was Sie nicht wissen.

# *Lektion 32*

---

## Sie müssen nicht Ihr Leben mit jemandem verbringen, den Sie auf Stundenbasis eingestellt haben

Nichts ist unangenehmer, als wenn man in eine Verhandlung geht und feststellt, daß die eigene Mannschaft, die einem den Rücken stärken soll – Anwälte oder auch Finanzexperten –, nicht so stark ist wie die des Gesprächspartners auf der anderen Seite des Verhandlungstischs. Natürlich können Sie die Mitglieder Ihres Teams auswechseln, und ich habe auch schon zu diesem Mittel gegriffen, obwohl ich weiß, daß dies als klares Zeichen der Schwäche ausgelegt wird.

Sie sollten sich jedoch daran erinnern, daß es ein nächstes Mal gibt, so schlimm es auch für diesmal sein mag. Und dann wissen Sie, wen Sie sich zur Verstärkung holen müssen. Ich habe während einer Verhandlung, die sich über zweieinhalb Jahre hinzog, einmal zwei Juristen-Gruppen verschlissen, ehe das Geschäft unter Dach und Fach war, und schließlich gelang es mir, den Rechtsbeistand der Gegenseite zu engagieren.

Das Warten hat sich gelohnt.

Qualitätsverbesserungen sind nicht auf Autos und Häuser beschränkt.

# *Kapitel 7*

# Handbuch der Selbstverteidigung für Unternehmer

# *Lektion 33*

## Machen Sie sich zum glücklichsten Mann im Betrieb

Wenn Sie das nicht sind, sollten Sie das Unternehmen eigentlich nicht leiten. Aber niemand hat jede Minute und Tag für Tag gute Laune. Wie läßt sich das Stimmungstief überwinden, das sich unweigerlich bei Aufgaben einstellt, die Sie hassen, die aber erledigt werden müssen?

Ich habe es mit einem Trick geschafft, bei dem es wieder einmal um das alte Spielchen »Erst die Erbsen, dann das Eis« geht. Wenn ich etwas Unangenehmes tun muß, belohne ich mich später ganz gezielt damit, daß ich etwas tue, was mir große Freude macht. Noch am selben Tag. Was tätest du denn gerne, Harvey? Ich denke die ganze Zeit darüber nach, während ich mich durch die monatlichen Berichte über den Personalausfall an der Verladerampe kämpfe oder über die Außenstände in Höhe von jeweils mehr als 5000 Dollar bei Kunden auf dem Lande. Vier Stunden und sechs Aspirin später bin ich bereit, mir einen neuen Tennisschläger, ein Essen im Restaurant oder irgendwelche verrückten Befriedigungen zu gönnen, die mir gerade in dem Augenblick einfallen.

Sie sind ein Prachtkerl. Sie haben eine Belohnung verdient. Niemand anders wird sie Ihnen geben.

## *Lektion 34*

# Wenn es Ihre Firma ist, ist es auch Ihr Problem

Manche frischgebackenen Firmengründer bilden sich ein, ihnen sei jetzt endlich die Flucht aus der Tretmühle ihrer alten Tätigkeit geglückt. Machen Sie sich nichts vor. Bevor es besser wird, kommt es erst einmal noch schlimmer. Sparen Sie das Geld, das Sie für eine luxuriöse Büroeinrichtung und das Messingschild mit der Aufschrift »PRÄSIDENT« eingeplant hatten. Beides brauchen Sie noch lange nicht. Sie müssen in den ersten Jahren als Unternehmer mehr schuften als in all den Jahren, als Sie nur ein Rädchen im Getriebe Ihrer alten Firma waren. Dort wurden Ihnen nämlich die Techniken des Besenschwingens, die Putzlappen-Methodologie, die Papierkorb- und Ablagesystematik sowie diverse andere Aufgaben, die Sie für selbstverständlich hielten, von anderen abgenommen.

Es sollte keine Arbeit geben, bei der Sie nicht bereit oder fähig wären, selbst zuzupacken, wenn's nötig ist. Philip Pillsbury – von der bekannten Backwarenfirma Pillsbury – hätte es nicht nötig gehabt, auch nur einen einzigen Tag in seinem Leben zu arbeiten; aber er war aktiv, vital und amtierte als Präsident des Unternehmens, das seinen Namen trug. Er hatte mit 81 Jahren viel erreicht und sich früher sogar als Abwehrspieler im unbesiegten Football-

Team der Yale-Universität betätigt. Besonders stolz aber war er darauf, daß er drei Fingerkuppen eingebüßt hatte – Kennzeichen eines wandernden Müllergesellen. Seine Hände trugen die unverkennbaren Spuren, daß seine Finger beim Mahlen mehr als einmal in die riesigen Mühlsteine geraten waren. Philip Pillsbury wußte, wie es ist, wenn man Knochenarbeit leistet oder einen harten, gefährlichen Job ausübt. Und noch wichtiger – jeder Pillsbury-Mitarbeiter wußte, daß er es wußte.

Bis Ihre Firma die Startphase überstanden hat und läuft, übernehmen Sie jede Arbeit. Machen Sie sich mit jeder Aufgabe vertraut, für die Sie jemand anderen einstellen müssen, und verfolgen Sie die Spur jeder Mark, die das Unternehmen verläßt. Sie müssen der bestinformierte und bestqualifizierte Mitarbeiter im Betrieb sein. Sonst sollten Sie für den arbeiten, der Ihnen diesen Rang streitig macht.

# *Lektion 35*

## Verwechseln Sie niemals Charisma mit Lautstärke

Einige der effektivsten führenden Köpfe im Unternehmensbereich murmeln. Man kann sie kaum hören, sondern muß sich *anstrengen,* um ihre Stimme zu vernehmen. Und genau das ist beabsichtigt.

S. I. Newhouse, der Medienzar, behauptete, er habe in 35 Jahren nur drei öffentliche Reden gehalten. Und wie viele maßgebliche Medien-Besitzer lehnte er es ab, sich einer der grundlegendsten Tätigkeiten seines Verlagsimperiums zu unterziehen: Er weigerte sich, Interviews zu geben.

Als wir in Minnesota noch keine Lizenzspieler-Mannschaften hatten, die in den großen Ligen spielen, war Cedric Adams der Mann, der unserem Traum von nationaler Berühmtheit so nahe wie möglich kam. Er galt als unser bester Nachrichtensprecher und Kolumnist. Sein Sohn Steve ist Besitzer von Adams Communications, und es würde mich nicht überraschen, wenn er eines Tages den Sprung in die *Forbes*-Liste der 400 Superreichen schafft. Auch er gibt keine Interviews.

Wir hatten früher einen Polizeichef, der kaum einen Satz hervorbrachte, ohne eine treffende Bemerkung über seinen eigenen angeblichen Mangel an Intelligenz einzuflechten. Das brachte seine Widersacher schier um den Verstand und trug dazu bei, daß er zur populärsten Figur unserer Stadt wurde. Er war auch einer der cleversten und eitelsten Mitbürger, aber er beherrschte die Kunst, diese Eigenschaften hinter seiner bescheidenen Ausdrucksweise zu verbergen.

Irwin Weinberg gehört seit mehr als vierzig Jahren zu den führenden Briefmarkenhändlern. Er hat einigen seiner Kunden geholfen, die kostbarsten Sammlungen anzulegen, die es je gab. Früher besaß er auch einmal die wertvollste Marke der Welt, die Ein-Cent British Guayana, einen winzigen, viereckigen schmutzigen Papierfetzen, den er für fast eine Million Dollar verkaufte. Kürzlich schrieb er in einem Rundbrief:

*»Anfang der siebziger Jahre hatte ich die Ehre, als Philatelist mit Stephen D. Bechtel befreundet zu sein, der kürzlich im Alter von knapp neunzig Jahren verstarb. Sein Leben als einer der größten Baumeister der Welt (er gründete Bechtel Inc.) wurde an anderer Stelle ausgiebig beschrieben, und ebenso oft hat man erwähnt, daß er mit Königen und Präsidenten per du war. Er erklärte oft, daß der Bau des Hoover-Damms die Leistung war, die ihn mit dem größten Stolz erfüllte.*

*Ich erinnere mich noch ganz genau an unser erstes gemeinsames Essen in privater Atmosphäre, das vor einigen Jahren stattfand. Auf die Frage meiner Frau: ›In welcher Branche sind Sie tätig, Mr. Bechtel?‹ antwortete er: ›Jeannie, man könnte sagen, daß ich mein Leben lang Gräben ausgehoben habe.‹ Auf dem Heimweg wies er seinen Chauffeur an, vor einem Blumenladen zu halten, wo er ein wundervolles Bukett für meine Frau erstand. So wie dieser Mann – bescheiden und großzügig – sind die meisten wahrhaft großen Persönlichkeiten. Und so werde ich stets das Glück in Erinnerung behalten, einen der wirklichen Helden dieser Welt zum Freund gehabt zu haben.«*

Und je mehr wahre Größe ein Mensch besitzt, desto weniger muß er sie beweisen.

# *Lektion 36*

## Ich möchte Ihnen Ihren neuen Chef vorstellen – meinen Sohn

Vor einigen Jahren führte die Revisionsfirma Laventhol & Horvath Untersuchungen in Unternehmerfamilien durch und gelangte zu folgenden Ergebnissen:

61 Prozent erklärten, daß ihre Verwandten aktiv im Unternehmen mitarbeiteten, und die Hälfte wünschte, daß ihre Kinder in die Firma eintraten. Aber vergessen Sie Ihre Absichten, den Sohn oder die Tochter des Big Boss zu heiraten, um sich Ihren Weg ins Familienunternehmen zu bahnen. Von den Familienbetrieben, die in der Erhebung untersucht wurden, arbeiteten in 31 Prozent der Fälle Vater und Sohn zusammen, bei 11 Prozent Vater und Tochter, während bei nur 7 Prozent der Schwiegersohn und bei nicht mehr als 3 Prozent die Schwiegertochter einen Platz in der Firma gefunden hatte.

Eine der angenehmen Seiten des heute zunehmend schärferen Wettbewerbs ist die Tatsache, daß er weniger Raum für nutzlosen Ballast läßt, einschließlich desjenigen, den man in Form von »Ablegern« des alten Stamms mit sich herumschleppt.

»Es gibt etwas, das viel rarer, besser und seltener zu finden ist als Kompetenz. Das ist die Fähigkeit, Kompetenz zu erkennen«, erklärte ein Mann namens Elbert Hubbard.

Er muß wohl einige Leute gekannt haben, die versucht hatten, das Familienunternehmen an ihre Kinder weiterzugeben. Ihr Erfolg ist eine Last, an der Ihre Kinder schon schwer genug zu tragen haben. Wenn Sie erwarten, daß sie in Ihre Fußstapfen treten, belasten Sie sie nur noch mehr.

Es kann riskant sein, die Bürde des Unternehmens weiterzugeben, wenn Sie von der Bürde des Lebens befreit sind.

# *Lektion 37*

---

## Anleitung für Kleinunternehmer, die richtige Nische zu finden

Sobald ein Schlagwort im Bereich der Wirtschaft als glaubwürdig gilt, werden auch die Mythen, die sich um diesen Begriff ranken, salonfähig.

So ist es uns mit »Unternehmergeist«, »Kontaktnetz« oder allem möglichen Japanischen ergangen. Das Wort »Marktnische« stellt in dieser Beziehung keine Ausnahme dar.

*Erster Mythos: Eine Nische muß spektakulär sein.* Turtle Wax hält seit Jahren einen stabilen – und nicht kleinen – Anteil des Autowachs-Marktes. Dieser Markt bezieht sich auf eine Tätigkeit, die den meisten Menschen nicht den mindesten Spaß macht. Den Erfolg hat dic Firma zudem noch einem Produkt zu verdanken, das sich mühsamer als andere anwenden läßt. Ihre Nischenstrategie: Sie zielt auf die Verbrauchergruppe, die ihr Auto buchstäblich über alles »liebt«. Und wie könnte man diese Liebe besser beweisen, als wenn man ein Opfer bringt und den Gegenstand seiner Zuneigung hingebungsvoll hegt und pflegt? Sich abrackert, um ihn auf Hochglanz zu polieren! Romantischer Blödsinn, sagen Sie?

Domino's wäre an der hochnoblen Via Appia zwar fehl am Platze, aber die Firma hat einen Weg gefunden, ihre

Produkte mit vorhersehbarem Erfolg an den Mann zu bringen: Sie liefert heiße Pizzen frei Haus, bevor die Leute eine Chance haben, wieder nüchtern zu werden und sich eine bessere zu holen. Waste Management hat eine Nische mit Aktivitäten gefunden, die IBM und General Motors nicht in den Sinn kämen: Das Unternehmen sammelt anderer Leute Müll ein. Nischen und Glitzerwelt haben nicht das geringste miteinander zu tun.

*Zweiter Mythos: Eine Nische muß neu sein.* 57 Prozent aller amerikanischen Ehepaare sind aus der traditionellen Familienstruktur ausgebrochen, in der die Ehemänner allein die Brötchen verdienten. Heutzutage sind berufstätige Mütter und Doppelverdiener begehrte Zielgruppen. Aber was ist mit den 13 Millionen Hausfrauen im überlieferten Sinn? Nur ein Narr würde das ungeheure Potential dieses noch immer riesigen Marktsegments ignorieren.

*Dritter Mythos: Eine Nische sollte nicht zu eng sein.* Seit kurzem haben Anwälte und Ärzte begonnen, ihre Dienstleistungen zu vermarkten. Da sie während ihrer Ausbildung gelernt hatten, vor dem wetterwendischen Markt auf der Hut zu sein, waren sie weniger als andere Berufszweige daran interessiert, sich auf ein Marketing-Programm einzulassen. Und da sie von Haus aus argwöhnisch und konservativ sind, neigten sie dazu, so lange zu warten, bis sich genügend Standesgenossen zu einem Sinneswandel entschlossen.

In meiner Heimatstadt haben sämtliche Krankenhäuser Startposition bezogen und fast gleichzeitig eine Werbekampagne lanciert. Jedes hatte zuvor einen ausgeklügelten »Fokusgruppen - Markterhebungs - Patientenprofil - Fragebogen« verschickt und getrennt von den anderen folgendes festgestellt: Diejenigen, die medizinische Dienstleistungen in Anspruch nehmen, maßen dem Merkmal »Mitgefühl/menschliches Interesse an jedem einzelnen Patienten« den größten Stellenwert bei.

Die »Mitgefühl/Interesse«-Nische wurde von 44 Prozent der Befragten als wichtigster Faktor genannt. Auf Platz zwei rangierte eine andere traditionelle Wertvorstellung, die »Qualität der Behandlung«, die 28 Prozent der Befragten für wichtig hielten.

Die Werbeaktionen der Krankenhäuser ähnelten sich infolgedessen wie ein Ei dem anderen, strotzten vor leisem Humor und vermittelten das Bild von warmherzigen, lächelnden, glücklichen Patienten in der Obhut von ebenso warmherzigen, lächelnden, glücklichen Ärzten und Krankenschwestern. Jeder zeigte Mitgefühl und menschliches Interesse.

Da ungefähr ein halbes Dutzend Inserenten versuchten, dieselbe Werbebotschaft rüberzubringen, und keiner auf einen anderen, spezifischeren Nutzen als Mitgefühl und zwischenmenschliches Interesse verwiesen hatte, konnten die Verbraucher sie nicht auseinanderhalten.

Die Marktforschung war richtig gewesen, nicht jedoch die Strategie.

Die Werbekampagnen grenzten sich nicht voneinander ab, sondern waren ineinandergeflossen.

Nur zwei Krankenhäuser konzentrierten sich auf das kleinere Segment »Qualität der Behandlung«. Sie konnten ihre Marktanteile merklich erhöhen, obwohl sie eine wesentlich kleinere Zielgruppe im Auge hatten.

Nehmen Sie also nicht an, Ihre Nische sei besser, nur weil sie größer ist.

Würden Sie lieber um die Hälfte des 28-Prozent-Segments oder ein Siebtel des 44-Prozent-Segments kämpfen?

*Vierter Mythos: Eine Nische muß übersichtlich sein.* Nicht jede Nische wird mit dem Skalpell eines Chirurgen definiert. Es gibt Spirituosengeschäfte in den elegantesten Vierteln von Manhattan, an der Gold Coast Chicagos – der Uferpromenade des Michigan-Sees und Domäne der Reichen – und in Hollywoods Prominentenhochburg Beverly Hills, die genausoviel Château-Fusel aus Phantasiejahrgängen wie Château Lafite-Rothschild, Jahrgang 1897, umsetzen. Niemand – wie gut betucht auch immer – ernährt sich täglich von Kaviar und Champagner. Nicht, daß die Reichen es sich nicht leisten könnten, aber es wird langweilig, wie alles, was zur Routine geworden ist. Man findet mehr reiche Leute mit einem Gaumen wie Elvis als Genußmenschen wie Epikur. Der Trick besteht nicht darin, eine Nische auszufüllen, sondern einen Kunden abzufüllen.

# *Lektion 38*

## Schulterklopfen ist wieder »in«

Ihre Mitarbeiter haben Ihren großen Traum geteilt; geben Sie ihnen ihren Anteil am Gewinn, wenn sich dieser Traum erfüllt. Bieten Sie ihnen einen Leistungsanreiz in Form von Gewinnbeteiligungs-Programmen und Belegschaftsaktien. Die Firma Hutchens Over the Road Suspension Systems hat ihren Gewinn bei einer Umsatzsteigerung von nur zehn Prozent verdoppeln können, als das Management der Belegschaft Anteile am Unternehmen überschrieb. Rubbermaid ist seit acht Jahren in jedem Quartal von Einbußen verschont geblieben. Die Erträge steigen stetig um 18 bis 20 Prozent an, und das Unternehmen fährt höhere Gewinne als eine 21prozentige Rendite ein. Die Haushaltserzeugnisse von Rubbermaid unterscheiden sich durch ihre Qualität von den Konkurrenzprodukten. Und der Schlüssel für diese Qualität sind die Arbeitnehmer am Fließband. Sie suchen mit Argusaugen nach möglichen Fehlern. Das Gewinnbeteiligungs-Programm des Unternehmens besteht seit 1944.

Beide Unternehmen folgen in ihren Arbeitnehmer/Arbeitgeber-Beziehungen der Philosophie, daß beide Seiten gewinnen sollen: Belegschaft und Firmeninhaber profitieren gleichermaßen davon.

Wenn Sie ein Problem haben, sollten Sie Ihre Mitarbeiter um Lösungsvorschläge bitten. Jack Shewmaker, Ex-Präsident von Wal-Mart, erklärte in einem Interview mit *Nation's Business:* »Ich habe immer wieder Firmen um ihre Existenz kämpfen sehen, in denen die Mitarbeiter die Problemlösung kannten.« Doch sie wurden nicht gefragt.

Wenn Ihre Mitarbeiter vor einem Problem stehen oder in einer häuslichen Krise stecken, sollten Sie sich stets darum bemühen, Ihr persönliches Interesse zu bekunden.

Beschränken Sie die strukturellen Barrieren zwischen Management und Arbeitnehmern auf ein Minimum. Klassenunterschiede, die sich in luxuriösen Büros oder gesonderten, hierarchisch gestaffelten Kantinen widerspiegeln, sind überflüssig. Privilegien jedweder Art sollten von der persönlichen Leistung abhängig und nicht nur der Führungsetage, sondern allen gleichermaßen zugänglich sein. Sicher, es kann Zeiten geben, in denen Sie bestimmte Einrichtungen für sich allein beanspruchen müssen, aber das sollte nicht die Regel sein. Und je mehr Möglichkeiten Sie haben, den Kontakt mit Ihren Leuten zu halten, desto eher wird es Ihnen gelingen, die Sorgen Ihrer Mitarbeiter zu verstehen und Ihre eigenen Probleme zu meistern.

# *Lektion 39*

## Wenn es Zeit ist, sich zu trennen, sollten Sie dafür sorgen, daß niemand Ihre Firma als Abschiedsgeschenk betrachtet

Denken Sie an den schlimmsten Denkzettel, den Sie je einem anderen Menschen verpaßt haben.

Und nun überlegen Sie, was Sie tun können, damit Ihnen selbst so etwas nie widerfährt.

Ich war 26 Jahre alt, als ich Quality Park Envelope den Rücken kehrte und dreihundert Kunden mitnahm. Ich hätte der Firma vermutlich keinen schlimmeren Schaden zugefügt, wenn ich mit dem Laster an die Verladerampe gefahren und mit dem Tresor davongebraust wäre. Ich marschierte mit ihrer Zukunft zur Tür hinaus.

Es war fair, gesetzlich und sogar ethisch vertretbar. Noch gibt es in unserem Land ein freies Unternehmertum. Nur weil jemand im Angestelltenverhältnis arbeitet, hat er noch lange nicht jeden Gedanken daran aufgegeben, sich ebenfalls ein Stück vom Kuchen abzuschneiden.

Ich hatte keinen Vertrag mit Quality Park. Die Kunden, die ich bearbeitete, waren meine. Als ich im Verkauf anfing, drückte mir die Firma keine Kundenliste, sondern ein Telefonbuch in die Hand. Die Loyalität der Kunden galt mir und nicht QP oder ihren Produkten. Ich hätte genausogut Brieftauben statt Briefumschläge verkaufen können.

Klingt das ein bißchen scharf und defensiv? Klar, ist es auch.

Es gibt natürlich auch Argumente, die gegen mein Verhalten sprechen. Schließlich hatte mir QP einen Job und ein Produkt zum Verkaufen gegeben. Und da ich beabsichtigte, nach dem Ausstieg aus der Firma für den Rest meines Lebens auf der anderen Seite des Verhandlungstisches zu sitzen, wollte ich sichergehen, daß ich als Arbeitgeber gegen derartige Arbeitnehmer-Taktiken gefeit sein würde.

Ich fand einen Anwalt, der eine faire, einfache, durchsetzbare schriftliche Vereinbarung mit einer Konkurrenzklausel ausarbeitete. Dieser Vertrag ist in unserer Firma schon seit dreißig Jahren in nahezu unveränderter Form in Gebrauch, länger als alle Einrichtungsgegenstände in unseren Büros. Einige besonders clevere Leute werden Ihnen sagen, daß derartige Verträge rechtsunwirksam sind. Das stimmt aber nicht. Und dafür habe ich hieb- und stichfeste Beweise: die Schriftsätze meines Anwalts und die Urteile, als einige Leute vor Gericht erfolglos versuchten, den Vertrag anzufechten.

Jeder der genannten Punkte – ethisch vertretbar, einfach und durchsetzbar – ist von entscheidender Bedeutung, falls der Vertrag einer gerichtlichen Prüfung standhalten soll, und zwar aus folgenden Gründen:

Erstens versucht man mit den meisten Verträgen, die eine Konkurrenz-Klausel enthalten, den Arbeitnehmer daran zu hindern, zu *gleich welchem* Konkurrenten an *gleich welchem* Ort und zu *gleich welchem* Zeitpunkt überzuwechseln. Das ist einfach nicht fair. Wenn Sie im Briefumschlag-Verkauf tätig sind, sollten Sie auch ein Recht haben, Ihren Lebensunterhalt mit dem Verkauf von Briefumschlägen zu verdienen.

Das zweite Problem besteht darin, daß solche Verträge oft geschickt eingebaute, einschränkende Klauseln enthalten, die in Wirklichkeit jeglichen Wettbewerb untersagen. Natürlich können Sie einem Mitarbeiter verbieten, irgend etwas aus Ihrem Besitz mitgehen zu lassen – sei es eine

Idee, einen Plan oder auch ein Dokument. Die sind Eigentum des Unternehmens.

Aber fordern Sie Ihr Glück nicht heraus. Ein Vertrag, der Ihrem ehemaligen Mitarbeiter gestattet, zur Konkurrenz überzuwechseln, ihm jedoch verbietet, in seiner neuen Stellung den Strategieplan seines früheren Arbeitgebers »in Betracht« zu ziehen, ist vermutlich anfechtbar. Wie will man feststellen, ob ein Ex-Mitarbeiter über den Strategieplan seines einstigen Arbeitgebers nachgedacht hat? Das wäre genauso, als würden Sie jemandem verbieten, in den nächsten fünf Minuten an das Wort »Nilpferd« zu denken. Die Gerichte lassen sich nicht vor den Karren von Täuschungsmanövern spannen, die sich jemand ausgedacht hat, um zu verhindern, daß andere in der gleichen Branche Fuß fassen. Der Vertrag wird abgeschmettert.

Widerstehen Sie der Versuchung, eine Fülle von Einschränkungen im Vertragswerk unterzubringen. Ihre ehemaligen Mitarbeiter lachen sich ins Fäustchen, denn so etwas läßt sich ohnehin nicht gerichtlich durchsetzen. Und dazu kommt, daß Sie mit einer einzigen schlechten Klausel den ganzen Vertrag vergiften können.

Ich habe einen ganz anderen Lösungsansatz gefunden, der auf folgenden Voraussetzungen basiert: Jeder Mitarbeiter, der bei Mackay Envelope im Verkauf tätig ist, erhält seinen eigenen Arbeitsbereich, sozusagen einen Obstgarten, der nur von ihm gehegt und gepflegt wird. Wenn er bei uns anfängt, stehen natürlich schon ein paar Bäume darin. Wir haben sie angepflanzt und dafür gesorgt, daß sie wachsen. Solange jemand für uns arbeitet, darf auch er die Früchte ernten, aber wenn er geht, kann er die Bäume nicht an der Wurzel ausgraben und mitnehmen.

Die Vereinbarung, die wir mit unseren Mitarbeitern treffen (es fehlt der Platz, um im einzelnen darauf einzugehen, aber ich schicke Ihnen gerne eine Kopie), enthält auch eine Klausel in bezug auf die Kundenliste, die sie bei ihrem Einstieg von uns erhalten. Wenn jemand kündigt, stimmt er zu, daß er diese Kunden nicht mitnehmen kann. Da diese Vorsichtsmaßnahme gegen das Recht des Verkäufers aufgewogen werden muß, seinen Lebensunterhalt zu verdienen, gilt die Einschränkung nur für ein Jahr. Ich glaube, wenn ich meinen Obstgarten nicht länger als für diese Zeitspanne verteidigen kann, hat der Mitarbeiter mit seiner Kündigung die richtige Entscheidung getroffen, denn dann bin ich als Arbeitgeber keinen Pfifferling wert. Andrerseits weiß ich: Wenn mir ein Kunde so lange die Treue hält, auch nachdem ich eine Spitzenkraft verloren habe, dann werde ich ihn auch noch für längere Zeit bei der Stange halten.

Was ist mit den Kundenkarteien, die von den Mitarbeitern selbst entwickelt wurden? In einem solchen Fall versuchen wir, das Terrain einzugrenzen, auf dem sie nach Verlassen der Firma mit uns konkurrieren können. Aus juristischen Gründen empfiehlt es sich, dieses Gebiet möglichst klein zu halten. Als wir unseren Markt analysierten, stellten wir fest, daß 80 Prozent unserer Kunden innerhalb des Landkreises ansässig waren, in dem sich unsere Zentrale befand. Dieses Einzugsgebiet war unsere Domäne und für die Konkurrenz ehemaliger Mitarbeiter tabu. Hier finden sich vermutlich zahlreiche Bäume, die sie selbst gepflanzt haben.

Auch diese Periode ist auf ein Jahr begrenzt.

Nebenbei bemerkt: Ich bin nicht der einzige, der mit solchen Verträgen arbeitet. Deshalb sollten Sie darüber nachdenken, durch welche Konkurrenzklauseln möglicherweise die Verkaufskanone, die Sie Ihrem größten Konkurrenten auszuspannen versuchen, gebunden ist. Sie wissen schon, wen ich meine: denjenigen, der Ihnen die meisten Neukundengeschäfte einbringen soll...

# *Lektion 40*

## Eine abgekartete Sache

*Szenario A:* Ein Riesenkonzern, an den Sie bisher nie herangekommen sind, nimmt völlig unerwartet Kontakt zu Ihnen auf und bittet Sie um ein Angebot für ein Projekt, mit dem Sie für den Rest des Jahres saniert sein könnten. Sie erhalten den Hinweis, daß der Preis eine ungeheuer wichtige Rolle spiele und daß es zur Zeit keine weiteren Bewerber gebe. Sie reißen sich die Beine aus, um das Geschäft an Land zu ziehen. Sie geben ein Angebot ab, das man einfach nicht ablehnen kann. Die Geschäftsführung feilscht zwar nicht um die Konditionen, auch fordert sie keine nennenswerten Plankorrekturen, aber als es um den Termin der Auftragserteilung geht, wird man merklich zurückhaltender.

*Szenario B:* Der Spitzenmanager einer wesentlich größeren und renommierteren Firma als der Ihren überrascht Sie am Telefon mit der erstaunlichen Neuigkeit, daß er Sie schon seit Jahren bewundere und gerne für Sie arbeiten würde. Die Verhandlungen beginnen. Er bittet um einen Arbeitsvertrag, den Sie ihm postwendend geben, aber irgendwie scheint es Ihnen nie zu gelingen, seine Unterschrift zu bekommen.

*Szenario C:* Eine Firma, an deren Zukauf Sie interessiert sind, palavert endlos über Ihr phantastisches Angebot, ohne irgendwelche konkreten Änderungsvorschläge zu machen. Obwohl sie Ihre Kaufabsichten inoffiziell unterstützt, ist es Ihnen nahezu unmöglich, einen definitiven Termin für Verhandlungsgespräche festzusetzen.

In all diesen Situationen geht es nicht um die Berge von Vorarbeiten, die Sie auf gut Glück und in der Hoffnung leisten, das Geschäft abzuschließen, oder darum, daß Sie einer von vielen, Ihnen bekannten Mitbietern sind.

Hier ist die Rede von endlosen Verzögerungen, Hinhaltemanövern und halbherzigen Verhandlungen, die sich über mehrere Runden hinziehen und oftmals signalisieren, daß Sie lediglich benutzt werden, um das Angebot eines anderen in die Höhe zu treiben.

Jede dieser zeitraubenden Aktionen ist unter Umständen nicht mehr als ein ganz legaler Verhandlungstrick. Sie könnten nach wie vor der einzige im Rennen sein, aber wenn Sie vermuten, daß man Sie als Mittel zum Zweck benutzt, entspricht das wahrscheinlich auch den Tatsachen.

Ob es sich um eine abgekartete Sache nach klassischem Muster handelt, läßt sich an folgenden verräterischen Zeichen ablesen: wenn der erste Kontakt aus heiterem Himmel erfolgt; wenn jemand beteiligt ist, mit dem Sie nie zuvor Geschäfte getätigt haben – meistens der große, geheimnisvolle Unbekannte –; wenn es bei dem Projekt um eine möglicherweise umfangreiche Transaktion oder einen großen Personal-Coup geht; und wenn man von Ihnen verlangt, in Ihrem Angebot sehr spezifische Konditionen und Preisvorstellungen zu berücksichtigen.

Ein riesiges Stück vom großen Kuchen im Neukundengeschäft? Niemand betraut Sie auf Anhieb mit sämtlichen Aktivitäten. Ihre Kunden wollen sehen, was Sie leisten, bevor sie größere Verpflichtungen eingehen.

Ein Wunderknabe? Superstars im Management liest man in der Regel nicht vor fremden Haustüren auf. Man muß sie mühsam ausgraben. Sie weisen nicht in Inseraten auf ihre Verfügbarkeit hin, sondern sind Experten beim Knüpfen von Kontaktnetzen. Da sucht jemand einen neuen Job? Spitzenkräfte wissen, daß sie dann nicht gerade neue Freunde suchen, sondern sich an die alten halten sollten.

Ich wurde zweimal auf diese Weise ausmanövriert. Das eine Mal hatte der Manager eine Führungsposition in einer Einzelhandelsfirma inne, die an der New Yorker Börse notierte und einen Umsatz ausweisen konnte, der den unseren um das Dreißigfache überstieg. Der Mann war entzückt von dem Blatt Papier, das ich ihm gab – mit all den Riesenzahlen, die sich hinter seinem Namen fanden. Aber er reagierte von der Sekunde an nicht mehr auf meine Anrufe, als mein Angebot seinem eigentlichen Zielobjekt in die Hände fiel. Ich frage mich, wie es wohl dorthin gelangt sein mag!?

Der zweite, der mich mit seinem Charme austrickste, war ein Football-Coach. In der Öffentlichkeit ließ er wissen, daß ich ihn aus seiner Idylle im Süden des Landes wegzulotsen versuchte, wozu er mich heimlich sogar ermutigte. Nach seiner Version spielte ich natürlich die Rolle des potentiellen »Kopfjägers«. Ich meine, er schuldet mir eine Provision für die unfreiwillige Arbeit als Agent, die ich für ihn leistete und die ihm eine Vertragsverlängerung um fünf Jahre einbrachte.

Der Deal des Jahrhunderts? Attraktive Akquisitions-Kandidaten können von Außenseitern weggeschnappt werden, aber man kann sie selten wie Massenartikel im Supermarkt kaufen. Sie setzen zu schnell Staub an.

Mit anderen Worten: Wenn Sie sich verwundert fragen, warum gerade Ihnen soviel Glück beschieden sein sollte, dann haben Sie keines. Seien Sie ehrlich und fragen Sie sich lieber: »Auch wenn ich einer dritten Partei wertvoll erscheine – bin ich wichtig genug, um spürbare Schwierigkeiten zu bereiten, wenn man mich nur als Mittel zum Zweck benutzt?« Wenn Sie darauf mit »Nein« antworten müssen, dann verschaffen Sie vermutlich nur jemand anderem kostenlose Preisgestaltungshilfe.

# *Lektion 41*

## Was man in der Harvard Business School sehr wohl lernt

Ich habe ein Seminar über Unternehmensführung besucht, das von einem Professor der Harvard Business School gehalten wurde. Er wies uns auf die zehn Punkte hin, die er seinen Studenten und angehenden Unternehmern beizubringen versucht.

Ganz oben auf der Liste stand: »Sorgen Sie dafür, daß Ihnen niemals das Bargeld ausgeht.« Und als letztes war dort vermerkt: »Sorgen Sie dafür, daß Ihnen niemals das Bargeld ausgeht.« Wie immer auch die dazwischen liegenden acht Punkte gelautet haben mögen – wichtig ist nur, daß Sie sich an den ersten und den letzten erinnern.

# HARVEY MACKAYS
# SCHNELLKURS FÜR EINE LANGFRISTIGE KARRIERE IM VERKAUF

# *Kapitel 8*

## Der Verkauf beginnt, wenn der Kunde »ja« sagt

# *Lektion 42*

## Sagen Sie nichts, was Sie nicht meinen

Der Käufer betritt den Autosalon, in dem die Neuwagen glänzen, und er ist genauso erpicht auf den Kauf des Autos wie der Händler auf den Verkauf. Dann stellt der Verkäufer fest, daß der alte Wagen des Kunden, den er in Zahlung zu nehmen bereit war, weniger wert ist als der Schuldenbetrag, der noch darauf lastet. Im Autohandel gelten solche Kunden als unseriös, als »falsche Fünfziger«. Sie sind auch ein Alptraum für die Versicherungen, denn ihre Autos werden merkwürdigerweise besonders häufig gestohlen oder in unerklärlich großer Anzahl zu Schrott gefahren.

Verkäufer, die den Mund zu voll nehmen, sind klassische »falsche Fünfziger«. Sie versprechen das Blaue vom Himmel, um ein Geschäft unter Dach und Fach zu bringen, aber sie machen nichts als leere Versprechungen. Dieser Geschäftsstil zeugt von Faulheit, Raffgier und Unehrlichkeit – und ist überdies noch völlig überflüssig.

Vor einigen Jahren legte ich mir – geblendet von dem Drang, die neuesten, in diesem Fall technologischen Errungenschaften zu besitzen – ein Produkt zu, ohne zu begreifen, was es eigentlich darstellte oder unter welchen Bedingungen ich es kaufte. Mein neues, nicht von AT & T stammendes Telefonsystem funktionierte prächtig, jedoch mit Einschränkungen. Wir konnten den ganzen Tag lang ohne Probleme zwischen unseren Büros hin und her telefonieren. Unsere exotische Blume begann jedoch zu welken, sobald wir Kontakt mit der Außenwelt aufnehmen mußten. Man konnte zwar mit Teilnehmern außer Haus telefonieren, aber nur wenn das Wetter mitspielte und die Konstellation der Gestirne gerade günstig war. Das System mag für jemanden das richtige gewesen sein, der nicht selbst die Initiative ergriff, sondern Telefongespräche nur entgegennahm, beispielsweise ein Buchmacher. Aber in meiner Branche hat man ständig das Bedürfnis, seine Fühler auszustrecken und mit der Außenwelt Kontakt aufzunehmen.

Wie läßt sich vermeiden, daß einem derselbe Fehler ein zweites Mal unterläuft?

Ich kann Ihnen einen guten Tip geben: Ein viel zu niedrig erscheinender Preis und ein unbekannter Markenname, insbesondere bei neuen Produkten, sind ein Warnsignal.

Aber das haben Sie vermutlich schon gewußt.

Zu den subtileren Anzeichen, die zur Vorsicht mahnen, gehören langfristige Leasing-Verträge und das Versprechen, an Wundern der Technologie teilzuhaben, die über das Begriffsvermögen eines Laien hinausgehen.

Hätte ich das System gekauft, wäre ich in der Lage gewesen, den Hersteller zu verklagen, weil es nicht der Garantiezusage entsprechend funktionierte. Leider hatte ich mir diese Möglichkeit mit dem Leasing-Arrangement verbaut. Laut Vertrag drohte all denen eine riesige Strafe, die aus welchen Gründen auch immer absprangen.

Vermeiden Sie, Leasing-Verträge zu unterschreiben, die Strafklauseln enthalten.

Nehmen Sie sich einen Anwalt, bevor Sie einen Vertrag unterzeichnen. Denken Sie daran, daß es seine Aufgabe ist, Sie zu schützen.

Engagieren Sie einen unabhängigen Berater, bevor Sie sich irgendwelche teuren High-Tech-Ausrüstungen zulegen.

Seien Sie auf der Hut vor Verkäufern, die Ihnen Hochtechnologie-Erzeugnisse anbieten und mehr Leistungen zu einem niedrigeren Preis versprechen als die marktführenden Firmen, die für ihr Know-how bekannt sind. Solche Produkte mögen sich beim Testen bewähren oder auch noch eine Weile länger, aber es ist fraglich, ob sie Ihren langfristigen Bedürfnissen gerecht werden.

Nehmen wir beispielsweise IBM.

Die Geschäftswelt ist übersät mit den Skeletten von Firmen, die sich im Konkurrenzkampf gegen IBM behaupten wollten und riesige Gewinne und Umsatzspitzen für sich verbuchen konnten. Aber ihre Erfolgssträhne dauerte nur ein paar Jahre an, bevor der Zusammenbruch erfolgte.

Viele fragen sich, woran es gelegen haben mag. Der Grund ist darin zu suchen, daß IBM die Strategie verfolgt, die Eindringlinge nicht im Augenblick des Angriffs vom angestammten Territorium des Konzerns zu vertreiben. Die IBM-Leute werden zwar aktiv, aber nicht umgehend. Sie warten ab, was passiert. IBM ist ein Riese und hat es nicht nötig, jeden Zerstörer zu rammen, der sein Fahrwasser kreuzt. Er überläßt es anderen, in mühevoller und kostenintensiver Kleinarbeit herauszufinden, ob es einen Markt gibt, der groß genug ist, daß es sich für IBM lohnt, ein Konkurrenzprodukt aus dem Ärmel zu zaubern. Wenn nicht, hält sich IBM zurück. Der Konzern versucht nicht, sich mit jedermann im Wettbewerb zu messen. Man kann schließlich nicht alle Mädchen küssen. Ist der Markt jedoch groß genug, um IBMs Präsenz zu rechtfertigen, steigt der Konzern ein und drängt im Lauf der Zeit alle anderen beiseite. Die IBM-Konkurrenten täten gut daran, Napoleons Rat zu beherzigen, der gesagt hat: »Laßt China schlafen, denn wenn das Land erwacht, wird die Welt erzittern.« Das ist auch der eigentliche Grund dafür, daß der Staat rund alle zwanzig Jahre ein Kartell-Verfahren gegen IBM und AT & T einleitet. Allein die Größe der beiden Unternehmen trägt schon dazu bei, die übrigen Wettbewerber zu zerquetschen.

Nun ja, ich bin auch ein kleiner Unternehmer, und ich weiß sehr wohl, wie man sich fühlt, wenn man den Fußtritt des Riesen hinter sich hört. Aber in der zuvor geschilderten Telefon-Episode war meiner Meinung nach nicht mir der größere Fehler unterlaufen, sondern den Leuten, die mir das System schmackhaft gemacht hatten. Ich habe »nur« die Anschaffung eines neuen Fernsprechsystems verpfuscht, während sie ihr Geschäft verpfuschten.

Sie hatten sich letztlich in zweifacher Hinsicht einen Bärendienst erwiesen. Vergessen wir einmal, daß es sich um das falsche Telefonsystem handelte. Dadurch, daß man uns etwas verkaufte, was wir letztlich nicht brauchen konnten, versäumte man die Gelegenheit, es an jemanden zu veräußern, der Verwendung dafür gehabt hätte. Wenn man es richtig angeboten hätte, nämlich als ein hochempfindliches Gerät, das technologisch dem neuesten Stand entsprach, wäre sicher der richtige Kunde dafür gefunden worden. Da man aber zuviel versprach und sich nicht die Mühe machte, die geeignete Zielgruppe zu ermitteln, blokkierte man von Anfang an und für alle Zeiten den Verkaufserfolg, den die Firma oder ihr Außendienst bei uns hätte realisieren können. Damit verlor man letztlich Interessenten, die sich in wertvolle Kunden umwandeln lassen und weitere Kunden einbringen können.

Wie ich reagiert habe? Ich schmiß die in meinem Büro installierten Geräte raus und kehrte zum alten System zurück. In den übrigen Räumen befinden sie sich noch im Einsatz, zeitweilig, bis ich mich für einen neuen Lieferanten entschieden habe. Der Kandidat mit den besten Chancen? Die größte Telefongesellschaft in den USA. Wer sich einmal die Finger verbrannt hat, klammert sich gern wieder an Mutters Rockzipfel.

Die Profis in der Filmbranche wissen, daß man mit aller Publicity nicht mehr erreicht, als die Kinos eine oder zwei Wochen lang zu füllen und dem Film somit eine Startchance zu geben. Danach hängt es nur von der Flüsterpropaganda ab, ob diese Bilder laufen lernen.

Hier noch ein weiteres Beispiel.

Renault und Toyota stürmten gegen Ende der sechziger Jahre gleichzeitig den amerikanischen Markt – beide mit Modellen von minderer Qualität, dem Renault Dauphine und dem Toyota Corona.

Kein Mensch erinnert sich heute an den Toyota Corona. Es wurde wenig Reklame gemacht. Verkaufsförderung und Werbung hielten sich in bescheidenen Grenzen. Der Preis erschien angemessen, und doch war der Wagen keine Konkurrenz für den damals beliebtesten Kompaktwagen, den VW-Käfer. Die bemerkenswerteste Eigenschaft dieser ersten japanischen Importmodelle – und ich bin mir nicht einmal sicher, ob der Toyota Corona dazu gehörte – waren die Farben, die gemäß japanischen Vorstellungen vom typisch amerikanischen Geschmack in grellem Fuchsienrot oder knalligem Hellgrün gehalten waren. Als Toyota merkte, daß es den Markt mit seinen damaligen Vehikeln nicht erobern konnte, zog sich das Unternehmen zurück und wagte erst dann einen erneuten Vorstoß, als es ein qualitäts- und preismäßig besseres Modell zusammengebastelt hatte. Mit dem ursprünglichen Modell war ihm ein gravierender Fehler unterlaufen, aber sein Markt blieb dadurch unangetastet, denn Toyota hatte nicht zuviel versprochen.

Renault machte den gleichen Fehler gleich dreimal. Zuerst versuchte der Konzern es mit dem Dauphine, einem mechanisch unzulänglichen Modell. Als nächstes versuchte er, das Modell Le Car aggressiv zu vermarkten und als Konkurrenzprodukt zum ehemals beliebten VW-Käfer zu positionieren. Er wähnte sich besonders schlau, schoß aber weit über das Ziel hinaus, als man »Le Car« mit Lettern auf die Autoseiten malte, die ebenso groß und geschmackvoll in der Ausführung waren wie das »Domino's Pizza«-Logo auf einem Lieferwagen. Im Gegensatz zu den Japanern hatte Renault jedoch nicht nur hinsichtlich des ästhetischen Aspekts eine Fehlentscheidung getroffen. Der Konzern schien sagen zu wollen, daß er über *das* Auto schlechthin verfüge und die Amerikaner besser schnellstmöglich lernen sollten, den französischen Namen richtig auszusprechen.

»Le Car« war kein VW-Käfer – und »le Flop« nicht zu übersehen.

Renault kehrte als Partner von American Motors auf den US-Markt zurück, des schwächsten amerikanischen Automobilherstellers, der damals eigentlich nicht mehr als Montagearbeiten leistete. Obwohl das neue Modell Renault Allicance nicht schlecht und auch mit einem wettbewerbsfähigen Preis ausgestattet war, reichten diese Eigenschaften nicht aus, um die Erinnerung an den Dauphine und Le Car zu löschen oder den Verdacht zu zerstreuen, hier handle es sich wieder einmal um einen Blindgänger von American Motors. Renault erlebte zum dritten Mal einen Reinfall. Ich wette, der Konzern verzichtet auf einen neuen Anlauf.

In Wirklichkeit beginnt der Verkauf, wenn der Kunde »ja« sagt. Erst dann merkt er, was er sich tatsächlich eingehandelt hat. Wenn Sie Ihre Zusagen halten, dann haben Sie einen Kunden gefunden, auf den Sie immer wieder zurückgreifen können, der das Fundament Ihres Unternehmens bildet, der sich in Ihrer Datei für aktive Kunden befindet und nicht jedesmal aufs neue überzeugt werden muß, der weiß, daß er Ihnen als Geschäftspartner vertrauen kann. Und der gerne Geschäfte mit Ihnen macht.

Es gibt gute und schlechte Produkte, und Firmen, die mit beiden überleben.

Aber es gibt eines, wovon kein Unternehmen genug haben kann, und das sind Kunden.

Wenn Sie Kunden gewinnen wollen, zählt weniger, wie Sie den Verkauf realisieren, sondern vielmehr, was Sie nach dem Verkauf zu bieten haben.

# *Lektion 43*

## Es gibt keine Vertreterbesuche, die reine Routine sind

Entspricht Ihr Kundenbesuch als Vertreter der klassischen Definition von Langeweile? Werden die Augen Ihrer Kunden glasig, wenn Sie auftauchen?

Sich an einen *Playboy*-Witz zu erinnern, wird Ihnen nichts nützen. Vielleicht versuchen Sie es einmal mit einer professionelleren Technik. Überlegen Sie vor dem Besuch, ob Sie dem Kunden nicht etwas Neues auf den Tisch legen können: ein neues Angebot, ein neues Produkt oder eine neue Anwendung für ein vorhandenes Erzeugnis, ein neues Restaurant, in dem man sich zu einem Geschäftsessen zusammensetzen könnte, oder ein neues Buch. Sie müssen sich darauf konzentrieren, der tödlichsten aller Fallen zu entgehen: der Berechenbarkeit. Sie ist ein typisches Merkmal von Außendienstmitarbeitern, die Bestellungen nur entgegennehmen. Früher oder später verliert dieser Auftragseinsammler den Kunden nämlich an ein echtes Verkaufstalent. Das bedeutet, daß Sie sich für jeden Besuch aufs neue rüsten müssen.

Don Bosold, der als Handelsvertreter für Zulieferfirmen der Bergbau-Industrie arbeitet, erstellt einen Plan, in dem sämtliche in einer Woche anstehenden Kundenbesuche skizziert sind. Bosold hat eine besondere Methode gefunden, sich selbst daran zu erinnern, daß man stets für alle Möglichkeiten offen sein muß: Am Ende jedes Wochenplans steht in Großbuchstaben ÜBERRASCHE SIE.

Bosold macht sich auch Notizen über seine Abschlußtechniken. »Der Vorgang sollte ganz natürlich erscheinen, angenehme Gefühle wecken. Die Worte müssen den Eindruck vermitteln, daß man etwas zum allerersten Mal sagt. Man findet sie nicht rein zufällig. Man muß sich den Text buchstäblich immer wieder vorsagen, bis er stimmt. Und noch etwas, ich benutze eine bestimmte Abschlußtechnik nie zweimal.«

Warum?

»Aus dem gleichen Grund, weshalb ein Coach seine Spieltaktik nicht vorher ankündigt. Die gegnerische Mannschaft kann sich wesentlich leichter verteidigen, wenn sie weiß, was auf sie zukommt.«

Ich weiß, was Bosold mit Üben meint. Ich sollte einmal Geld bei Curt Carlson lockermachen, einem Genie im Geschäftsleben und einem der reichsten Männer in meinem Heimatstaat, aber nicht immer ein »kleiner Sonnenschein«. Ich hatte die Aufgabe übernommen, Spenden für die Universität von Minnesota zu sammeln.

»An welche Summe hatten Sie gedacht, Harvey?« fragte er.

»25 Millionen Dollar, Curt!« Versuchen Sie einmal, diese Zahl über Ihre Zunge rollen zu lassen, ohne daß Sie bei den ersten Versuchen wie ein Erdnußbutterbrot am Gaumen festklebt.

## *Lektion 44*

# Man braucht mehr als blankpolierte Schuhe und ein Lächeln

Ich habe einmal geschrieben: »...wenn es im Verkauf lediglich darum ginge, mit dem niedrigsten Angebot den Erwartungen zu entsprechen, würde die Welt kein Verkaufspersonal brauchen.«

Wie wahr.

Aber selbst wenn das niedrigste Angebot tatsächlich ausschlaggebend wäre, sollten Sie mehr Pluspunkte vorweisen können als ein wohlgeordnetes Verkaufsschema und einen festen Händedruck, wenn Sie erwarten, den Auftrag zu erhalten.

Einer meiner Freunde verdient seinen Lebensunterhalt in Höhe einer sechsstelligen Zahl mit dem Verkauf eines Telefonsystems an lokale Regierungsbehörden, beispielsweise Schulämter und Kreisverwaltungen.

Wenn nun überhaupt irgend etwas wie ein alter Hut aussieht, dann mit Sicherheit der Verkauf eines Telefons an einen Staatsdiener, der für die Beschaffung zuständig ist. Natürlich erfordert dieser Geschäftsbereich seit der Auflösung von AT & T etwas mehr Köpfchen und Konkurrenzdenken, aber trotzdem gehört das Telefon im Büro eines Kreisverwaltungsangestellten zur Standardausrüstung. Und ein Beamter in irgendeinem gottverlassenen Landkreis, der schon seit fünfzehn Jahren Zuschüsse im Rahmen bundesstaatlicher Notstandsprogramme kassiert, läßt sich nicht mit einem abgebrühten Bauinspektor aus Chicago vergleichen. Dieser Mann gehört doch wohl zu den gottesfürchtigen Landbewohnern, die sich bei der Anschaffung eines Telefons nur für die richtige Kombination von Nebenanschlüssen und für die Knöpfe für Wartefunktionen interessieren, bevor sie einen Auftrag vergeben – stimmt's?

Nicht im mindesten.

Tatsache ist, je weiter Sie sich von den sogenannten korrupten Großstädten entfernen, desto unwahrscheinlicher ist es, daß Sie auf irgendeinen unabhängigen Beobachter mit angemessenen Mitteln stoßen, wie beispielsweise Großstadt-Zeitungen oder zwei stark miteinander konkurrierende politische Parteien, die den Lokalmatadoren genau auf die Finger schauen.

Und je ärmer und rückständiger die Region, desto mehr ist sie in der Regel vom Staat als einziger Einkommensquelle abhängig. Das bedeutet wiederum, daß von der Regierung vergebene Aufträge für die Wirtschaft vor Ort von entscheidender Bedeutung sind. Wenn es ums Geld geht, können die merkwürdigsten Dinge passieren – gleichgültig, wie vorteilhaft die Situation auf den ersten Blick auch erscheinen mag.

Ich erkläre Ihnen mal, wie der Hase wirklich läuft.

Mein Freund – nennen wir ihn Mike Sanderson – hat lange genug bei dem Spiel mitgemacht, um zu wissen, daß man ein Angebot in allerletzter Minute persönlich abgibt, um zu verhindern, daß irgend jemand rein »zufällig« vor Ende der Ausschreibung den Umschlag öffnet und die Informationen an einen bevorzugten Konkurrenten weitergibt. Sandersons Firma schickt sogar zwei voneinander unabhängige Teams los, für den Fall, daß eines vom rechten Weg abkommen und zu spät im Büro des Beschaffungsbeamten auftauchen sollte.

Finden Sie diese Vorsichtsmaßnahme übertrieben? Wohl kaum, wenn Ihnen bekannt ist, daß Außendienstmitarbeiter ihren Wagen auf einmal nicht anlassen konnten oder auf dem Weg zu einer wichtigen Ausschreibungs-Eröffnung wegen »Geschwindigkeitsüberschreitung« in Arrest genommen – und aufgehalten – wurden. In einem Fall genügten nicht einmal die normalen Sicherheitsvorkehrungen.

»Wir haben die Stadt frühmorgens verlassen, um rechtzeitig in diesem Nest in der nordwestlichen Ecke des Staates anzukommen, wo um zwei Uhr die Ausschreibung eröffnet werden sollte«, erzählt Sanderson. »Wir bleiben nicht gerne über Nacht, denn dann weiß jeder im Ort, wer du bist. Der Besitzer des Motels ist fast immer ein angeheirateter Cousin zweiten Grades des Kreisverwaltungsbeamten.

Dieses Mal hatte sich der Landkreis einen neuen Trick ausgedacht und einen ›Berater‹ in der fernen Stadt engagiert, der ihn bei den großen und komplexen technischen Fragen beraten sollte. Er war bereits mit der Andeutung an uns herangetreten, wie es denn um einen kleinen Anreiz bestellt sei, wenn wir den Zuschlag erhalten wollten. Als wir ihn abschlägig beschieden, wußten wir, daß es heikel werden würde.

Laut Ausschreibungsverfahren war der Abgabeschluß für die Angebote, die beim Berater und bei der Kreisverwaltung einzureichen waren, derselbe: sie mußten am gleichen Tag um Punkt vierzehn Uhr vorliegen. Da beide aber rund 400 Kilometer voneinander entfernt waren, hatten sie sich offensichtlich vorgestellt, daß einer unserer beiden Umschläge einige Zeit vor dem Termin ankommen müsse, so daß sie ihn öffnen und die Information an ihren bevorzugten Bewerber weitergeben konnten.

Natürlich hatten wir einen Mann in der Stadt postiert, der laut unserer Anweisung eine Kopie des Angebots exakt um 13.59 im Büro des Beraters abgeben sollte. Wir würden zum selben Zeitpunkt im Büro der Kreisverwaltung dasselbe tun, so daß keine Zeit mehr blieb, andere Angebote ein bißchen aufzupolieren.

Unser Kontaktmann in der Stadt will um 13.45 Uhr in das Büro des Beraters stürzen, und siehe da, es ist verschlossen. Er hämmert gegen die Tür. Keine Antwort. Er ruft ihn an – er hat natürlich ein tragbares Telefon bei sich; es kann in einer solchen Situation recht vorteilhaft sein, wenn man für eine Telefongesellschaft arbeitet –, wieder vergebens. Er hörte natürlich nicht gerade ein Schnaufen hinter der Tür, aber er war sich sicher, daß sich der Berater in seinem Büro befand. Noch gerät er nicht in Panik, sondern hält sich genau an das, was wir ausgemacht hatten: Er wartet. Und um Punkt 13.59 Uhr schiebt er den Umschlag unter der Tür durch.

Einen halben Staat entfernt händigen wir um 13.59 Uhr dem Beschaffungsbeamten unseren Umschlag aus. Außer uns ist niemand anwesend, aber das heißt nicht, daß es keine Rivalen gibt. Um 14.00 Uhr bitte ich ihn, den Umschlag zu öffnen. Er hält uns hin. ›He, in der Ausschreibung heißt es 14.00 Uhr, und jetzt ist es 14.00 Uhr‹, beschwere ich mich. ›Wenn Sie Ihren Berater anrufen, wird er Ihnen sagen, daß unser Angebot auch dort pünktlich vorlag. Die Stunde der Wahrheit ist gekommen. Sie müssen alle Umschläge in der Öffentlichkeit aufmachen. Und wir sind die Öffentlichkeit. Also bitte!‹

Weitere Ausflüchte. Inzwischen ist es 14.02 Uhr. Ich sagte: ›Wenn Sie die Angebote nicht sofort öffnen, dann wird die größte und gnadenloseste Telefongesellschaft der Welt Ihrem kleinen Landkreis einen Prozeß wegen Betrugs anhängen, der landesweit Schlagzeilen in sämtlichen Zeitungen machen wird. Es ist höchste Zeit.‹

14.03 Uhr; kein Mensch ist gekommen, das Telefon hat nicht geklingelt, und der Beschaffungsbeamte holt endlich aus dem Schreibtisch zwei weitere Umschläge hervor und öffnet sie gemeinsam mit unserem. Bei dem einen ist die Zeile für die Kosten freigeblieben. Beim anderen sind sie hoch. Wir können unterbieten. Um 14.05 Uhr läutet das Telefon. Es ist der Berater. Ich habe nicht viel von der Unterhaltung mitbekommen, aber das spielte keine Rolle. Es stand fest, daß der Anruf zu spät einging, um ihrem bevorzugten Kandidaten noch zu nützen.«

Viele Leute, selbst einige Außendienstmitarbeiter, glauben, Verkaufen sei die Kunst, potentielle Kunden mit geschliffenen Worten um den Finger zu wickeln. Man müsse nur wissen, worauf er anspringt, den Zauberspruch aufsagen, betörend lächeln, und schon habe man den Auftrag in der Tasche.

So läuft es ganz und gar nicht.

Verkaufen läßt sich nicht mit der Arbeit an einer Stanzpresse vergleichen, die acht Stunden am Tag bedient wird und Tausende von Einzelteilen ausspuckt. Zugegeben, im Verkauf fallen viele Routineaufgaben an, und Außendienstmitarbeiter befinden sich mehr oder weniger alle in der gleichen alltäglichen Tretmühle, reisen von A nach B, terminieren und ziehen die Lächel-Nummer ab.

Aber im Gegensatz zu dem Mann, der die Stanzpresse bedient, gibt es bei einem Außendienstmitarbeiter vielleicht nur fünf Minuten in der Woche, die wirklich zählen.

Und eben diese fünf Minuten unterscheiden die Spitzenverkäufer von den mittelmäßigen, die unter ferner liefen rangieren.

Die echten Profis sind keine professionellen Händeschüttler. Sie mögen zwar ein einnehmendes Wesen haben, aber sie wissen auch, daß diese Eigenschaft allein nicht ausreicht. Sie verstehen etwas von ihren Produkten und dem Umfeld, in dem sie verkauft werden. Sie haben wie Sanderson ihre Hausaufgaben gemacht. Und sie können so zäh sein wie nötig, wenn sie wissen, daß nur auf diese Weise ein Abschluß zu realisieren ist.

Charme ist kein Ersatz für Wissen und Mut, sondern lediglich eine Ergänzung.

# *Lektion 45*

## Warum kann ich an den Kunden nicht herankommen?

Lyle Cazel arbeitet seit achtzehn Jahren als Werksvertreter und seit 45 Jahren im Werbe-, Marketing- und Verkaufsförderungsbereich, einschließlich seiner Reisen als Außendienstmitarbeiter für zwei Firmen, die Markenprodukte herstellen. Jetzt ist er 65 Jahre alt und erklärt, er habe das Geheimnis ewiger Jugend entdeckt: eine dreizehnjährige Tochter.

Lyle meint, es gebe vier Arten von Käufern mit hartem Kern und harter Schale, die schwer zu überzeugen sind:

1. *Der »Eine Hand wäscht die andere«-Typ:* Er möchte seinen Freunden etwas zukommen lassen, wozu all jene zählen, die ihn mit einem Golfurlaub und anderen Annehmlichkeiten versorgen. Ihn kann man nicht mit Preis, Qualität oder Serviceleistungen gewinnen, denn er hat seine Antenne auf einen anderen Sender gerichtet. Wie können Sie dazwischenfunken?

2. *Der »Schicken Sie mir Prospekte«-Typ:* Vermutlich der geriebenste Drückeberger von allen. Entweder kann er nicht lesen, oder das Informationsmaterial landet umgehend in der Sammelablage. Keine noch so große Menge

Marketing-Mappen oder Hochglanzbroschüren können ihn zu einem telefonischen Rückruf bewegen.

3. *Der »Zurück ins sichere Lager«-Typ:* Er trägt Scheuklappen. Neue Produkte? Niedrigere Preise? Bessere Serviceleistung? Wozu? Er bleibt bei dem, was er kennt: Kohlepapier zum Kopieren, Finger und Zehen zum Zählen, und Brieftauben, um Mitteilungen weiterzuleiten.

4. *Der »Schnecke im Haus«-Typ:* Er hat Angst, einen Verkäufer auch nur zu Gesicht zu bekommen. Das sind für ihn allesamt Gangster im karierten Anzug, mit schwarzweißen Schuhen, die Druck machen.

All diese Käufer-Typen haben zwei Dinge gemein.

Sie kaufen bei irgend jemandem, und wenn sie Ihnen eine Absage erteilen, dann sind die vorgeblichen Gründe selten die wahren. In den Zeitungen finden Sie an jedem x-beliebigen Wochentag eine Fülle von Artikeln über »Rücktritt, um persönliche Ziele zu verwirklichen«, »Umstrukturierung im Unternehmen« oder »Änderungen in der Firmenpolitik« und andere Geschichten aus 1001 Nacht, die als Deckmäntelchen für die Wahrheit dienen. Der »Prospekt-Typ« hungert nicht nach Informationsmaterial, sondern erteilt Ihnen in Wirklichkeit eine Abfuhr.

Ihre Aufgabe ist es, den Grund herauszufinden und etwas dagegen zu tun.

Publishers' Clearing House, ein Direktmarketing-Unternehmen, das auf Subskriptionsangebote per Post spezialisiert ist, führt ständig Markttests durch. Der »große Preis« (in den Gewinnspielen, die als Bestellanreiz dienen) beinhaltet immer die Option, sich für Bargeld oder ein Eigenheim zu entscheiden, wobei bisher nie jemand das Haus gewählt hat. Warum wird es dann überhaupt angeboten? Weil in den Markttests nachgewiesen wurde, daß die Wahlmöglichkeit zwischen Bargeld und Haus eine höhere Rücklaufquote auslöst als Bargeld allein, und einige Häuser wiederum bessere Rückläufe als andere. Wenn Sie das nächste Mal eine Postwurfsendung öffnen, achten Sie mal darauf, ob man Ihnen ein Haus im Tudor-, Ranchhaus-

oder Kolonialstil anbietet. Das Haus im Kolonialstil ist der ewige Renner, aber Publishers' Clearing House testet, testet, testet...

*Hören Sie niemals auf, mit Ihrer Verkaufstechnik zu experimentieren.* Schicken Sie mal andere Vertreter hin, Ihrem »Schneckenhaus-Typ« etwa den sanftesten Mitarbeiter, den Sie auftreiben können. Geben Sie ihm ein »Bonbon« zur Einführung. Bieten Sie ihm zum Beispiel an, ein Marktforschungsprojekt in die Wege zu leiten, den Erfolg seiner eigenen Werbeaktionen auszuwerten, eine Marktstudie durchzuführen, eine Fokus-Gruppe für sein eigenes Produkt zusammenzustellen – alles, womit Sie ihm zu Diensten sein könnten. Schaffen Sie sich selbst eine Rolle als einer seiner Mitarbeiter in untergeordneter Funktion.

Ihr potentieller Kunde mit der Lager-Mentalität ist gegen Veränderungen nicht immun, sondern hat nur Angst davor. Geben Sie ihm die Garantie, daß er bei Nichtgefallen sein Geld zurückerhält. Bieten Sie ihm eine kostenlose Schulung an. Schicken Sie ihm Warenproben. Führen Sie das Produkt vor. Finden Sie heraus, was der »Lager-Typ« braucht, und dann sorgen Sie dafür, daß er Sie braucht.

*Beobachten Sie die Konkurrenz.* Welchen Aktivitäten gehen Ihre Rivalen nach, die Sie bisher ausgeklammert haben? Erlauben Sie mir, Ihnen die Lektüre von Lektion 68 (»Lerne deine Feinde kennen«) aus dem Buch *Schwimm mit den Haien, ohne gefressen zu werden* von (ich erröte) Harvey Mackay zu empfehlen.

Wir hatten einmal einen Schneckenhaus-Typen, der seinen Kopf nicht aus dem Haus stecken wollte, und ich konnte mir einfach nicht erklären, warum. Wir hatten schon ein halbes dutzendmal unseren Kundenprofil-Fragebogen mit den 66 Punkten durchforstet (auch den finden Sie im Buch über die Haie) und nicht den geringsten Hinweis gefunden. In einer Fokus-Gruppe, in der wir zu ermitteln suchten, wie man »die Anforderungen des Kunden an die Serviceleistung befriedigt«, ließ unsere Zielperson durchblicken, was ihn am meisten ärgerte: Nämlich Außendienstmitarbeiter, die glaubten, er fahre auf schmutzige Witze ab. Schmutzige Witze? Ich dachte, die wären in unserem Hause passé wie andere dumme Geschmacklosigkeiten. Als ich jedoch meinen Vertreter zur Rede stellte, wurde er schrecklich rot und fühlte sich sichtbar unbehaglich.

Ihn gegen einen anderen Mitarbeiter auszutauschen half in diesem Fall nicht. Wir konnten den ersten schlechten Eindruck nie mehr wettmachen.

*Haben Sie den Mut, anders zu sein.* Wenn die Konkurrenz kistenweise Spirituosen verteilt, um einen Auftrag einzuheimsen, sollten Sie genau das Gegenteil tun. Verschenken Sie nichts. Sie gewinnen vielleicht nicht die gleichen Kunden wie Ihre Rivalen, aber es gibt genügend Käufer, die weder Whiskey noch etwas anderes wollen und die auch die Unterstellung hassen, solche Mittel seien für sie ein Kaufanreiz. Wenn Ihre Konkurrenz »hü!« sagt, sagen Sie »hott!« Verkaufen die über den Preis, verkaufen Sie über die Qualität. Lassen Sie sich nicht auf das Spiel des Kontrahenten ein.

Natürlich kann Ihnen auch der glückliche Zufall zu Hilfe eilen. Wir haben nämlich einen anderen Kunden-Typ noch nicht erwähnt, von dem jeder Verkäufer träumt. Im Autohandel bezeichnet man ihn als »Sponti«: Er betritt den Autosalon, fragt, wieviel das Modell kostet, zückt spontan und wortlos sein Scheckheft und schreibt einen Scheck über den vollen Betrag aus.

Wie Lyle habe auch ich mich immer wieder gefragt, warum auf hundert Schnecken nur ein einziger Sponti kommt.

# *Lektion 46*

## Raymond B.s Leitfaden für erfolgreiche Prognosen im Verkaufswettrennen

Bei Mackay hatten wir einen Außendienstmitarbeiter namens Raymond (»Nennen Sie mich nicht ›Ray‹«). Er gehörte nicht zu den besten, aber auch nicht zu den schlechtesten. Er war ein Verkäufer der alten Schule, von echtem Schrot und Korn, der stets einen dreiteiligen Anzug trug und einen Volvo-Kombi fuhr, was ungewöhnlich ist in einer Branche, in der karierte Jacketts und Cadillacs zur Standardausrüstung zählen. Raymond hob sich auch noch durch eine andere Eigenschaft von seinen Kollegen ab: Er wettete gern bei Pferderennen.

»Raymond, verstehen Sie was von diesen... mhm... Handicaps?« Raymond hatte in seinem Büro über Renntabellen gebrütet. (Ich wollte ihn nicht von seinem Laster abbringen, denn schließlich bieten wir keine Ferienkurse für Bibelforscher an. Ich war lediglich neugierig.)

»Ja, schon. Vielleicht mehr als die meisten. Das ist eigentlich eine Wissenschaft für sich, wissen Sie.«

»Inwiefern?«

»Nun ja, es gibt da spezifische Faktoren, die sich für jedes einzelne Pferd ermitteln lassen. Manche Pferde leisten mehr auf bestimmten Rennstrecken. Die einen sind über eine gewisse Distanz schneller als andere. Das festzustellen ist eine echte Herausforderung, aber ich finde sie faszinierend. Ich befasse mich schon seit langem ziemlich intensiv damit.«

Das klang tatsächlich interessant, wenn auch ein wenig unglaubhaft. Ich hätte ihm gerne weitere Fragen gestellt, aber da ich Angst hatte, mich wegen meiner absoluten Unwissenheit zu blamieren, überließ ich ihn seinen Berechnungen. Ich konnte jedoch nicht aufhören, über seine Worte nachzudenken. Wenn er es bei Pferden schaffte, das Profil eines Siegers zu ermitteln, warum dann nicht auch bei Menschen?

Es gibt die verschiedensten Möglichkeiten, die Merkmale des Erfolgs zu analysieren. Erzielen Sie zu einer bestimmten Tageszeit bessere Ergebnisse? Bei einer spezifischen Kategorie von Menschen? Wenn Sie ein Produkt und keine Dienstleistung anbieten? Haben Sie mehr Erfolg bei einem bestimmten Managertyp? Auf dem Golfplatz, aber nicht im Konferenzraum?

Natürlich setzte ich Raymond auf den Fall an. Ich bat ihn, einen Fragebogen zu entwerfen, der unseren Außendienstmitarbeitern erlaubt, Informationen über ihre Verkaufserfahrungen zu sammeln.

Hier sind die Ergebnisse.

### Raymond B.s Leitfaden für erfolgreiche Prognosen im Verkaufswettrennen

1. Verkauf versus Erwartungen:
   War er leichter oder schwerer als erwartet?
   War er so erfolgreich wie gedacht?
   Hat der Kunde die Einwände vorgebracht, auf die ich vorbereitet war?
   (Erfolglose Verkäufer bereiten sich immer wieder auf die falschen Fragen vor.)
   Konnte ich den Umfang des Verkaufs erweitern?

2. Das Umfeld des Verkaufsprozesses:
   Wie bin ich an die Adresse des Interessenten herangekommen?

Um welche Tageszeit fand das Verkaufsgespräch statt?
An welchem Wochentag?
In geschäftlichem oder gesellschaftlichem Rahmen?
Wie lange dauerte das Gespräch?
Gegen welche Konkurrenten mußte ich mich behaupten?

3. Der Verkauf als Ergebnis:
Wie habe ich mich eingestimmt, informiert, vorbereitet?
Habe ich meine Kommentare einstudiert?
Habe ich Notizen verwendet?
Habe ich Broschüren oder Prospekte eingesetzt?
Wie habe ich auf den Abschluß hingearbeitet?

4. Der Verkauf als zwischenmenschliche Kontaktfähigkeit:
Hat sich die Stimmung oder Atmosphäre des Verkaufsgesprächs geändert, nachdem ich etwas Bestimmtes getan oder gesagt habe?
Welche Belanglosigkeiten wurden während des Gesprächs ausgetauscht?
Schien der Kunde besonderen Wert darauf zu legen?
War der Kunde erfreut/nicht erfreut, über Geschäftliches zu sprechen?
Wieviel hat der Kunde gesagt?
Wie oft habe ich geredet?
Hat sich der Kunde heute anders als früher verhalten?
Habe ich etwas anders als sonst gemacht?

5. Der Kunde als Zielobjekt:
Wieviel Verantwortung trägt diese Person?
Kann ich davon ausgehen, daß diese Person sich bei den Produkten auskennt, die wir anbieten?
Was hat mir den Erfolg bei diesem Kunden erleichtert?
Was hat ihn erschwert?
Was sollte ich anders machen, wenn ich diesen Kunden wieder besuche?

Dieser Fragebogen ist vielleicht nicht so wissenschaftlich ausgearbeitet wie Raymonds Tabellen mit dem Leistungsprofil der Pferde auf verschiedenen Rennstrecken. Aber eines kann ich Ihnen garantieren: Wer auf die Einzelheiten achtet, die bei dieser Erhebung angesprochen sind, der wird nach und nach bestimmte Muster erkennen.

Diese Muster helfen Ihnen dabei, beachtliche Fortschritte bei der Verbesserung Ihrer Verkaufsfähigkeiten zu erzielen.

Der Trick besteht darin, sich bewußt zu werden, auf welchem Gebiet man gut ist – und warum. Sobald Sie über diese Informationen verfügen, können Sie entweder diejenigen Situationen herausfiltern, die Ihren Fähigkeiten und Ihrem Temperament am besten entsprechen (»Pferde, die sich für bestimmte Rennstrecken eignen«, würde Raymond sagen), oder Ihre Fähigkeiten auf den Gebieten erweitern, wo Sie Schwachpunkte erkennen. Wenn Sie nach dieser Methode vorgehen, haben Sie bessere Erfolgschancen, ebenso wie jemand, der abnehmen will und die Kalorien zählt, anstatt zu raten.

Die Mühe zahlt sich aus. Setzen Sie in diesem Rennen auf sich selbst den höchsten Betrag. Wenn Sie Ihren Gewinn einkassieren wollen, dann müssen Sie sich selbst genauso gewissenhaft studieren wie Ihre Kunden.

# *Lektion 47*

## Die altmodische Methode

1843 besuchte ein Journalist vom europäischen Kontinent die berühmten Auktionshäuser in London, einschließlich Sotheby's. Damals waren vor allem seltene Bücher gefragt. Der Journalist studierte die Techniken der Versteigerer, die ihre wohlhabenden Kunden geschickt in einen Kaufrausch trieben. Von ihm stammt folgender Bericht:

*»Die Pflichten eines Londoner Buch-Auktionators erfordern verschiedene Begabungen, die nicht allen zu eigen sind... Er muß... durch unablässiges Bemühen einen großen Kreis von Kontakten geknüpft haben. Er muß in der Lage sein, mit einem Blick den Enthusiasten zu erkennen, auf den das Wort ›Großdruck‹ elektrisierende Wirkung hat, denjenigen, der einer ›noch nicht aufgeschnittenen Ausgabe‹ nicht zu widerstehen vermag, denjenigen, dessen Phantasie sich an dem Wort ›Erstausgabe‹ entzündet oder der auf die Ankündigung ›gebunden von Lewis‹ reagiert. Jeder, der Bücher verkauft, trägt ständig die Worte auf den Lippen ›ein entzückend gebundener Band‹ (oder) ›eine prächtige gotische Schrift‹... (aber) die Kunst, sie genau im richtigen Augenblick zu benutzen und den geeigneten Zuhörer mit dem Blick zu fixieren... erfordert Taktgefühl und fundiertes Wissen über seine Mitmenschen. ... Ein*

*Lächeln des Auktionators ermutigt den einen, ein Stirnrunzeln drängt den anderen zum Handeln, während ein Schulterzucken einen Dritten anspornt. Der Auktionator muß beurteilen können, mit welcher Methode er die größte Wirkung bei jedem einzelnen möglichen Käufer erzielt. Er muß die Gedanken der Anwesenden lesen können und ihnen helfen, sie in Handeln umzusetzen.«*

Erstaunlich finde ich an dieser Passage, wie wenig sich in den 147 Jahren geändert hat, seit sie geschrieben wurde. Falls überhaupt ein Wandel eingetreten ist, dann vielleicht der, daß die meisten Mitarbeiter im Verkauf heute weit weniger von ihrem Fach verstehen als der Auktionator. Sie verlassen sich mehr und mehr auf mechanische Verkaufsförderungsinstrumente wie Broschüren und Werbung, über die der eigentliche Verkauf abgewickelt wird.

Sie können tatsächlich eine Hilfe sein, für manche.

Aber wenn man den Verkauf auf den Punkt bringt, dann stellt man fest, daß diejenigen zu den Spitzenkräften gehören, die sich am besten auf die menschliche Natur verstehen.

# *Kapitel 9*

# Verkauft an den Verkauf

# *Lektion 48*

## Der härteste Verkauf – Lesen, Schreiben und Rechnen

Ich habe immer geglaubt, am schwersten ließe sich eine Lebensversicherung verkaufen, denn das ist das einzige Produkt, das Sie nach Ansicht Ihrer Firma nicht an jemanden veräußern sollten, der es dringend braucht.

Und dann kam diese Sendung mit der Post, und ich erkannte, daß es einen Bereich im Verkauf gibt, der eine noch größere Herausforderung darstellt:

Wissen an den Mann oder die Frau zu bringen.

Hier ist der *Ratgeber eines Schuldirektors für Junglehrer* von Robert A. Grager:

*An einen neuen Lehrer:*

*Eine Klasse erkennt Sie an dem, was sie in Ihnen sieht, von Ihnen hört und aus Ihren Verhaltensweisen und Eigenheiten ableiten kann.*

*Drücken Sie sich klar aus. Wiederholen Sie, wenn Sie es für notwendig halten. Machen Sie immer wieder eine PAUSE, geben Sie Ihren Schülern Zeit, sich zu sammeln und sich auf eine Abfolge zu konzentrieren, die Eindrücke dessen, was Sie gesagt haben, gewissermaßen zu ordnen. Nichts ist störender für einen guten Unterricht als Konfusion, sowohl von außen als auch von innen.*

*Erwarten Sie nicht, daß Ihr Argument, Ihre bildliche Erläuterung oder der Bezug auf Anhieb verstanden wird. Schließlich sollte der an diesem Morgen durchgenommene Stoff für Sie vertraut, für Ihre Klasse jedoch neu sein. Haben* Sie *den Inhalt Ihrer Lektion verstanden, als Sie zum ersten Mal mit ihm konfrontiert wurden?*

*Versuchen Sie, die Aufmerksamkeit sämtlicher Schüler zu fesseln. Werden sie unaufmerksam, beginnen die Gedanken zu wandern, und wie bei einem Bienenvolk folgt der ganze Schwarm einem einzigen, der in die Wälder auszuschwärmen beginnt. Darauf müssen Sie vorbereitet sein! Deshalb sollten Sie stets mit etwas Neuem, Fesselndem aufwarten können – eine Frage stellen, eine Geschichte erzählen, ein Buch fallen lassen oder nur schweigend dastehen – wenn Sie sich zutrauen, den kleinen Trick durchzuhalten – und anschließend noch einmal von vorn beginnen.*

*Aber beschweren Sie sich niemals über den Mangel an Aufmerksamkeit. Der Fehler liegt bei Ihnen. Sie sollten derjenige sein, der Interesse weckt. Bemühen Sie sich, daß Sie die exponierte Stellung als Lehrer verdienen. Es ist besser, weit auszuholen und sich den Respekt der Klasse zu erhalten, als sie mit einem Thema zu traktieren, das sie nicht interessiert. Wenn beispielsweise das Wochenende mit dem entscheidenden Football-Spiel, der großen Tanzveranstaltung oder einer Protestversammlung der Schüler angesagt ist, sollten Sie nicht dagegen ankämpfen. Überraschen Sie Ihre Klasse damit, daß Sie bestens informiert sind: Geben Sie Ihnen eine Übungsaufgabe von fünf Minuten Dauer, und dann lassen Sie die Zügel locker und die Schüler darüber reden, was sie beschäftigt. Ein guter Lehrer rechnet mit einer bestimmten Anzahl von Unterbrechungen in seinem Unterricht und plant sie ein, wie Urlaubstage in der Industrie.*

*Seien Sie engagiert, insbesondere, wenn es um Ihr Thema geht, aber machen Sie sich dabei bewußt, daß andere vielleicht noch lernen müssen, Ihr brennendes Interesse zu teilen. Sie müssen möglicherweise erst die Bereitschaft fördern, sich dieses Konzept des Wissensdrangs anzueignen. Viele Jugendliche sind geneigt, sich mit einem*

*Panzer überlegener Gleichgültigkeit zu umgeben, aber im großen und ganzen lachen die meisten gern. Humor kann das Salz des Lernens sein. Ich habe gesagt »kann«, denn man braucht Gespür und Urteilsfähigkeit, um zu wissen, wann Lachen oder Stirnrunzeln angebracht ist, wann Sie jemanden ermutigen oder entmutigen sollten. Das ist der Kern des Lehrens. Wäre es Ihnen anders lieber? Wie monoton würde jedoch der immer gleiche Tonfall sein – sei er fröhlich, anzüglich, von beißender Schärfe oder gelehrter Langeweile – der Himmel bewahre uns davor! Langeweile zu verbreiten ist eine Todsünde – genauso wie Apathie und Tod. Lernen bedeutet aber leben und wachsen, und Sie sind einer der Marksteine an der Straße des Lernens.*

*Halten Sie Ihre Erwartungen in vernünftigem Rahmen. Schließlich sind Sie nicht für alles, sondern nur für das verantwortlich, was Sie jedem Mitglied Ihrer Klassen vermitteln können. Achten Sie jedoch darauf, daß Sie einen aktiven Beitrag leisten, und greifen Sie nicht auf die weitverbreitete Entschuldigung zurück, die Schüler seien »hoffnungslos dumm, einfältig, nicht zur Mitarbeit bereit, ohne fundierte grundlegende Kenntnisse, unter dem Leistungsstandard usw.«*

*Sie sind für Ihre Klasse und deren Lernfortschritte verantwortlich, und es ist Ihre Aufgabe, befriedigende Ergebnisse zu liefern. Es besteht kein Grund, Beschuldigungen zu äußern oder laut zu werden. Nehmen Sie nicht zu langen Debatten Zuflucht. Keine Klasse gleicht einer anderen, und deshalb sollten Sie sich stets die spezifischen Bedürfnisse oder Möglichkeiten bewußtmachen, die ihr und Ihnen gleichermaßen helfen. Zögern Sie auch nicht, Fehler und unbedachtes Handeln zu korrigieren. Sie haben es mit jungen, formbaren Menschen zu tun, und Ihr Kontakt zu ihnen ist kostbar und sollte nie leichtfertig aufs Spiel gesetzt werden. Betreten Sie eine Klasse auf gar keinen Fall unvorbereitet. Auch ein Zimmermann kommt nie ohne sein Werkzeug ins Haus. Wenn Sie sich mit dem Dilemma konfrontiert sehen: »Was soll ich bloß mit ihnen heute morgen in der dritten Stunde anstellen?« (was unweigerlich passieren wird, wenn Sie eine Vertretung übernehmen), sollten Sie ehrlich sein. Ihr Mangel an Stoff ist verständlich und keine Erklärung notwendig. Nutzen Sie die Gelegenheit, eine Diskussion in der Klasse anzuregen, kürzlich entdeckte Schwächen auszumerzen oder für irgendeines der »Spiele«, die Sie im Ärmel haben. Aber versuchen Sie nicht, die Zeit mit einem Bluff über die Runden zu bringen. Es dauert Monate, bis das beschämende Ereignis vergessen ist, und ein gewisser Makel bleibt immer, weil er sich an einem Ort verbirgt, zu dem Sie keinen Zugang haben.*

Also, liebe Schüler, jetzt gehen wir als nächstes den Brief noch einmal von Anfang an durch und ersetzen das Wort »Lehrer« durch »Verkäufer«. Das ist Ihre Zwischen- und Abschlußprüfung zugleich – und jetzt sagen Sie nicht, das sei kein verdammt guter Rat.

# *Lektion 49*

## Der beste Verkäufer, den ich je kennengelernt habe

Ich weiß nicht, ob Billy Graham jemals Baseball gespielt hat, aber er besitzt einige der Qualitäten, die Eddie Stankie auszeichneten. Coach Leo Durocher pflegte seinen zweiten Baseman (Feldspieler) folgendermaßen zu beschreiben: »Er ist kein guter Läufer, trifft den Ball nicht, ist im Außenfeld eine Niete und taugt auch nicht zum Werfen. Das einzige, was er kann – er ist besser als der Gegner.«

Es gibt Prediger, die lustigere Witze als Billy Graham zum besten geben, Bibelpassagen anschaulicher schildern und ihre Predigten logischer aufbauen. Aber niemand versteht sich wie er darauf, die Menschen an den Altar zu holen, sich vor die versammelte Gemeinde zu stellen und ein Bekenntnis abzulegen. Überträgt man dieses Beispiel aus dem Bereich der Evangelisation in den des Verkaufs, würde man das als Abschlußtechnik bezeichnen.

Billy Graham begann seine Karriere als Bürstenvertreter der Firma Fuller.

»Es ist kein Zufall, daß Billy Graham die jüngsten Skandale unbeschadet überstanden hat«, erklärte Martin Bailey vom National Council of Churches (Kirchenrat). »Trotz seiner exponierten Stellung ist er ein integrer Mann geblieben, der sich für die Menschen interessiert.«

Grahams persönliche Vorzüge unterscheiden ihn deutlich von anderen Predigern. Und die Billy Graham Evangelist Association (BGEA) redet nicht nur über ein festes moralisches Fundament, sondern handelt auch nach hohen moralischen Grundsätzen.

Im Gegensatz zu den zehn bestverdienenden Reisenden in Sachen Evangelium gehört die BGEA dem Evangelical Council for Financial Accountability an, der sich zur Rechnungslegung verpflichtet hat und jedes Jahr einen Finanzbericht veröffentlicht. Jeder Penny erscheint in der Bilanz. Grahams persönliche Einnahmen sind ebenfalls in allen Einzelheiten aufgeführt. Seine Bezüge werden von einem unabhängigen Ausschuß festgesetzt. Er erhält 59100 Dollar pro Jahr und einen Mietzuschuß in Höhe von 19700 Dollar – nicht gerade üppig für den Leiter einer Organisation, die im vergangenen Jahr einen Umsatz von 81 Millionen Dollar ausweisen konnte. Und er nimmt kein Honorar für seine Predigten. Die Tantiemen, die er für seine Bücher erhält, fließen in einen Fonds für karitative Zwecke.

Die meisten Fernsehprediger stehen bei den Geistlichen vor Ort nicht besonders hoch im Ansehen. Man betrachtet sie als habgierige Menschen, die dafür sorgen, daß die Scherflein der Gläubigen, die den Kirchen vor Ort zustehen würden, in ihre Taschen fließen.

Graham hingegen hat eine Strategie gefunden, seine Gegner zu überzeugen und sie zu Verbündeten zu machen, indem er uneigennützig ihre Bedürfnisse zu befriedigen versucht.

Er hilft ihnen, die Gemeinden vor Ort zu stärken, anstatt sie zu schwächen. Er betont: »Meine Gemeinde ist eure Gemeinde.«

Seine Kreuzzüge sind so geplant und aufgebaut, daß die Ortsgemeinde im Mittelpunkt steht. Jeder neue Bekehrte, der während der Erweckungsversammlungen aus den Reihen der Anwesenden vortritt, wird den beteiligten örtlichen Kirchengemeinden namentlich bekannt gemacht.

Graham bietet auch Bibelstunden für Pfarrer an. Während der ersten Woche jedes Kreuzzugs steht ein Kurs unter der Bezeichnung »Schule des Evangeliums« auf dem Programm. Sämtliche Seelsorger im Umkreis von rund dreihundert Kilometern sind eingeladen, eine Woche lang eine Reihe von Seminaren zu besuchen. Hier findet man die besten Prediger und erfolgreichsten Kirchendiener des Landes bei Diskussionen über die persönlichen und beruflichen Aspekte ihres Amtes. Grahams Organisation zahlt die Zimmer in einem guten Hotel, in denen sie mit ihren Ehefrauen für eine ganze Woche umsonst wohnen können, und bietet außerdem einen Zuschuß zum Fahrgeld in die Stadt, in der die Versammlung abgehalten wird. Für einige Geistliche ist dies die einzige Möglichkeit, ihre »Batterien« aufzuladen, wobei sie eine der besten »Energiequellen« anzapfen können.

Das Hauptquartier der BGEA ist ebenso unscheinbar wie das anderer Glaubensgemeinschaften protzig. Es besteht aus einer Ansammlung altersgrauer, rein funktionaler Büroräume und Lagerhallen am Rande der Innenstadt von Minneapolis. Das einzige Schild auf dem gesamten Komplex, das Aufschluß über die Bewohner gibt, befindet sich auf dem Haupttor. Es ist in winzigen Buchstaben gehalten, die man aus mehr als drei Meter Entfernung kaum noch lesen kann. Die BGEA macht so wenig Aufhebens von ihrer Präsenz, daß die meisten Leute in unserer Gegend nicht einmal wissen, daß sie hier ihren Standort hat, obwohl jede zehnte Postwurfsendung aus Minneapolis aus Grahams Hauptquartier stammt.

Was können wir von Graham lernen?

Verkaufserfolg ist weder von einer bombastischen Persönlichkeit noch von aufwendiger Ausstattung abhängig. Seit Jahrzehnten steht Billy Graham auf der Liste der zehn angesehensten Männer in den USA. Er hat seinen Status und seine exponierte Stellung bewahrt, weil er den Eigenschaften treu geblieben ist, denen er beides verdankt: Aufrichtigkeit und moralische Integrität. Während andere in seiner »Branche« Opfer der »heiligen Kriege« wurden, nimmt Grahams Stärke zu, weil hinter seiner Show wirklich Substanz steckt.

Ihr wertvollstes Gut ist nicht Ihr Produkt oder der Preis, ja nicht einmal die Qualität Ihrer Dienstleistungen, sondern Ihr guter Ruf. Er ist die Quelle, die alles speist: Geschäftsabschlüsse, Kundentreue und Empfehlungen.

Einen guten Ruf kann man sich nur erarbeiten. Wenn Sie ihn errungen haben, sollten Sie darauf achten, ihn niemals zu verlieren.

Grant Tinker, dem es gelang, NBC vom letzten Platz an die Spitze der führenden US-Sender zu katapultieren, hatte die richtige Idee: »Zuerst wollen wir die Besten sein, dann die Ersten.«

# *Lektion 50*

## Definition eines Firmenchefs in fünf Worten? Der beste Verkäufer im Unternehmen

Harry Truman, der Amtsvorgänger des ehemaligen Generals Dwight D. Eisenhower als Präsident der Vereinigten Staaten, sagte voraus, daß die Realität des Amtes nicht ganz Ikes Vorstellungen entsprechen werde: »Das Weiße Haus ist nicht die Armee. Er glaubt, er müsse nur befehlen: ›Tut dies oder das!‹ Das wird er sagen, aber passieren wird nichts.«

Und wenn der amerikanische Präsident das schon nicht schafft, dann wird es dem Rest der Sterblichen erst recht nicht gelingen.

Diejenigen unter Ihnen, die glauben, Verkaufstalent sei nicht mehr gefragt, wenn man eine Spitzenposition erreicht hat, sollten einmal versuchen, ihre Pflichten als Geschäftsführer ohne diese Fähigkeiten zu erfüllen. Hier ist ein Katalog solcher Pflichten:

### 1. Die Firma als Institution »verkaufen«

Der Firmenchef muß sich darauf verstehen, seine Firma an die Investoren und die Finanzpresse zu »verkaufen«, um ihren Wert für die Aktionäre zu erhöhen und die Kreditkosten so gering wie möglich zu halten.

Er muß sie an die Kommune und spezifische Interessengruppen »verkaufen« können, um das Geschäftsvolumen zu erweitern, für hochqualifizierte Arbeitskräfte attraktiv zu sein und zu bleiben, ein Kontaktnetz aufbauen, das für die nötige Unterstützung sorgt, und auf sozialer Ebene ein positives Image schaffen.

Der Chef »verkauft« sein Unternehmen der Öffentlichkeit, um sich den guten Willen aller derer zu sichern, die es unterstützen.

### 2. Die Produkte und Dienstleistungen der Firma »verkaufen«

Der Chef »verkauft« die Waren und Dienstleistungen seines Unternehmens, glaubt an sie, versteht sie, bedient sich ihrer, ist von ihnen begeistert und an ihrer Planung und Entstehung beteiligt.

Der Chef »verkauft« diese Produkte und Dienstleistungen als die beste Wahl, die (auch potentielle) Kunden treffen können.

### 3. Die Unternehmensphilosophie »verkaufen«

Der Chef »verkauft« den Mitarbeitern die Zielsetzungen des Unternehmens und vermittelt ihnen seine enthusiastische, gewinnende Haltung in bezug auf die Firma, ihre Produkte und ihren Ruf.

Der Chef »verkauft« ihnen das Wohlergehen des Unternehmens als die beste Möglichkeit, das Wohlergehen der Belegschaft zu gewährleisten.

### 4. Verkauf und Verkaufsmanagement

Der Chef ist Sprachrohr und Trendsetter des Unternehmens im Verkaufsbereich. Er trägt die Verantwortung für die Entwicklung der effektivsten und innovativsten Verkaufstechniken. Er sorgt dafür, daß der Kommunikationsstil im Verkauf den hohen Maßstäben des Unternehmens entspricht.

### 5. Den Marketing-Plan des Unternehmens »verkaufen«

Der Chef »verkauft« Veränderungen, damit sich das Unternehmen den wandelnden Bedürfnissen der Kunden anzupassen und der unwandelbaren Herausforderung des Wettbewerbs zu stellen vermag. Er weiß, wann Druck und wann Nachgiebigkeit angebracht ist, und wie er den eingeschlagenen Kurs auf eine Weise korrigiert, den die gesamte »Mannschaft« verstehen und unterstützen kann. Er muß flexibel sein und Flexibilität propagieren.

Er muß die Zukunft »verkaufen«.

### 6. Das Gesamtpaket »verkaufen«

Harry Truman irrte sich: Ike war sehr wohl bewußt, daß es genauso wichtig ist, politische Leitlinien zu »verkaufen«, wie sie zu setzen. Eisenhower erkannte, daß ein großer Unterschied zwischen der Führung eines freien Volkes in Friedenszeiten und der Erteilung von Befehlen an Soldaten in Kriegszeiten besteht.

Er verstand es, sein Programm als Präsident zu »verkaufen«, weil er seine persönlichen Stärken einzusetzen wußte: sein sympathisches Wesen, seine Herzlichkeit, seinen zurückhaltenden Führungsstil und seine Einstellung zu Veränderungen, die aufgrund der schrittweisen Einführung nicht als Bedrohung empfunden wurden. Die Historiker haben seine allzu langsame Gangart kritisiert; aber diese Vorgehensweise entsprach der damaligen Zeit und seiner Rolle als Präsident einer Nation, die sich erst nach und nach von einem langen Krieg erholte. Was seine Kritiker in der Regel nicht erwähnen, ist, daß er zu einer anderen Zeit, in einer anderen Rolle – nämlich als Oberbefehlshaber der alliierten Invasionstruppen während des Zweiten Weltkriegs – die Landung in der Normandie leitete und ebenso kühne wie erfolgreiche Aktionen durchführte, obwohl ihm viele rieten, Zurückhaltung zu üben. Als Generalstabschef einer bunt zusammengewürfelten Armee mußte er sich gegen die konkurrierenden, überheblichen Generäle des britischen, französischen und amerikanischen Oberkommandos behaupten und auch ihnen seinen Plan »verkaufen«. Ike wußte, wie er seine Technik an die Bedingungen anpassen mußte, unter denen er arbeitete. Er verstand etwas von der Kunst des Verkaufens.

Andrew Carnegie hat die Verkaufstätigkeit in die richtige Perspektive gerückt, als er erklärte: »Sie können mir meine Fabriken und mein Geld nehmen, aber lassen Sie mir mein Verkaufspersonal, und ich werde in zwei Jahren wieder dort sein, wo ich heute bin.«

Jeder Firmenchef sollte sich also bewußtmachen, daß Kommandos nicht mit der Ausführung identisch sind. Ungeachtet der Autorität, über die Sie Ihrer Meinung nach verfügen, müssen Sie diese auch »verkaufen« können.

# *Lektion 51*

## Sie werden's nie erfahren, wenn Sie nicht fragen

Fragen wir unsere Kunden, was sie von unseren Aktivitäten halten, oder raten wir nur auf gut Glück, was gefragt sein könnte? Wir fragen. Unsere Kundenbefragung ist unser wertvollstes Planungs- und Marketinginstrument.

*Maßstab für zufriedene Kunden*
März 1989
Mackay Envelope Corporation

Von Keller, Rosen u. a.

*Anleitung:* Bitte notieren Sie die Zahlen, die der jeweiligen Antwort entsprechen und Ihre persönliche Meinung am treffendsten widerspiegeln. Falls eine Frage nicht in Ihren Verantwortungsbereich fällt, markieren Sie diese mit den Buchstaben n/z (nicht zutreffend).

| **Sehr unzufrieden** | | | **Sehr zufrieden** | | **Nicht zutreffend** |
|---|---|---|---|---|---|
| **1** | **2** | **3** | **4** | **5** | **n/z** |

1. Wie zufrieden sind Sie mit den folgenden Aspekten der UMSCHLÄGE, die Sie von Mackay Envelope kaufen?

   a) Genügend Stilrichtungen und Umschlagtypen, die auf Ihre Bedürfnisse zugeschnitten sind ________

   b) Unverzügliche Preisangaben ________

   c) Bereitschaft, auf spezifische Anfragen zu reagieren ________

   d) Wettbewerbsfähige Preisgestaltung ________

   e) Künstlerische Gestaltung ________

   f) Qualität der Umschlagkonstruktion ________

   g) Tauglichkeit der Umschläge in Ihren Versandmaschinen ________

   h) Druckqualität ________

   i) Gesamtqualität der Produkte ________

2. Wie zufrieden sind Sie mit folgenden ZWISCHENMENSCHLICHEN FAKTOREN in Zusammenhang mit dcn VERKAUFS-REPRÄSENTANTEN von Mackay Envelope?

   a) Effektive Nutzung der mit Ihnen verbrachten Zeit ________

   b) Angemessen häufiger Kontakt ________

   c) Unverzüglicher telefonischer Rückruf ________

   d) Freundlichkeit und Höflichkeit ________

e) Verläßlichkeit ________

f) Entwicklung einer dauerhaften Beziehung zu Ihnen ________

g) Gesamtleistung ________

3. Wie zufrieden sind Sie mit den folgenden TECHNISCHEN FAKTOREN in Zusammenhang mit den VERKAUFSREPRÄSENTANTEN von Mackay Envelope?

a) Verständnis Ihrer unternehmerischen Aktivitäten und Umschlag-Bedürfnisse ________

b) Kenntnisse der Produkte und Dienstleistungen von Mackay Envelope ________

c) Kenntnisse der derzeitigen postalischen Erfordernisse ________

d) Kosteneffektive Empfehlungen ________

e) Technische Kompetenz insgesamt ________

4. Wie zufrieden sind Sie mit den UNTERNEHMENSLEITLINIEN UND -VERFAHREN von Mackay Envelope?

a) Verfügbarkeit von Krediten ________

b) Korrekte Faktur ________

c) Pünktliche Faktur ________

d) Reaktion auf Anfragen im Zusammenhang mit Rechnungen ________

5. Wie zufrieden sind Sie mit der AUSLIEFERUNG der Umschläge, die Sie bei Mackay Envelope gekauft haben?

   a) Verfügbarkeit der Standard-Formate/ auf Lager ________

   b) Länge der Zeit zwischen Auftragserteilung und Auslieferung ________

   c) Einhaltung der vereinbarten Liefertermine ________

   d) Notdienst/Bearbeitung von Eilaufträgen ________

   e) Benachrichtigung bei Lieferverzögerungen, falls erforderlich ________

   f) Klare Beschriftung der Verpackung ________

   g) Zustand der Ware bei Auslieferung ________

   h) Korrekte Ausführung des Auftrags ________

   i) Lieferleistung insgesamt ________

6. Wie zufrieden sind Sie, wenn Sie Mackay Envelope telefonisch einen AUFTRAG ERTEILEN oder um eine KUNDENDIENSTLEISTUNG nachsuchen?

   a) Unverzügliches Zustandekommen des telefonischen Kontakts mit Mackay Envelope ________

   b) Problemloses Erreichen des richtigen Ansprechpartners ________

   c) Effektivität des Telefonsystems von Mackay Envelope ________

d) Unverzüglicher Rückruf ________

e) Prompte Reaktion auf Ihre Anfragen ________

f) Höflichkeit und Freundlichkeit ________

g) Korrekte Auftragsannahme ________

h) Bequemlichkeit der Auftragserteilung insgesamt ________

i) Verfügbarkeit von Informationen über den Stand der Auftragsbearbeitung ________

j) Verfügbarkeit von Informationen über die Lieferdaten ________

k) Verständnis der zu lösenden Probleme ________

l) Technische Kompetenz insgesamt ________

m) Leistung insgesamt ________

7. Bitte erteilen Sie uns Auskunft über Ihren GESAMTEINDRUCK von Mackay Envelope.

a) Mackay ist innovativ in der Gestaltung der Umschläge und befriedigt die Bedürfnisse des Kunden ________

b) Mackay berücksichtigt unsere Bedürfnisse nach maßgeschneiderten Umschlägen für unsere Kunden ________

c) Die Druckqualität von Mackay-Umschlägen ist hoch ________

d) Mackay hat einen ausgezeichneten Ruf als Anbieter von Produkten und Dienstleistungen, die sich durch Qualität auszeichnen ________

e) Mackay stellt seine Kunden stets in hohem Maß zufrieden ________

f) Die Preisgestaltung von Mackay ist wettbewerbsfähig ________

g) Der Geschäftsstil von Mackay macht es mir leicht, Kunde zu sein ________

h) Mackay hält, was es seinen Kunden verspricht ________

i) Ich würde Mackay als Lieferanten an Käufer mit ähnlichen Umschlag-Anforderungen wie den meinen weiterempfehlen ________

8a. Falls Sie Erfahrungen mit anderen Umschlag-Herstellern haben, bitte beurteilen Sie Mackay Envelope im Vergleich mit ihnen.

a) Umschlag-Qualität ________

b) Druckqualität ________

c) Preisgestaltung ________

d) Lieferleistung ________

e) Reaktion auf Anfragen nach Preisangaben ________

f) Verfügbarkeit von Informationen über Stand der Auftragsbearbeitung ________

g) Palette der verfügbaren Umschläge ________

h) Innovation und Kreativität ________

i) Effektivität des Außendienstes ________

j) Kundendienstleistung/Telefonische Auftragserteilung ________

k) Reputation insgesamt ________

8b. Bitte nennen Sie uns den Namen des Umschlag-Lieferanten, der nach Ihrer Meinung die beste Gesamtleistung in bezug auf Produkt, Service, Preis und Verkaufsförderungsprogramme für den Handel zu bieten hat

________________________________________

9. Welche der drei folgenden sind DIE WICHTIGSTEN FAKTOREN bei der Wahl Ihres Umschlag-Lieferanten? (Selbst wenn anderen ebenso große Bedeutung zukommt, markieren Sie bitte nur die drei wichtigsten).

a) Umschlag-Qualität ________

b) Druckqualität ________

c) Preisgestaltung ________

d) Lieferleistung ________

e) Reaktion auf Anfragen nach Preisangaben ________

f) Verfügbarkeit von Informationen über Stand der Auftragsbearbeitung ________

g) Palette der verfügbaren Umschläge ________

h) Innovation und Kreativität ________

i) Effektivität des Außendienstes ________

j) Kundendienstleistung/
Telefonische Auftragserteilung ________

k) Reputation insgesamt ________

l) Andere ________

10. Bitte tragen Sie im freigelassenen Raum Kommentare oder Vorschläge ein, wie Mackay Envelope Ihre Zufriedenheit mit den Produkten und Serviceleistungen des Unternehmens noch erhöhen könnte.

________________________________________

11. Sind Sie heute, insgesamt gesehen, mehr oder weniger geneigt als früher, mit Mackay Envelope Geschäfte zu tätigen?

1. Weniger ________
2. Mehr ________
3. Keine Veränderungen zu erwarten ________
4. Weiß nicht ________

Das Management von Mackay Envelope wird sämtliche Kundenkommentare lesen. Wenn Sie Wert darauf legen, daß Ihre Antworten namentlich bekannt werden, unterzeichnen Sie bitte unten. Ohne Ihre Unterschrift werden Ihre Anmerkungen anonym verwendet.

________________________________

(Unterschrift)

Wir danken Ihnen, daß Sie sich die Zeit genommen haben, uns bei der Verbesserung unseres Dienstleistungsangebots zu helfen.

Antwortet jeder? Natürlich nicht. Der Rücklauf liegt bei 44 Prozent. Zwei Wochen nach der ersten Versandaktion fassen wir mit einer zweiten Aussendung und einer weiteren Kopie des Fragebogens bei jenen nach, die auf das erste Anschreiben nicht reagiert haben. Diese Aktion erzeugt in der Regel eine Reaktionsquote von weiteren 15 Prozent, so daß unser Stichprobenumfang mehr als die Hälfte aller Kunden umfaßt. Wenn die Antworten unterschrieben sind, sollte man nicht vergessen, sich in einem Anerkennungsschreiben zu bedanken.

Sie haben sicher bemerkt, daß wir im Fragebogen sämtliche grundlegenden Aspekte berücksichtigen. Wie wir am Telefon reagieren, ist für eine gesunde Basis und das langfristige Wohlergehen unseres Unternehmens genauso wichtig wie die Qualität unserer Produkte. Ich habe stets an folgenden Grundsatz geglaubt und nach ihm gehandelt: »Wer über gutes Empfangs-, Büro- und Sicherheitspersonal verfügt, besitzt die Macht, die Konkurrenz auszuschalten.«

Wahrscheinlich sind im Fragebogen viele Punkte enthalten, die sich allein auf die Umschlagbranche beziehen; aber die meisten treffen auch in Ihrem Geschäftsbereich zu. Nutzen Sie diese Chance. Wer sich der Mühe unterzieht, diese Fragen zu Erhebungszwecken zu beantworten, legt Wert darauf, Ihnen mitzuteilen, wie man Ihre unternehmerischen Aktivitäten beurteilt.

Unser Programm ist primitiv im Vergleich zu denjenigen, die von Firmen wie US West Communication stammen. Dort hat man ein Verbraucherpanel unter der Bezeichnung »Der direkte Draht« geschaffen, das von Nita Satterlee – ehemals Bevollmächtigte eines Versorgungsunternehmens, die einen stark verbraucherorientierten beruflichen Werdegang aufweist – und ihrem Team ständig aktualisiert wird. Jeder amerikanische Bundesstaat verfügt über ein eigenes Komitee, das sich aus Mitgliedern zusammensetzt, die repräsentativ für die US-West-Kunden sind und sich zur Unternehmenspolitik der Telefongesellschaften lautstark und teilweise kritisch äußern. Sie stehen in keiner Weise unter der Kontrolle des Konzerns. Sie setzen sich jeden Monat zusammen, verfolgen ihre eigenen Zielsetzungen, veröffentlichen ihre Berichte und bilden sogar eine starke Lobby in den gesetzgebenden Organen des Staates, um ihre Interessen durchzusetzen. Es kommt sogar vor, daß sie die Hand beißen, die sie füttert.

US West zahlt ihnen Tagegelder, finanziert ihre Forschungsprojekte und hört auf ihre Empfehlungen. »Der direkte Draht« hat US West nicht nur geholfen, in Kontakt mit dem Verbraucher zu bleiben, sondern den Konzern auch in die Lage versetzt, rechtzeitig auf Probleme zu reagieren, wie beispielsweise »Telefongebühren nach Gebrauchshäufigkeit« bei Ortsgesprächen oder die Qualität der Telefondienstleistungen in ländlichen Gebieten. Hätte man gewartet, bis die Sorgen der Verbraucher an die Oberfläche vorgedrungen wären, hätte sich US West bei jeder öffentlichen Anhörung mit wütenden, fäusteballenden Telefonbenutzern konfrontiert gesehen. »Der direkte Draht« verschafft dem Konzern einen beachtlichen Vorsprung vor dem übrigen Feld. Es zahlt sich eben aus, wenn man sich um seine Kunden kümmert.

HARVEY MACKAYS

# INTENSIVKURS ÜBER DIE KUNST, PROBLEME ZU VERMEIDEN

# *Kapitel 10*

## Elf Möglichkeiten, Kapitel 11 zu umgehen

# *Lektion 52*

## Sie haben nur eine Chance, einen guten ersten Eindruck zu hinterlassen – und die liegt in den Händen Ihrer Empfangssekretärin

Weshalb ich von Zeit zu Zeit jemanden in meiner Firma anrufen lasse – um feststellen zu können, wie man auf den Anruf reagiert hat. In einem kürzlich im *Wall Street Journal* erschienenen Artikel wird von einer Empfangsdame berichtet, die einem Anrufer angeblich gesagt haben soll: »Joe kann im Augenblick nicht mit Ihnen sprechen. Er hat sich gerade mit der Zeitung auf die Herrentoilette begeben.« Eine Eins für die Genauigkeit der Auskunft, auch wenn die Antwort in dieser Situation nicht unbedingt die beste ist.

Jobs, die in einer Sackgasse enden und keine Aufstiegsmöglichkeiten bieten, sind die schlimmsten. Auf Platz zwei der Härteskala rangiert die Aufgabe, nach Mitteln und Möglichkeiten zu suchen, diese Stelleninhaber ohne berufliche Perspektive zu motivieren. Ein Freund von mir leitet eine große europäische Hotelkette. Er hat mir einmal gesagt: »Wie motiviert man einen Portier oder eine Bedienung, die schon vierzig Jahre in ihrem Job tätig ist? Das kannst du nicht. Es gibt nicht die geringste Möglichkeit.« Er stellt junge, unverbrauchte und unerfahrene Leute für diese Positionen ein. Was ihnen an Finesse fehlt, machen sie durch Eifer wett. Mit Ausnahme einer Handvoll Nobelrestaurants der absoluten Spitzenklasse, wo der Lohn ausreicht, um zumindest einen Anflug von Begeisterung auszulösen, sieht man heutzutage kaum noch ältere Ober und Kellnerinnen. Die Arbeit ist einfach zu hart, zu eintönig und zu schlecht bezahlt.

Ich glaube nicht, daß die Situation so hoffnungslos ist, wie er sie darstellt.

Ray Berry, der Chefbetreuer der New England Patriots, machte Polaroid-Aufnahmen von allen Balljungen. Dann bat er sie, ihren Namen auf die Fotos zu schreiben. Bei einer Besprechung mit seinem Team verteilte er sie und bat die Spieler, sich die Namen und die dazugehörigen Gesichter einzuprägen.

»Die Jungs wissen, wer ihr seid«, erklärte Berry. »Ich möchte, daß auch ihr sie kennt. Jeder ist wichtig.«

Holtz verstand es, die gleiche Botschaft rüberzubringen. Bei seiner ersten Teamsitzung in Minnesota verteilte er T-Shirts, auf denen das Wort TEAM in riesigen Blockbuchstaben prangte. Darunter war in kleinerer Schrift zu lesen: »Ich«.

Senator Bill Bradley aus New Jersey erzählt die folgende Anekdote aus seinem Leben: Er sitzt in einem Restaurant und der Ober bringt Brötchen, aber keine Butter.

»Könnte ich bitte etwas Butter haben?«

Der Ober nickt kaum merklich mit dem Kopf und geht.

Zehn Minuten später fehlt die Butter noch immer. Bradley macht den Ober auf sich aufmerksam.

»Ich hätte gerne etwas Butter.«

Wieder eine vage Reaktion, und nach zehn Minuten steht noch immer keine Butter auf dem Tisch.

»Vielleicht wissen Sie nicht, wer ich bin«, sagt Bradley. »Ich habe in Princeton Examen gemacht, war Rhodes-Stipendiat, Basketballspieler in der Nationalmannschaft, habe mit den New York Knicks im Profilager gespielt und bin augenblicklich Senator von New Jersey, Vorsitzender des Internationalen Schuldenregulierungs-Unterausschusses im Finanzausschuß des Senats, Vorsitzender des Unterausschusses für Wasser und Energie im Senatsausschuß für

Energie und natürliche Rohstoffe, und Mitglied des Sonderausschusses für nachrichtendienstliche Informationen im Senat.«

»Vielleicht wissen Sie nicht, wer ich bin«, erwidert der Ober. »Ich bin der Mann, der über die Butter verfügt.«

Wie man's auch anstellt – ob man die gesamte Belegschaft wie in Japan jeden Morgen mit dem Firmenlied auf den Arbeitsbeginn einstimmt, oder ob man wie Berry und Holtz vorgeht – folgende Worte sollten so lange eingedrillt werden, bis sie im Kopf jedes Mitarbeiters ihren angestammten Platz haben: »Du bist wichtig, was immer du auch tust; deshalb sollte das, was du tust, gut getan werden.«

Das ist die Botschaft, das Evangelium. Sorgen Sie dafür, daß Sie die himmlischen Freuden all jenen zuteil werden lassen, die sich daran halten, und daß die Strafen der Hölle auf jene warten, die abtrünnig werden.

Wenn es angebracht ist, sollten Sie mit Lob nicht sparen. Ein Wort der Anerkennung vom Chef ist vielleicht die stärkste motivierende Kraft in der zivilisierten Welt. Ein schriftlicher oder telefonischer Glückwunsch kostet Sie nicht mehr als dreißig Sekunden Zeit. Aber Ihr Mitarbeiter wird ihn niemals vergessen.

»Wenn jeder von uns seinen geheimsten Wunsch offenbaren sollte, der all seine Pläne und Taten inspiriert, dann würde er sagen: ›Ich möchte gelobt werden‹«, sagt E. M. Cioran, der rumänische Philosoph.

Lob ist nicht die einzige Möglichkeit, jemanden zu motivieren, aber noch immer die beste.

# *Lektion 53*

## Verhindern Sie, daß Ihr Auftritt Ihren Abtritt bewirkt

Abgesehen von der Qualität ist das äußere Erscheinungsbild der wichtigste Faktor beim Verkauf von Produkten. Manchmal kommt ihm sogar die größere Bedeutung zu.

Robert Metz, der als Kolumnist für mehrere Zeitungen schreibt, berichtet, daß der New Yorker Gastronom Nick Ottomanelli, wenn die Inspektoren der städtischen Lebensmittelkontrollbehörde kommen, jedesmal sagt: »Ich will, daß Sie alles gründlich überprüfen.« Ottomanelli: »Kürzlich habe ich einem Inspektor eine Taschenlampe in die Hand gedrückt, um in die Ecken zu leuchten. Er hat gemeint, eine Taschenlampe wäre ihm in all den Jahren zum ersten Mal angeboten worden.«

»Qualität ist kein großes Geheimnis. Jeder kann sie vorweisen, wenn er will«, sagt Ottomanelli. Der Sohn italienischer Einwanderer begann als Fleischer und betreibt heute als Gastronom zehn Restaurants in der New Yorker City. Sein Geheimnis besteht darin, daß er genausoviel Wert auf das Aussehen wie auf den Geschmack seiner Gerichte legt.

Einer der Hauptgründe dafür, daß McDonald's den anderen Burger-Ketten ständig haushoch überlegen ist, liegt darin, daß der Konzern in allen seinen Restaurants höchste Hygiene-Maßstäbe anlegt. Die übrigen Fast-Food-Ketten scheinen laschere Kriterien zugrunde zu legen oder weniger Kontrolle über ihre Lizenznehmer zu haben, was sich in ihren Ergebnissen widerspiegelt. Die Amerikaner nehmen fast jede Ungebührlichkeit hin, die unter dem Namen »Essen« läuft, aber wenn das Toilettenpapier ausgeht oder schmutzige Mülltonnen das Auge beleidigen, kann man einpacken.

Marv Wolfenson und Harvey Ratner, die 32,5 Millionen Dollar für die NBA-Lizenz der Minnesota Timberwolves in der Basketball-Profiliga bar auf den Tisch legten, haben ihr Geschäft auf dem Fundament der Hygiene aufgebaut und besitzen nun eine Kette von 150 Tennisplätzen an zwölf verschiedenen Orten. Sie könnten bei jedem vom Fußboden essen, selbst in den Umkleidekabinen.

Indem sie ihr Personal in adrette Uniformen kleiden und Wert auf saubere, freundliche, gutbeleuchtete Räumlichkeiten legen, erzielen einige Unternehmen, vor allem im Konsum-Bereich, sogar mit unrentablen Produkten und unzureichend qualifizierten oder ausgebildeten Hilfskräften ihr Auskommen. Niemand stellt Mitarbeiter ein, die zerrissene, fleckige Kleidung mit ausgerissenen Säumen tragen, die bis auf die Schuhe fallen. Wer will schon mit solchen Leuten Geschäfte machen?

Zum Glück bewahrheitet sich noch immer die alte Binsenweisheit: »Gutes Aussehen hängt zu sieben Zehnteln von der Kleidung und zu drei Zehnteln von der Natur ab.« Sie können immer wie ein Gewinner aussehen, wenn Sie nur wollen, und das gilt auch für Ihre Belegschaft.

Irving Rein, Philip Kotler und Martin Stoller haben ein Buch mit dem Titel *High Visibility* (»Öffentlich sichtbar«) geschrieben. In dem Kapitel »Woraus setzt sich ein Image zusammen?« listen sie folgende Faktoren auf:

Ihr äußeres Erscheinungsbild
Ihr Name
Ihre Stimme
Ihre Körpersprache
Ihr Benehmen, und schließlich
Der Inhalt dessen, was Sie zu sagen haben.

Wenn Sie per Telefon verkaufen, können Sie die Körpersprache ausklammern, und wenn der Verkauf schriftlich erfolgt, Ihre Stimme und Ihr Benehmen. Aber das äußere Erscheinungsbild ist es, mit dem Sie sich vom Rest der Meute abheben – sei es in Form einer Anzeige, eines Briefkopfs oder Ihrer Kleidung.

Das Leben ist keine Zwischenprüfung, die man beliebig oft wiederholen kann. Schon ehe Sie auf das Wesentliche Ihrer Botschaft zu sprechen kommen, können Sie durchgefallen sein, wenn Sie die übrigen fünf Bereiche nicht beherrschen.

Niemand ist bereit, Geschäfte mit Ihnen zu machen.

Denken Sie doch einmal darüber nach, worauf man achtet, wenn man die Frau oder den Mann fürs Leben wählt. Wann hat Ihre bessere Hälfte Ihnen zum letzten Mal gesagt, daß sie – oder er – Sie Ihrer Geistesblitze wegen geheiratet hat?

# Lektion 54

## Wie man verhindert, ausgeschaltet zu werden

Es gibt zwei Arten von Menschen, die selten in der Lage sind, Ihnen ihre ungeteilte Aufmerksamkeit zukommen zu lassen: Arbeitssüchtige und Unterbrechungssüchtige. Letztere wurden von Michael Schrage im *Wall Street Journal* als Menschen beschrieben, die ständig von einer Aufgabe zur nächsten hetzen und sich selten mehr als ein paar Minuten lang mit demselben Projekt beschäftigen können. Sie lösen Probleme stoßweise, immer wieder am Punkt Null beginnend, und kreisen dabei wie Motten ums Licht. Sie legen ein Verhalten an den Tag, das wie Konzentrationsschwäche in fortgeschrittenem Stadium anmutet, aber manchmal handelt es sich lediglich um das brennende Verlangen, die eigene Unternehmungslust zu befriedigen, wenn das Thema langweilig ist oder der Rest des Teams nicht so schnell mitkommt.

Nur wenige Eigenschaften veranlassen andere, im gleichen Maß abzuschalten, wie diejenigen, die den schlechten Zuhörer kennzeichnen. Und nur wenige Merkmale wecken das Interesse im gleichen Maß wie die Gabe, zuzuhören. Nach dem Tod von Laurence Olivier schrieb Anthony Hopkins einen bewegenden Nachruf auf seinen Freund in der *New York Times*. Darin beschrieb er die erste Begegnung mit seinem Idol: »Er kam auf mich zu und gab mir die Hand, und ich nannte ihm meinen Namen. Er konzentrierte sich voll auf mich. Das war eine seiner Fähigkeiten, dem Augenblick seine volle, ungeteilte Aufmerksamkeit zu widmen, als gäbe es weder Vergangenheit noch Zukunft...

Er liebte es, im Garten zu arbeiten, Bäume anzupflanzen und mit seiner Familie zusammenzusein. Aber selbst sein ›Alltag‹ wies dieses eigentümliche Merkmal absoluter Konzentration auf. Das war es, was ihn von anderen Menschen unterschied und ihn außergewöhnlich machte. Er hat nie etwas ignoriert. Alles fesselte sein Interesse.«

Die meisten gewöhnlichen Sterblichen würden ihren rechten Arm für diese Form der Konzentration geben. Aber in der Regel ist sie uns nicht zu eigen.

Ich schlage keine Therapie vor, aber wenn Sie zur Unterbrechungssucht neigen, sollten Sie sich bewußtmachen, daß diese Eigenschaft keine einnehmende Gewohnheit ist. Ihre Mitmenschen lassen sich von Ihnen genauso gerne immer wieder mitten im Satz oder in der Arbeit unterbrechen, wie sie Ihnen zusehen, wenn Sie Ihr Gebiß herausnehmen. Das mindeste, was Sie tun können, ist, ihnen eine Vorwarnung geben. »Wenn ein Anruf für mich kommt, muß ich ihn entgegennehmen.« Oder: »Ich hab' nur fünf Minuten Zeit für Sie vor meinem nächsten Termin.« Gleich was Ihnen auch einfällt, Sie dürfen es anführen. Aber bestärken Sie Ihren Gesprächspartner nicht in dem Glauben, daß Sie ihm von Anfang bis Ende zuhören, um ihn dann mittendrin zu unterbrechen. Das wäre mehr als unhöflich, nämlich unehrlich, und die Nachteile Ihres Verhaltens werden Sie letztlich selbst schmerzhaft zu spüren bekommen.

Curt Carlson gehört zur Kategorie der Arbeitssüchtigen; es gibt jedoch keinen Grund, warum meine bei Curt erfolgreiche Strategie sich nicht auch auf Unterbrechungssüchtige anwenden lassen sollte. Ich habe schließlich entdeckt, wie man Curts Aufmerksamkeit dreißig Minuten lang ununterbrochen fesselt. Das Geheimnis besteht natürlich darin, daß man ihn aus seinem Büro und vom Telefon weglotst.

Ich habe eine Spielart in petto, die sich bei Geschäftsessen, beim Frühstück, bei dem es um Macht und Millionen geht, bei Cocktailparties, auf dem Golfplatz, an Bord der firmeneigenen Yacht und in der firmeneigenen Box beim Base- oder Basketball bewährt hat. Carlson befindet sich ständig auf dem Sprung, und wenn ich einen größeren Happen seiner kostbaren Zeit brauche, bitte ich seine Sekretärin, seinen Terminkalender nach einem Meeting zu durchforsten, bei dem sein Anfahrtsweg eine halbe Stunde dauert. Ich chauffiere ihn dorthin, und sobald ich ihn in meinen Wagen bugsiert habe, gehört er mir. (Als zusätzliche Vorsichtsmaßnahme vergewissere ich mich stets, daß sich in diesem Vehikel kein Auto- oder drahtloses Telefon befindet.)

Senator Richard Russell ist ein anderer berühmter Workaholic. In dem Buch *Hardball* von Christopher Matthews wird beschrieben, wie Lyndon Johnson einen Weg fand, Russells Arbeitssucht zu seinem eigenen Vorteil zu nutzen. Als frischgebackener Senator wollte er sich Zugang zu Russell verschaffen, den er ganz richtig als wichtigen Mann für seine Karriere einstufte. Johnson gelang es als erstes, sich in das Armed Services Committee wählen zu lassen, dessen Vorsitz Russell führte. Da Russell Junggeselle war und außerhalb des Senats keine echten Interessen und Hobbies hatte, nahm Johnson an, daß die Sonntage für den Senator aus Georgia ziemlich trostlos sein mußten. Was konnte ein Politiker in Washington am Sonntag schon anderes tun, als die Talk-Shows im Fernsehen anzusehen (wo der Dialog zwischen Politikern und Presse stets darin ausartete, sich gegenseitig zu Hackfleisch zu machen), die *Washington Post* und die *New York Times* zu lesen und auf den Montag zu warten? Er begann deshalb, Russell jeden Sonntag zu sich nach Hause einzuladen. Es dauerte nicht lange, bis er ihn nicht nur wie ein »Adoptivkind« lieb-, sondern auch als Bundesgenossen gewonnen hatte, der den Südstaaten-Block im Senat schließlich für Johnson ins Feld führte, als der 1960 beschloß, sich als Präsidentschaftskandidat der Demokraten nominieren zu lassen.

Autos oder Sonntage, man muß nehmen, was sich bietet. Es gibt Mittel und Wege, selbst die vollgepacktesten Terminkalender zu knacken.

# *Lektion 55*

## Auch im kleinen liegt das große Geschäft

John Candy, eine Reinkarnation des großen Oliver Hardy in den achtziger Jahren, rief stürmisches Gelächter in dem Film *Trains, Planes and Automobiles* (»Züge, Flüge, Autotouren«) hervor, als er einen typischen, heruntergekommenen Handelsvertreter spielte, der in Duschvorhangringen reist. Wenn Sie das nächste Mal vor einem Hausierer stehen, der Ihnen Duschvorhangringe andrehen will, sollten Sie sich das Lachen verkneifen. Er verdient vermutlich mehr als eine ganze Volvo-Ladung von IBM-Außendienstmitarbeitern. Das Geld liegt nämlich in genau diesen winzigen, unscheinbaren Marktnischen verborgen, in denen die Technologie eine untergeordnete Rolle spielt (man muß nur die Fähigkeit besitzen, diese Nischen aufzuspüren). In kleinen Marktsegmenten gibt es häufig geringen Wettbewerb, dafür aber riesige Gewinnspannen.

Die meisten Firmen in der Lebensmittelindustrie arbeiten hingegen mit minimalen Gewinnspannen. Für ein Unternehmen wie ADM, das Lebensmittelzutaten, beispielsweise Fruchtzucker und Gluten, in großer Menge an Hersteller wie General Mills und Ralston Purina verkauft, können sich jedoch winzige Einsparungen von einem viertel Cent pro Pfund unter dem Strich zu Millionen anhäufen.

Bob Crandall, Geschäftsführer der American Airlines, arbeitet in einer Branche, die den Kosten von Erdnüssen und Cocktailservietten traditionsgemäß wenig Aufmerksamkeit widmet. *Business Week* berichtete nun, daß seine Kampagne »Ideen in Aktion« dem Unternehmen 1988 41 Millionen Dollar einsparen half. Zwei der Vorschläge: Wiederverwendbare Plastikdeckel auf den Kaffeekannen (Einsparung: 60000 Dollar) und Streichen der Oliven im Salat (Kostensenkung: 40000 Dollar).

Hat sich Bob Crandall diese Sparmaßnahmen allein ausgedacht? Die Oliven waren seine Idee. Aber die Empfehlung mit dem Kaffeekannendeckel stammte von einem Flugbegleiter. Clevere Unternehmen wissen, wie wertvoll der Briefkasten für Vorschläge sein kann, mit denen sich auch nur die geringfügigsten Verbesserungen erzielen lassen.

Es gibt Firmen, die aufgrund einfacher Beobachtungen gegründet werden und auf Überlegungen basieren, in deren Mittelpunkt die Kosten und Annehmlichkeiten für den Kunden stehen. Vor kurzem erschien in der Zeitschrift *Forbes* ein Artikel über Sophie Mirman, die »Königin der Strumpfhosen«. Vor sieben Jahren leitete Sophie eine Gruppe von Tie Rack Ltd., Läden mit Spezialartikeln in London. Kurz vor der Mittagspause entdeckte sie eines Tages eine Laufmasche in den Strümpfen, was sie mächtig ärgerte, denn sie hätte ihre gesamte Mittagspause opfern müssen, um sich Ersatz zu beschaffen, weil um diese Zeit das Gedränge in den Kaufhäusern natürlich besonders groß war. Aufgrund dieses Erlebnisses gründete sie ihren eigenen Strumpfladen mit dem Namen »Sock Shop«. Sie machte sich die Tatsache zunutze, daß auch andere Frauen ihre Strumpfhosen zerrissen, genauso wie Bob Crandall wußte, daß der Durchschnittspassagier der fehlenden Olive keine Träne nachweint.

In einem Sock Shop, einem winzigen Verkaufsraum von nicht mehr als 36 Quadratmetern, kann ein Kunde seine Einkäufe in durchschnittlich neunzig Sekunden erledigen. Und da beschwere sich einer über Laufkundschaft! In den USA, Großbritannien und Frankreich gibt es mittlerweile 129 Filialen. Geschäftsführerin Mirman ist erst 34... und Multimillionärin.

# *Lektion 56*

## Warum den Abfall verschwenden?

Bei meinem Einstieg in die Umschlag-Branche wußte ich nicht recht, wie sich hier ein Gewinn erzielen ließ. Die Konkurrenz war groß, die Verdienstspannen dünn wie Transparentpapier (ein uralter und von mir geschätzter Witz), und es schien, als befände ich mich ständig unter Druck, Schulden zu machen, um die allerneuesten, noch schnelleren Maschinen anzuschaffen. Also nahm ich an meiner ersten Fachmesse teil, in der Hoffnung, dort wenigstens einen Hinweis zu finden. Ich landete um zwei Uhr morgens in der Bar des Fairmont Hotels in San Francisco mit einem Mann, dessen Familienname mir total entfallen ist, dessen Vornamen ich jedoch nicht vergessen habe. Er hieß – ob Sie's glauben oder nicht – Goldberg und war ein lieber netter Kerl aus irgendeinem kleinen Kaff tief im Süden, dessen Papi ihm den »Taufnamen« zu Ehren eines Rabbi verpaßt hatte, den er bewunderte.

»Wie zum Teufel verdienst du deine Kohle in dieser Branche?« wollte ich von ihm wissen.

»Kommt drauf an, was ihr für den Mist kriegt.«

»Den was?«

»Mist! Müll! Den Abfall! Das Papier, das ihr nich' mehr brauchen könnt. Wieviel kriegste für 'ne Tonne, da wo du herkommst, Junge? Wenn du 'nen guten Vertrag hast, biste fein raus. Haste 'nen miesen Vertrag, stehste auch nich' schlecht da, aber nich' ganz so gut.«

Ich hatte natürlich meine Männer noch dafür bezahlt, daß sie den Abfall wegschafften. War das nicht üblich? Offenbar nicht. Meine Konkurrenten *erhielten* von den gleichen Leuten 250 Dollar pro Tonne.

Abfall ist bei Mackay Envelope inzwischen eines der größten Profit-Center. Weshalb ich unsere Umschläge praktisch verschenken könnte.

Die Firma Weyerhäuser, eines der größten Holzprodukte-Unternehmen der Welt, wußte jahrelang nicht, was sie mit dem ungeheuren Sägemehl-Aufkommen anfangen sollten, das sie produzierten. Es war Abfall.

Die Weyerhäuser-Mitarbeiter ahnten, daß es eine bessere Verwendungsmöglichkeit dafür geben müsse, aber sie erkannten sie erst, als sie eine Technologie entwickelten, um diesen Abfall zu komprimieren und zu soliden Brettern zu verarbeiten. Sie gründeten eine neue Firma, Wood Conversion, die heute in Conwed umbenannt ist. Sie schufen eine neue Technologie und eine neue Industrie, weil sie entschlossen waren, mit ihrem Abfall haushälterisch umzugehen.

Es gibt ganze Industriezweige – Müllabfuhr, Abfallbeseitigung und Wiederaufbereitung –, die auf dem Fundament dessen basieren, was in amerikanischen Haushalten weggeworfen wird. Es gibt sogar Nationen, die auf solchen »Wegwerfprodukten« aufgebaut worden sind. Als wir den Japanern nach dem Zweiten Weltkrieg wirtschaftlich wieder auf die Beine halfen, haben wir ihnen Technologien überlassen, die wir unseren heimischen Konkurrenten aus Scham niemals gezeigt hätten. Heute kommt uns diese Entscheidung teuer zu stehen.

Aber dennoch scheinen wir langsam etwas zu lernen. Was können die Amerikaner am besten? Sich gegenseitig etwas verkaufen. Fällt bei uns inzwischen irgendwo noch ein ungenutztes Fleckchen ab, das nicht für Werbung genutzt wird?

# *Lektion 57*

## Ihre Phantasie spielt Ihnen keinen Streich: Die Schlangen werden tatsächlich immer länger

Eines der ersten Opfer des Ölembargos – das Amerika 1973 vom hohen Sockel des Siegers im Zweiten Weltkrieg und Beherrschers der Welt stürzte und zur Erkenntnis unserer Verwundbarkeit und Abhängigkeit führte – war der Dienstleistungssektor.

Wir lernten, unser Benzin selbst zu zapfen. Jobs wie Platzanweiserin, Fahrstuhlführer, Garderobiere, Schuhputzer und Gepäckträger verschwanden mit jeder neuen Welle der Kosteneinsparungen und sozialen Unruhen. Das Familienleben veränderte sich. Die berufstätigen Ehefrauen wurden zur wichtigsten Waffe der amerikanischen Familie gegen die galoppierende Inflation. Die Frauen blieben nicht mehr den ganzen Tag zu Hause, um für ihren männlichen Ernährer zu kochen und zu putzen. Der Trend zu Fast-Food-Gerichten der Marke »Schnell-unterwegs-aus-der-Hand-gemampft« beschleunigte sich. Der Zeitungsjunge trägt seinen Namen schon längst nicht mehr zu Recht. Er, oder sie, ist im Schnitt um die vierzig, fährt einen verbeulten Kombi und betreut viermal so viele Kunden wie zu der Zeit, als ich noch Zeitungsausträger war.

Manche dieser schlechtbezahlten Jobs aus der Zeit vor dem Embargo wird es auch weiterhin geben, aber die Reihen haben sich bis zu dem Punkt gelichtet, wo man diese Berufsgruppen nur noch als Schattenarmeen bezeichnen kann. Diskontläden sind vor allem deshalb in der Lage, attraktive Preisnachlässe anzubieten, weil sie nur wenig Personal bezahlen müssen. Die Schlangen in den Schalterhallen der Banken werden so lange wachsen, bis Sie und ich endlich gelernt haben, mit dem Kontoauszugsautomaten umzugehen.

Es mag wie eine Ironie des Schicksals erscheinen, aber je schlechter die Dienstleistungsqualität, desto schriller werben diejenigen für ihre Serviceleistungen, die sich am wenigsten darum scheren.

BESUCHEN SIE DEN LADEN MIT DER FREUNDLICHEN BEDIENUNG (wenn es Ihnen nichts ausmacht, stundenlang in einer unfreundlichen Schlange zu stehen und sich unsere Schilder anzusehen, auf denen zu lesen ist: KEINE RÜCKGABE, KEINE HAUSIERER, KEINE KREDITKARTEN, RAUCHEN VERBOTEN und KEINE SCHECKS).

MENSCHEN SIND UNSER KOSTBARSTES GUT (wir halten nur nichts davon, auch nur einen Pfennig in ihre Ausbildung zu stecken).

MOMENTAN SIND ALLE LEITUNGEN BESETZT, ABER SIE WERDEN SOFORT VERBUNDEN (wenn Sie in der nächsten dreiviertel Stunde den Hörer in der Hand behalten und sich durch die beruhigenden Hard-Rock-Klänge von Sid Vicious und den Sex Pistols live einlullen lassen).

Wir erwarten – oder hoffen zumindest – noch immer, daß man uns echte Dienstleistungen zuteil werden läßt. Und im gleichen Maß, wie unsere Erwartungen mehr und mehr enttäuscht werden, wächst unsere Wut auf diejenigen, von denen wir uns hintergangen fühlen.

Aus einer Erhebung, die 1987 von der *Washington Post* und *ABC News* durchgeführt wurde, geht hervor, daß 25 Prozent der Warenhaus-Käufer der Meinung waren, die Servicequalität sei »schlecht« oder »gerade noch annehmbar«. Sie beklagten sich vor allem über die langen Wartezeiten und das unhöfliche, inkompetente Kassen- und Verkaufspersonal.

Auch die Akademiker schneiden nicht besser ab. Eine Untersuchung des Consumer Research Center aus dem Jahr 1985 zeigt, daß die Verbraucher »allgemein unzufrieden« waren mit dem Preis-Leistungs-Verhältnis bei allen erdenklichen Dienstleistungen, einschließlich der Honorare von Ärzten, Zahnärzten und Anwälten.

Das hat zur Folge, daß wir uns auf jene wenigen Anbieter konzentrieren, die wirklich halten, was sie versprechen.

L. L. Bean, das typische Yankee-Versandhaus in Maine mit nur einem Ladengeschäft, aber 2 Millionen Postversandkunden, bleut den Auszubildenden ein, daß sie niemals mit Nein zu antworten haben, es sei denn mit Billigung des Vorgesetzten. Bei Nordstrom, dem Einzelhandelskonzern mit Hauptsitz in Seattle, herrscht in der Verkaufsetage die Grundregel: »Der Kunde muß den Laden zufrieden verlassen«, und eine weitere befindet sich im Handbuch für sämtliche Mitarbeiter: »Benutzen Sie Ihren gesunden Menschenverstand.« Eine Nordstrom-Kreditkarte gilt an der Westküste der USA als absolut unentbehrlich zum Leben, und die Filialkette ist für ihre Aktionäre ein Muster an Gewinnträchtigkeit.

Würden Sie einem Supermarkt mit Kristallüstern große Überlebenschancen in unserer heutigen Zeit geben? Die Byerly's Lebensmittel-Kette ist in meiner Heimatstadt eine solche Attraktion geworden, daß die Reisebusse mit Touristen hier eine Pause einlegen. Die Warteschlangen sind kurz, und es gibt jede Menge Personal, das beim Kauf und Verstauen der Waren hilft. Die Qualität ist hoch, und die Preise sind nicht gerade niedrig, aber die Kette macht so viel Umsatz und profitiert so von der Flüsterpropaganda, daß Byerly's selten Werbung betreibt. Das ist ungewöhnlich in einer Branche, in der sich die Konkurrenten gegenseitig mit Parolen wie »Sonderangebote!« und »Nur heute!« zu übertönen suchen.

Erfolgreiche service-orientierte Firmen haben übrigens nicht alle mit Leistungen für die Luxusgewohnten zu tun. Rubbermaid stellt beispielsweise Fliegenklatschen, Abfalleimer und 250 weitere ganz gewöhnliche Haushaltserzeugnisse her. Das Unternehmen verwendet viel Zeit darauf, Produktbeschwerden zu bearbeiten. Diese Artikel stammen in der Regel gar nicht aus der Produktion von Rubbermaid. Das hält den Konzern jedoch nicht davon ab, sich innerhalb von 48 Stunden mit dem Kunden in Verbindung zu setzen und ihm kostenlos einen aus eigener Herstellung stammenden Ersatz für die minderwertige Ware zu schicken.

Was kommt solchen Unternehmen im Gegensatz zu den meisten anderen zugute?

Kundentreue.

Die Preispolitik ist nicht das einzige, was zählt. Ein Unternehmen, das allein auf die Preise setzt, zielt auf Kunden ab, die in dem Augenblick woanders hingehen, wo der Preis nicht mehr wettbewerbsfähig ist. Das hält die Gewinnspannen ständig in der Minimalzone.

Qualität allein reicht ebenfalls nicht aus. Sie finden bei Byerly's eine größere Produktvielfalt und mehr Waren für höchste Ansprüche als in den meisten Lebensmittelketten; aber eine Dose Campbell-Suppe ist und bleibt nun mal eine Dose Campbell-Suppe. Trotzdem kann es sich Byerly's leisten, die Dose teurer zu verkaufen als andere Lebensmittelfilialen.

Um sich einen festen, verläßlichen Kundenstamm aufzubauen, muß man echte Dienstleistungen bieten, und die lassen sich nicht vortäuschen.

Bewirkt man damit einen greifbaren Unterschied?

Ein Verbraucherforschungsinstitut mit Sitz in Washington, D.C., hat in einem Forschungsprogramm über technische Dienstleistungen folgendes herausgefunden: Verbraucher, die sich mit einem Problem an eine Firma wenden, neigen dazu, die frohe Kunde nach der erfolgreichen Lösung an fünf andere Verbraucher weiterzugeben. Sind sie weiterhin unzufrieden, teilen sie es zehn Leuten mit. Handelt es sich um ein teures Produkt, steht auch mehr auf dem Spiel: Acht Leute werden über den glücklichen Ausgang informiert, und sechzehn Leuten der Name der Firma genannt, die Pfusch geliefert hat. Kein Unternehmen kann es sich leisten, sich mit einem einzigen Verkauf zehn, geschweige denn sechzehn Feinde zu schaffen.

Bei Mackay Envelope gelten folgende Leitlinien für jegliche Art von Kundenbeschwerden:

Als erstes hören wir aufmerksam zu, ohne zu unterbrechen. Wenn wir die Sache richtig angehen, können wir schließlich einen unzufriedenen in einen zufriedenen, lebenslangen Kunden umwandeln.

Bevor wir auch nur versuchen, Licht in den Vorgang zu bringen, ist derjenige, der die Beschwerde entgegennimmt – gleichgültig ob Außendienstmitarbeiter, Buchhalter oder Sekretärin –, angehalten, dem Kunden zu sagen, daß ein schriftlicher Bericht über die Beschwerde direkt an mich weitergeleitet wird und daß, sollte der Kunde nicht voll und ganz mit der Bearbeitung seiner Beschwerde zufrieden sein, ich persönlich – Harvey Mackay – mich um die Angelegenheit kümmern werde.

Damit schaffen wir uns von vornherein einen großen Teil der Probleme vom Hals. So wird nämlich genau die Botschaft vermittelt, die rüberkommen soll: daß uns viel an unseren Kunden liegt. Diese Nachricht sagt nichts darüber, ob wir oder sie im Recht sind, aber darum geht es zu diesem Zeitpunkt auch gar nicht. Sie sorgt lediglich dafür, daß die Dinge wieder ins rechte Gleis gerückt werden, bevor die Beziehung zum Kunden entgleist.

Dann versuchen wir – wie jede andere Firma – die Rechnung auszugraben oder was immer sich an Unterlagen im Computer oder im Schriftverkehr mit dem Kunden in Zusammenhang mit der Beschwerde aufspüren läßt. Die sicherste Art, dafür zu sorgen, daß ein ohnehin schon frustrierter Kunde vor Wut zu schäumen beginnt, besteht darin, ihn oder sie zehn Minuten warten zu lassen, während man die »Unterlagen einsieht«. Deshalb haben unsere Mitarbeiter – wenn sich die gewünschten Informationen nicht innerhalb einer Minute woher auch immer herbeischaffen lassen – strikte Anweisung, dem Kunden zwei Möglichkeiten zur Wahl anzubieten und ihm zu sagen: »Wenn Sie möchten, können Sie gerne warten. Aber ich brauche mindestens zehn Minuten, vielleicht auch länger, um den Vorgang oder die zuständige Person zu finden. Ich verspreche Ihnen aber hoch und heilig, daß ich Sie andernfalls innerhalb einer halben Stunde zurückrufe und über den Stand der Dinge informiere, gleichgültig ob ich alle für die Lösung notwendigen Fakten beisammen habe oder nicht. Und ich werde mich regelmäßig mit Ihnen in Verbindung setzen, bis das Problem aus der Welt ist. Ich gebe Ihnen aber auf jeden Fall einmal die direkte Durchwahl von Mr. Mackays Büro. Sind Sie mit diesem Vorgehen einverstanden?«

Wenn der Fehler bei uns lag – und wir sind schließlich auch nur Menschen –, habe ich den Kunden oft gesagt: »Das ist unsere Schuld« und ihnen als Wiedergutmachung Briefumschläge geschenkt, deren Wert sich manchmal auf bis zu fünftausend Dollar belief. Warum? Weil es mich mehr als fünftausend Dollar kostet, einen Kunden mit durchschnittlichem Umsatz zu gewinnen und bei der Stange zu halten. Und es kostet mich um einiges mehr als fünftausend Dollar, sowohl aus der geschäftlichen Perspektive als auch in Anbetracht des Gifts, das er durch Flüsterpropaganda verbreiten könnte, wenn ich ihn wutentbrannt ziehen lasse.

Wenn der Fehler in einer Grauzone liegt, dann schlucke ich auch das in neun von zehn Fällen oder nehme zumindest eine merkliche Anpassung vor – aus dem gleichen Grund.

Liegt der Fehler jedoch eindeutig beim Kunden, dann kann ich nichts machen. Die meisten unserer Kunden sind vernünftige Leute – bis auf eine verschwindend kleine Minderheit. Bei ihr kann nur noch gesundes Urteilsvermögen helfen. Manchmal spiele ich mit, ein anderes Mal bin ich unnachgiebig. Wenn ich merke, daß der Kunde weiß, daß es sein Fehler war, und wenn er zu den schwierigen Fällen gehört, die einen Trick wiederholen, mit dem sie schon einmal durchgekommen sind, dann mauere ich, bis die Hölle gefriert.

Schön und gut, wenn man die Rolle des lieben Menschen spielt, aber man sollte nicht vergessen, da draußen beginnt der Dschungel. Sobald man in dem Ruf steht, ein gutgläubiger Trottel zu sein, läuft man Gefahr, von jedermann – Kunden, Mitarbeitern und Lieferanten – in Stücke gerissen zu werden.

Natürlich herrschen in manchen Ländern noch viel schlimmere Zustände:

Jurij steht zum x-ten Mal in der Schlange, die sich vor einer Moskauer Bäckerei gebildet hat, um sein täglich Brot zu ergattern.

»Ich halt's nicht mehr aus«, sagt er zu seinem Freund Boris.

»Gorbatschow hat uns versprochen, das alles zu ändern. Ich marschiere jetzt schnurstracks zum Kreml und beschwere mich.«

Eine Stunde später steht er erneut in der Schlange vor der Bäckerei.

»Wieso bist du schon wieder hier?« fragt Boris.

»Die Schlange vorm Kreml ist noch länger.«

# *Lektion 58*

## Wirst du mich auch morgen früh noch lieben?

Kundentreue ist das wertvollste Gut eines Unternehmens und das am schwersten zu erringende. Es gibt Firmen, die es einfach nicht schaffen, Kunden an sich zu binden. Niemand schaut sich ein Fernsehprogramm nur deshalb an, weil CBS es sendet, oder geht einzig aus dem Grund in einen Film, weil Twentieth Century-Fox ihn produziert hat.

Wenn wir unsere Kunden halten wollen, müssen Preis, Produkt und Serviceleistung stimmen. Kundentreue läßt sich am schwersten im Gaststättengewerbe und hier wiederum in Kneipen und Bars erzielen. Der Jim Beam schmeckt überall gleich, und wenn Ihnen der Whisky auch nur einen einzigen Tag lang ausgehen sollte, wartet Ihr Stammgast nicht geduldig, bis Sie sein Lieblingsgetränk wieder servieren, sondern sucht sich eine andere Quelle. Möglicherweise liegt ihm dann nicht mehr viel daran, zu Ihnen zurückzukehren.

Es gibt nur wenige Gastwirte, die das Gebäude besitzen, in dem sich ihr Lokal befindet. Eine Ausnahme war Buster Page. Er stellte eines Tages fest, daß sein Saloon dem Fortschritt im Wege stand. Die First National Bank von Minneapolis brauchte sein Anwesen, um dort ihr neues, gläsernes Bürogebäude zu errichten.

Buster weigerte sich, das schäbige einstöckige Haus zu verkaufen, bis ein völlig neues, identisches und ebenso schmuckloses Buster's auf der gegenüberliegenden Straßenseite gebaut wurde. Als der Neubau endlich bezugsfertig war, die Flaschen in Reih und Glied hinter dem Tresen standen, die Handtücher in den Gästetoiletten hingen – erst dann, um Punkt 2.00 Uhr morgens, eine Stunde nach der offiziellen Sperrstunde – unterzeichnete Buster die Verkaufsdokumente, rannte mit seiner Lizenz unterm Arm quer über die Straße und gestattete, daß die Bank das alte Gebäude abriß.

Buster wäre vielleicht nicht imstande gewesen, den dahinterliegenden Gedanken in klassischen Marketingbegriffen zu äußern, aber er hatte sehr wohl erkannt, daß Kontinuität seinen Kunden mehr als tausend Marketing-Lehrbücher wert war. Er wußte, daß sich seine Stammgäste genau an dem Tag eine neue Bleibe suchen würden, wo er sie nicht mehr in der alten betreuen konnte.

Springen Ihre Kunden umgehend ab, wenn Sie den Laden nicht mehr schmeißen? Haben Sie sich je die Mühe gemacht, es herauszufinden?

Ein Freund von mir arbeitete in einer Werbeagentur in Illinois, in der es einen Brand gab. Das gesamte Filmmaterial, das dort aufbewahrt wurde, fiel den Flammen zum Opfer. Diese Filme waren das Arbeitsprodukt der Agentur: die Anzeigen auf reproduktionsfertigen Negativfilmen, griffbereit, um sie jederzeit vervielfältigen und zu den verschiedenen Zeitungen und Zeitschriften transportieren zu können, in denen die Inserate erscheinen sollten. Alles futsch. Noch schlimmer war, daß dieses Filmmaterial rein rechtlich gesehen den Kunden gehörte, die dafür bezahlt hatten, und nun befand es sich nicht mehr im Besitz der Werbeagentur. Zum Glück passierte es im Norman-Rockwell-Land und weder die Kunden noch die Konkurrenten nutzten die Situation über Gebühr aus, so daß sich die Agentur bald wieder von diesem Schlag erholte. Allerdings blieb eine Heidenangst zurück, daß sich etwas Ähnliches wiederholen könnte. Deshalb wird nun alles in doppelter Ausführung angefertigt und eine Kopie an ein feuersicheres Depot außerhalb des Bürogebäudes gesandt.

Das mag zwar teuer sein, aber die Milch zu retten ist noch immer billiger, als die Kuh durch eine neue zu ersetzen.

Der Computer ist ein phantastisches Arbeitsgerät, aber er hat einen Nachteil gegenüber der Schreibmaschine: Wenn Sie etwas in den Computer eingeben, bleibt es dort unter Verschluß, bis Sie es ausdrucken. Ich habe meiner Sekretärin die Anweisung gegeben, den Computer nie unbeaufsichtigt zu lassen, bis ein Ausdruck von jedem Wort vorlag, das ich eingetippt hatte. Einmal sollte sich das als wichtig erweisen: Wir hatten einen unerwarteten Kälteeinbruch am Wochenende, und als wir am Montag ins Büro zurückkamen, war der Computer abgestürzt. Die Ursache: Überlastung des Energieversorgungsnetzes.

»Warum haben Sie keinen Schutz gegen Stromausfall?« fragte mich der Vertreter, der mir einen Monat vorher den Apparat verkauft hatte.

»Warum haben Sie mir keinen verkauft?« fragte ich zurück.

Nachdem er bei mir ein Schreibgerät für fünftausend Dollar an den Mann gebracht hatte, konnte er doch wohl nicht ernsthaft gemeint haben, ich würde einen Aufstand bei dem Gedanken machen, noch mal fünfzig Dollar hinzublättern, um es abzusichern?! Mein Computer hatte sein »Gedächtnis« verloren und die ersten 26 Seiten dieses Buches unwiederbringlich geschluckt. Wenn Freitag nachmittags nicht jedes von mir geschriebene Wort ausgedruckt worden wäre, hätte ich wohl meinen Verstand verloren. Gut, es war nicht mein Fehler. Aber auch dann hätten Sie vermutlich keine Lust gehabt, ein Buch mit 26 leeren Seiten zu kaufen, oder?

In welcher Branche Sie auch tätig sind – Sie sollten immer für ein Sicherheitssystem sorgen. Wenn nämlich eine Katastrophe naht – sei es in Form von Ausfall irgendwelcher Geräte, Streik, Feuer oder Problemen mit Zulieferfirmen –, stellen Sie vielleicht fest, daß Sie gar kein Geschäft mehr besitzen, wenn Sie die Dinge wieder im Griff haben.

Kundentreue ist etwas Zerbrechliches. Sie schulden es Ihren Kunden und sich selbst, nicht entdecken zu müssen, wie zart die Bande sind, indem Sie sie unnötigen Risiken aussetzen. Irgendwann kommt auch für Sie der Zeitpunkt im Geschäftsleben, wo alles, was nur schiefgehen kann, tatsächlich schiefläuft. Sie können den Schaden am besten begrenzen, wenn Sie schon im voraus mit dem Schlimmsten rechnen – oder, wie ich immer sage, Ihren Brunnen graben, bevor Sie Durst verspüren.

# *Lektion 59*

---

## Sie können nicht vier Asse ziehen, wenn Sie beim Kartenspiel nicht mitmachen

Bill Cooley gehört zu den Bürgern unserer Stadt, die man als echtes Original bezeichnen würde. Er fing an als Maurer, Hundefänger und Spendensammler für eine politische Partei, wurde Bürgermeister in einem Stadtrandbezirk und schließlich einer der ganz großen Bauunternehmer.

Cooley landete den größten Coup in seiner beruflichen Laufbahn, als das Grundstück des alten Metropolitan-Stadions in einer Auktion versteigert wurde, bei dem die Angebote im versiegelten Umschlag abgegeben werden mußten. Er hatte erst am Tag vor dem Ende der Angebotsfrist im Fernsehen davon erfahren und schaffte es irgendwie, seine Unterlagen noch rechtzeitig einzureichen. Er erhielt den Zuschlag. Es schien, als hätte er das Areal den gewieftesten Zockern im Immobilien-Glücksspiel direkt unter der Nase weggeschnappt. Einen Augenblick lang schien es, als habe sich Cooley das größte Immobiliengeschäft aller Zeiten in Minneapolis unter den Nagel gerissen. Cooley hatte zwar gute Karten und den Abgabetermin geschafft, aber dann verließ ihn sein Glück. Er konnte sich die Finanzierung nicht beschaffen, die er für die Grundstückserschließung brauchte.

Das hielt ihn jedoch nicht davon ab, sich mit einem äußerst schwachen Blatt auf ein starkes Spiel einzulassen.

Er hatte sich eine einfache Strategie zurechtgelegt: Jedesmal, wenn das Grundstück den Besitzer wechselte, würde auch eine Menge Geld von einer Hand zur anderen überwechseln. Cooley wußte, wenn er zwischen dem Verkäufer und dem endgültigen Käufer Position bezog, würden beide einen Weg finden müssen, ihm ein paar erlesene Brosamen zukommen zu lassen, bevor sie miteinander ins Geschäft kommen konnten.

Er nahm sich einen der cleversten, auf Immobilien spezialisierten Anwälte in unserer Stadt. Mit dessen Hilfe konnte er in seiner Rolle als ehemals erfolgreicher Mitarbeiter den schwachen Zugriff auf das Grundstück so geschickt einsetzen, daß der Verkäufer und die Landerschließungsgesellschaft letztlich gezwungen waren, ihn abzufinden. Die Abfindungssumme war hoch genug, um ihn für das Risiko zu entschädigen, in einem völlig offenen Spiel Karten gezogen zu haben.

Aus diesem Beispiel leitet sich eine negative Lektion ab: Wer mit hohem Einsatz spielt, sieht es nicht gerne, wenn jemand nur Pfennigbeträge ins Spiel bringt, die besseren Karten zieht und dann kräftig absahnt. Wenn viel auf dem Spiel steht, ist der Einsatz in der Regel hoch. Cooley befand sich in der seltenen Situation, mit einem rein nominellen »Eintrittsgeld« teilnehmen zu dürfen, obwohl ein beträchtlicher Teil der gewonnenen Chips, die er zu Bargeld machte, für die Begleichung der Anwaltsrechnung draufging.

Noch vor einigen Jahren konnten kleine Geschäftsleute im Verlagswesen, in der Gastronomie, im Einzelhandel und anderen wenig kapitalintensiven Branchen ihr Auskommen finden. Inzwischen haben die großen Ketten und Anbieter von Massenartikeln die kleinen Betriebe aus dem Markt gedrängt, indem sie den Einsatz erhöhten. Die Tante-Emma-Läden konnten sich nicht mehr behaupten gegen die massive Werbung, die überlegenen Verkaufstechniken und die aggressive Preispolitik ihrer finanzstärkeren Konkurrenten.

Die Großen schlucken die Kleinen, beim Kartenspiel wie

im Geschäftsleben. Man braucht eine ganze Menge Geschick und Schneid, um sich als Zwerg im Spiel gegen diese Riesen behaupten zu können.

Aber auch einem Großen kann es an den Kragen gehen, wenn er sich stets an dieselbe Spieltaktik hält. Timex wäre deshalb beinahe den Bach runtergegangen. Die jahrzehntelang erfolgreiche Strategie »haltbare Uhren zum günstigen Preis« hielt die Firma auch dann noch durch, als ein Wandel der Mode und des Lebensstils auf dem Uhrenmarkt bereits tiefe Spuren hinterlassen hatten. Timex blieb weit hinter dem Feld zurück, bis – wie ein Designer der Zeitschrift *Forbes* in einem Interview gestand – »die Leute sich entschuldigten, eine unserer Uhren zu tragen. Sie behaupteten, ihre bessere befände sich zur Zeit in der Reparatur.«

Timex stellte schließlich fest, was die Uhr geschlagen hatte. Die Firma verlagerte ihre Werbung von Zeitschriften, die einen generellen Leserkreis ansprachen, auf solche, die sich an den Yuppies orientierten, wie *Sail* und *Runner's World*. Sie brachte Uhren mit brandneuem Design auf den Markt, wie das Modell »Ironman« für Gesundheitsapostel, und sich somit wieder ins Spiel. Was zeigen die Zahlen auf dem Zifferblatt heute an? Mit einem Anteil von 33 Prozent am amerikanischen Markt für Armbanduhren hat Timex die Uhren der Konkurrenz gehörig auf Trab gebracht.

United Airlines suchte nach einem völlig neuen Dienstleistungskonzept, das speziell auf den amerikanischen Flugreisenden zugeschnitten war. Man errichtete ein Konglomerat rund um den zentralen Geschäftsbereich, zu dem unter anderem Hotels, eine Autovermietungsfirma (Hertz) und ein Flugreservierungssystem gehörten. Aber weder die Kunden noch die Geldgeber sprangen auf das Servicepaket an. Und so dauerte es nicht lange, bis United wieder wurde, was es war, nämlich in erster Linie eine Fluggesellschaft. Auch sie hatte gelernt, daß man sich nicht auf das Spiel anderer einlassen, sondern bei dem bleiben sollte, was man selbst schon seit langem beherrscht.

Vor einigen Jahren hatte CBS ein starkes Blatt und beschloß wie United Airlines, ein paar neue Karten aufzunehmen. Das Management plante, zu diversifizieren und den Sender durch Zukauf von Firmen aus der Einzelhandelsbranche und der Freizeitindustrie in eine Unternehmensgruppe umzuwandeln. Dabei verlor man jedoch den Medienbesitz aus den Augen. Das Spiel verlief für den Konzern so miserabel, daß er den gewinnstarken Schallplatten-Bereich – der zu den »Kronjuwelen« gehörte – an Sony verkaufen mußte, um nicht den Spekulanten in die Hände zu fallen, die ständig Jagd auf marode Unternehmen machen.

Aufgrund dieses traumatischen Erlebnisses und der Tatsache, daß CBS nur mit einem Fernsehhit, Angela Lansburys *Murder, She Wrote,* zur Hauptsendezeit hohe Einschaltquoten erzielen konnte, begann man nun, die Karten zu vorsichtig auszuspielen. CBS, einst als führender Sender ein Nabob, kam in den Ruf, geizig zu sein, und zahlte beispielsweise nur widerwillig die Designer-Garderobe von Angela Lansbury, als diese die Verleihung der Tony Awards* moderieren sollte. CBS hat sich inzwischen wieder erholt und es sogar geschafft – wenn auch mit hohen Kosten –, Angela Lansbury für eine weitere Saison zurückzugewinnen, aber erst, nachdem man beinahe sein zugkräftigstes Pferd aus dem Rennen geworfen hatte.

Daraus leitet sich nicht die Lektion ab, daß man unter gar keinen Umständen diversifizieren sollte. Wichtig ist vielmehr zu analysieren, was man gut kann, was einzigartig am eigenen Geschäftsstil ist und wie man diese Merkmale – sei es in einer neuen oder in der alten Branche – bewahren kann. Nur weil Sie eine todsichere Gewinnchance haben, müssen Sie noch lange nicht Ihre Einstellung zu Ihrem Kerngeschäftsbereich oder den Mitarbeitern ändern, die hier tätig sind. Wenn sich in Ihrem Blatt noch Trümpfe dieser Art befinden, besteht kein Grund, zu mauern und sie nicht auszuspielen. Besonders wenn Sie im kreativen Bereich tätig sind. Sie können Ihre kreativen Mitarbeiter nicht wie einen Posten auf der Spesenabrechnung betrachten. Sie ähneln mehr exotischen Vögeln aus den Tropen. Bei der geringsten Temperaturänderung nei-

---

* Preise, die jährlich für außergewöhnliche Leistungen im Bereich Theater vergeben werden

gen sie dazu, davonzufliegen und sich einen anderen Nistplatz zu suchen.

Auch sollten Sie sich bewußtmachen, daß selbst nichtschöpferisch tätige Mitarbeiter das Temperament von Kreativen besitzen können. Sie handeln sich garantiert einigen Ärger ein, wenn Sie solche Leute nicht richtig zu nehmen wissen. Jeder kennt inzwischen Lee Iacocca, den Chef von Chrysler. Aber wer stand dem Konzern zwischen 1961 und 1975 vor, als sowohl die Qualität als auch die Bilanzen stark zu wünschen übrigließen? Lynn Townsend, ein »Erbsenzähler«, der aus dem Rechnungswesen stammte. David Halberstam beschrieb in *The Reckoning*, einem Buch über die Automobilindustrie, daß Townsend »keine Einmischung duldete, weder von einem Produktexperten noch von einem Vorstandsmitglied. Diejenigen, die seine Autorität in Frage stellten – wenn auch noch so behutsam –, bereuten es schnell, denn er zahlte es ihnen heim, erstickte ihre Ideen im Ansatz und erniedrigte sie vor ihren Kollegen... Selbst an seinen guten Tagen war er zu Verhaltensweisen fähig, die an Grausamkeit grenzten. Es gingen Gerüchte um, Townsend habe die Chrysler-Manager stundenlang durch die Mangel gedreht, um irgendwelchen tatsächlichen oder eingebildeten Versäumnissen auf die Spur zu kommen... Chrysler war trotz aller Schwankungen nicht in den roten Zahlen gewesen, als Townsend 1961 den Vorsitz übernahm. 1970 belief sich der Schuldenberg jedoch auf 791 Millionen Dollar; er war größer als der von GM und wuchs stetig an.«

Dayton Hudson hatte sich (wie in Lektion 28 beschrieben) Unterstützung auf Firmen- und kommunaler Ebene gesichert und war deshalb imstande, alle Kräfte zu mobilisieren und die Eigenständigkeit seines Unternehmens zu verteidigen. Im Gegensatz dazu geriet Chrysler in einen Abwärtsstrudel – ein demoralisierter Konzern mit Standort in einer ebenso demoralisierten Gemeinde, einem Außenbezirk von Detroit. Er konnte schließlich nur dank einer bundesstaatlichen Finanzspritze und Lee Iacoccas Führungsaktivitäten gerettet werden.

Es gibt immer Leute, die fragen: »Wie war noch gleich der Name des Spiels?«

Der Marketing-Experte Dick McDonald hat mir folgende Geschichte erzählt: In einem Einkaufszentrum wurde eine ambulante Klinik eröffnet. Die dort praktizierenden Ärzte hatten ihr als superintelligente, nüchterne Wissenschaftler genau den Namen gegeben, der ihre Funktion am treffendsten beschrieb, nämlich »Ambulanz«. Sie wußten, daß »ambulant« »Kommen und Gehen« bedeutet; dummerweise aber wußten es die Patienten nicht. Die Klinik siechte dahin, bis eine Marketing-Erhebung zeigte, daß 58 Prozent der potentiellen Patienten meinten, Ambulanz bedeute, daß man per Krankenwagen – also mit der Ambulanz – dort eintreffen müsse. Wetten, daß das neue Schild über der Tür in unmißverständlichem Englisch abgefaßt war?

# *Lektion 60*

## Wenn Sie nicht ja sagen können, dann sagen Sie nein

Manche Dinge gehen einem leichter von der Hand als andere.

Red Smith, Sportjournalist und Pulitzer-Preis-Gewinner, hat einmal gesagt: »Schreiben ist einfach. Man muß sich lediglich an die Schreibmaschine setzen und sich in Stimmung bringen.«

Beim Schreiben erleide ich gewöhnlich keine Höllenqualen, aber bei größeren neuen Geschäftsprojekten fällt mir die Entscheidung oft sehr schwer. Ich brüte. Ich schwitze. Ich hole mir Rat. Und noch mehr Rat. Ich drehe und wende mich. Ich raufe mir die Haare. Und schließlich entscheide ich mich, oder besser: entscheidet mein Instinkt für mich.

Nachdem mir meine Finger einige Monate lang per Telefonwahltaste das Laufen abgenommen haben, lasse ich meinen Bauch die Entscheidung treffen. Irgendwo in mir muß es einen Computer geben, der alle Argumente verarbeitet und die Lösung ausspuckt.

Jede Entscheidung von größerer Tragweite – ob es sich nun um den Bund fürs Leben oder eine Firmenfusion handelt – ist ein Sprung ins Ungewisse und erfordert trotz aller guten Ratschläge, Statistiken, Berichte und Studien einiges an Selbstvertrauen. Und Ihre innere Stimme ist letztlich noch immer der beste Ratgeber.

Lou Holtz arbeitete eine einzige Saison als Coach im Profi-Lager, als Chefbetreuer der New York Jets. Nach einer enttäuschenden Saison ging er wieder. »Das war der größte Fehler meines Lebens«, sagte er. »Man hat mir eine Menge Geld geboten, und dieser Verlockung konnte ich nicht widerstehen. Richtig engagiert war ich bei der Sache nie.«

Holtz sagte wider besseres Wissen ja. Larry Miller, einer der Mitbesitzer des NBA-Basketballteams Utah Jazz, tat genau das nicht.

Anfang 1986 hatten Miller und sein Partner Sam Battisone beschlossen, die Lizenz zu verkaufen. Sie schlossen einen 26-Millionen-Dollar-Deal mit einer Gruppe aus Minneapolis ab, der daran gelegen war, die Lizenz in die Twin Cities – Minneapolis und St. Paul – zu holen. Als jedoch der Zeitpunkt für die Unterschrift gekommen war, konnte sich Miller nicht entschließen, den Schalter zu betätigen. Er fand unendlich viele für die Öffentlichkeit bestimmte Gründe: Er habe erkannt, daß die Mannschaft gerade Form anzunehmen begann; er wolle verhindern, daß Utah das einzige Team verliere, das in einer der großen Ligen spiele; er sei ein viel zu großer Fan, und vielleicht sei die Lizenz ja auch eine Menge mehr wert.

Aber der eigentliche Grund war ein ganz anderer, nämlich der, daß es überhaupt keinen Grund gab zu verkaufen. Er wollte das Team in Wirklichkeit gar nicht loswerden, sondern Besitzer der Utah Jazz bleiben.

Deshalb zahlte Miller seinen Partner aus, behielt die Mannschaft, und die Gruppe aus Minneapolis zahlte rund ein Jahr später rund 32 Millionen Dollar für eine Ausweitung der Lizenz. Da Miller den Verkauf abgelehnt hatte, während der Wert der NBA-Lizenzen insgesamt stieg, stieg der Wert des Jazz-Teams enorm. Der Star-Stürmer Karl Malone und der Abwehrspieler John Stockton sorgten dafür, daß es zum Anwärter auf den Meistertitel wurde.

Als Miller keinen Grund fand, ja zu sagen, stellte sich heraus, daß die richtige Antwort nein lautete.

Bei Ihren eigenen Gedanken auf den Busch zu klopfen ist nicht immer so sonderbar, wie es klingen mag.

Erfolgreiche Geschäftsleute und Investoren werden Ihnen sagen, daß ihr wichtigstes Gut nicht die Aktien-, sondern Selbsterkenntnis ist. Sie kennen sich selbst gut genug, um den Umfang des Risikos zu ermessen, mit dem Sie leben können.

Erfolgreiche Geschäftsleute überlassen es dem Markt, ihnen mitzuteilen, ob sie sich auf dem richtigen oder falschen Kurs befinden. Sie verfügen über die Selbstdisziplin, den Groschen dreimal umzudrehen, wenn sich der Markt gegen sie wendet.

Erfolgreiche Investoren sind aus anderem Holz geschnitzt: Sie stehen zu ihrem Engagement, gleichgültig, wie sich der Markt kurzfristig auch entwickeln mag. Sie verfügen über die Selbstdisziplin, den Groschen *nicht* dreimal umzudrehen, wenn der Markt sie überrascht.

Die sicherste Art, Geld zu verlieren, besteht darin, sich nicht klarzumachen, zu welcher Kategorie von Menschen man gehört: zu jenen, die sich an ein Verlustgeschäft klammern, obwohl sie in Wirklichkeit auf einen schnellen Gewinn oder schnellstmöglichen Verkauf aus sind, gleichgültig wie die Aktien gerade stehen, oder zu denen, die vom Temperament her zu den langfristigen Investoren zählen. Bevor Sie einiges investieren – sei es Zeit, Geld oder Ihre eigene Person –, sollten Sie Gewissensforschung betreiben und ehrlich prüfen, wie Sie reagieren, wenn Ereignisse eintreten, von denen Sie wünschten, sie hätten sich nicht ereignet. Wenn Sie es nicht schaffen, mit solchen Widrigkeiten fertig zu werden, wenn Sie nicht bereit sind, sich voll und ganz für etwas zu engagieren, dann sind Sie auch nicht bereit, ja zu sagen – wozu auch immer.

# *Lektion 61*

## Probieren Sie die Hosen nicht an, wenn Sie nicht bereit sind, den ganzen Anzug zu kaufen

Jeder Verkäufer weiß, daß er Ihnen keinen Anzug verkaufen kann, wenn Sie nicht gewillt sind, die Hosen anzuprobieren. Ich weiß das, denn schließlich habe ich während meiner High-School- und College-Zeit im guten alten Herrenbekleidungsgeschäft Cook's Men's Store an der Ecke Robert Street und Sixth in St. Paul Erfahrungen gesammelt. Wenn Sie also schon ein paar Jacketts probiert und auch nur den leisesten Schimmer von Interesse gezeigt haben, wird Ihnen der Verkäufer raten, die Hosen anzuprobieren, »um die richtige Größe festzustellen«. Dahinter steht der Gedanke, wenn erst einmal Ihre alten ausgebeulten Beinkleider in der Umkleidekabine geblieben sind, dann tut die Phantasie schon das ihre: Sie träumen von einem Mittagessen mit Donald Trump, bei dem es um Macht und Moneten geht – und schon sind Sie an das neue Outfit verkauft.

Das Leben wartet mit einer Fülle solcher Kauf-auf-Probe-Angebote auf, von denen die meisten genauso durchsichtig wie unser Beispiel sind. Buch- und Zeitschriftenbestellung zur Ansicht, Gratisproben und die Probefahrt am Wochenende sind nicht deshalb weniger wirksam, weil sie uralte Kaufanreize darstellen. Wir akzeptieren sie als harmlose Form der Täuschung. Was wäre schon eine Packung Knallkörper ohne den Knalleffekt, daß bei Kauf ein toller Preis winkt?

Ein Problem gibt es nur, wenn wir auf diese Tricks nicht gefaßt sind. Es gibt bestimmte »Gratis«-Angebote, die man nicht annehmen sollte, weil sie sich als Bumerang erweisen könnten. Erwarten Sie beispielsweise nicht, daß Sie Geld sparen, wenn der Anwalt Ihres Verhandlungspartners die Vertragsbedingungen ausarbeitet. Sie können sicher sein, daß darin genauso viele »Wanzen« versteckt sind wie in der amerikanischen Botschaft in Moskau.

Einer meiner Freunde ist Mitglied im Vorstand einer Kirchengemeinde. Normalerweise hat man dabei wenig zu tun, und man würde nicht erwarten, daß ein solcher Job die Haie anlockt. Er hat mir erzählt, daß die Kirche seit fünfzehn Jahren einmal im Jahr ein »Soul Liberation Festival« durchführt. An zehn aufeinanderfolgenden Sommerabenden hallt der asphaltierte Kirchhof von den Klängen der Gospel-Musik und Predigten wider, wie bei den Erweckungsversammlungen nach bester Südstaaten-Tradition.

Nur findet das Ganze nicht in den Südstaaten, sondern in Minneapolis statt, wo einige Anrainer in diesem Stadtrandgebiet mit vornehmlich einkommensschwachen Bewohnern Evangelisationsveranstaltungen wenig abgewinnen können und nicht einsehen wollen, warum die Kirche sie nicht anderswo inszenieren kann.

Die Opposition ist klein, aber lautstark. Ihre Stimme ist bis an das Ohr der Stadträtin gedrungen, die den Bezirk repräsentiert. Sie muß entscheiden, ob sie die Genehmigung für die Lautsprecheranlage und die Absperrung der Straßen erteilt, damit »Soul Lib« zehn Nächte lang den Asphalt in Schwingungen versetzen kann.

Dumm ist diese Politikerin nicht. Sie weiß, daß sie langfristig zum Scheitern verurteilt ist, wenn sie – gleich wessen – Partei ergreift. Selbst wenn man es stets verstanden hat, sich auf die Seite der öffentlichen Meinung zu schlagen, summieren sich über die Jahre all die Beschwerden und Rachegelüste der Leute, denen man es nicht recht machen konnte. Langfristig ergibt das eine Wählermehrheit gegen Sie, und Sie sind weg vom Fenster.

Also ruft sie einen »Ausschuß zur Verbesserung gutnachbarlicher Beziehungen« ins Leben. Die von ihr ernannten Mitglieder haben die Aufgabe, Empfehlungen zur Lösung hartnäckiger Probleme auszuarbeiten: Stoppschilder, Abfallbeseitigung, Steuern und Soul Liberation Festivals. Lokalpolitik steht und fällt mit derartigen Nachbarschaftsproblemen. Die Leitartikelschreiber mögen uns nahelegen, wir sollten uns über Hilfsaktionen für die Contras in Nicaragua Gedanken machen, aber die Karriere lokaler Politiker ist nicht auf fremdem, sondern bodenständigem Fundament erbaut.

Rund neun Monate, bevor das Soul Lib Festival stattfinden sollte, erhielt die Kirche einen Brief mit der Einladung, vier Repräsentanten zu einer Sitzung des Ausschusses zu schicken, an der auch vier Vertreter der Soul-Lib-Opposition teilnehmen sollten.

Klingt fair.

Vier aus dem einen und vier aus dem gegnerischen Lager; gleiche Chancen, vernünftige Leute, die sich zusammensetzen und vernünftig miteinander reden. Amerika. Demokratie.

Die Kirche lehnte ab.

Der Soul-Lib-Veranstaltungsleiter schrieb an die Stadträtin einen Brief mit folgendem Wortlaut:

*Im vergangenen Jahr haben wir eine Umfrage unter den Anrainern wegen Soul Lib durchgeführt und Unterschriften gesammelt, um unsere Genehmigungen von Ihnen zu erhalten. Diejenigen, die zu unseren Gunsten unterzeichnet haben, machen 90 Prozent der Bewohner in einem Areal aus, das vier Straßenblöcke umfaßt. Obwohl niemand unsere Zahlen ernsthaft in Frage stellt, sind wir bereit, eine weitere Erhebung durchzuführen, wenn Sie es für nötig befinden.*

*Wir sind jedoch nicht bereit, dem Ausschuß unseren Fall vorzutragen.*

*Wir glauben, der Gedanke, daß eine Pro- und eine Contra-Soul-Lib-Gruppierung unter den gleichen Vorausset-*

*zungen vor dem Ausschuß erscheint, könnte zu eben der Art Entscheidung führen, die letztlich das Ende von Soul Lib bedeuten würde. Eine derartig inszenierte Konfrontation müßte ihrer inneren Logik gemäß zur Folge haben, daß der Ausschuß einen Kompromiß formuliert.*

*Also was haben wir? Vier Stimmen für und vier Stimmen gegen Soul Lib. Vier wollen das Festival zehn Tage lang abhalten; vier wollen es ganz abschaffen. Schließen wir also einen Kompromiß: Wir halbieren Soul Lib. Wir halten das Festival nicht zehn, sondern fünf Tage ab.*

*Wir sind eine Kirche, die auf dem Neuen Testament gründet. Aber wir haben das Alte Testament nicht vergessen. Als man vom Richter Salomon verlangte, ein Kind in zwei Hälften zu teilen, weigerte er sich. Und das tun auch wir.*

*Wir glauben nicht, daß die Lösung bei einem Ausschuß oder in einem Kompromiß liegt. Unser zehntägiges Programm soll den Menschen eine breite Palette von Musik- und Predigtstilen nahebringen und ihnen vor allem Zeit geben, über das nachzudenken, was wir für die wichtigste Verpflichtung in unserem Leben halten. Wir glauben nicht, daß wir ihnen die Zeit vorenthalten sollten, die sie brauchen, um zu dieser Entscheidung zu gelangen. Wir haben für Soul Lib zehn Tage angesetzt. Wir werden weder ein zwei- noch ein fünf- oder neuntägiges Festival veranstalten. Es ist an Ihnen zu entscheiden, ob Sie uns die Genehmigung erteilen, die Veranstaltung überhaupt durchzuführen.*

*Wie jedesmal in den vergangenen fünfzehn Jahren wenden wir uns wieder direkt an Ihr Amt wegen der notwendigen Genehmigungen für das Soul Liberation Festival.*

Und die Kirche hat sie tatsächlich erhalten.

Lassen Sie sich nicht auf eine Prozedur ein, deren Verlauf über das Ergebnis entscheidet. Probieren Sie die Hosen nicht an, wenn Sie nicht bereit sind, den ganzen Anzug zu kaufen.

Wenn Sie die Ergebnisse steuern wollen, müssen Sie auch den Lauf der Dinge steuern können. Wer den Tisch deckt, schneidet auch den Kuchen in Stücke.

Und wer die Verfahrensweise festsetzt, entscheidet über das Ergebnis.

# *Lektion 62*

## Irgend etwas müssen Sie wohl richtig machen, sonst wären Sie nicht im Geschäft

Jack Shewmaker, der Ex-Präsident von Wal-Mart, erzählt, wie er mit Sam Walton, dem Gründer des Konzerns und einem der reichsten Männer Amerikas, einmal der Konkurrenz einen Besuch abstattete. In dem Laden herrschte das reinste Chaos; aber anstatt hämisch zu grinsen und sich mit diebischer Freude den Weg durch die Gänge zum Ausgang zu bahnen, bemerkte Watson das einzige, was sein Rivale ihm voraus hatte, und sagte: »Jack, wie kommt's, daß wir das nicht machen?«

Sie können jederzeit einen Rundgang durch irgendwelche Werkshallen machen, sogar wenn die Firma am Rande des Bankrotts steht, und einiges daraus lernen. Deshalb habe ich Himmel und Hölle in Bewegung gesetzt, um mehr als fünfzig Umschlagfabriken zu besichtigen.

# *Kapitel 11*

## Wir rechnen noch immer in Dollar

## *Lektion 63*

# Die erste Einstellung, nachdem Sie sich selbst eingestellt haben

...ist Ihr »Erbsenzähler« – sprich Bilanzbuchhalter oder Steuerberater.

Immer wieder gehen Unternehmer pleite, weil ihre Bilanzen mit ihren Träumen nicht Schritt halten können. Sie haben als Unternehmer zweifellos die besten und ehrlichsten Leute eingestellt. Der Beweis dafür liegt auf der Hand: Sie nehmen nur aufs Geratewohl eine Überprüfung der Spesenabrechnungen, Belege, Warenrechnungen, Verbindlichkeiten, Inventarlisten und all der übrigen Bereiche vor, in denen sich ein »Leck« befinden könnte.

Das Gastronomiegewerbe ist dafür bekannt, daß hier die Gewinne durch die Hintertür verschwinden – wenn die Angestellten nach getaner Arbeit nach Hause gehen. Aber das kann in jedem Betrieb passieren, in dem sich der Inhaber nicht laufend über den Stand der Bücher informiert. In den fünfziger Jahren machten zwei Brüder einen Obststand in einem Vorort von Minneapolis auf. Ich habe keine Ahnung, wie ihr firmeninternes Bilanzierungssystem beschaffen war; ich weiß nur, daß sie jahrelang eine ziemlich überraschende, wirksame Variante einer uralten Methode bevorzugten: Sie postierten ihre achtzigjährige Großmutter auf einem Stuhl in der Nähe der Registrierkasse. Dort hockte sie tagein, taugaus, sagte nichts, tat nichts, saß nur da. Ich bin mir nicht einmal sicher, ob sie überhaupt Englisch sprach. Eines ist jedoch gewiß: Das Geschäft florierte und gehört heute zu den größten Obst-, Gemüse- und Gartenzentren im Raum Minneapolis.

# *Lektion 64*

## Einmaleins für Vogelkundler...
## oder wie man einen Buchhalter einstellt

Ihr Buchhalter und Ihr Steuerberater sind jeden Tag aufs neue in der Lage, mehr Geld für Sie zu verdienen oder zu verschwenden als irgendein anderer Mensch in Ihrem Leben, vielleicht mit Ausnahme Ihrer Kinder.

Es gibt fünf Unterarten dieser Vogelgattung:

*Das ängstliche Huhn:* Manche Leute haben mehr Angst vor einer Buchprüfung als vor einer Motorradfahrt mit einer Rockergruppe wie den Hell's Angels. Ein Buchhalter, der kein Risiko eingehen will und beschließt, bei strittigen Posten stets zugunsten des Fiskus zu entscheiden, könnte genausogut für das Finanzamt arbeiten, anstatt auf Ihrer Gehaltsliste zu stehen.

*Der Aasgeier:* Er versucht, noch die hohen Lebenshaltungskosten steuerlich abzusetzen. Da er jedoch die Steuergesetze bis zum letzten ausreizt, lädt er das Finanzamt geradezu ein, sämtliche Angaben in Frage zu stellen. Anstatt Ihnen Geld einzusparen, kann er Sie einiges kosten, beispielsweise in Form von Anwaltshonoraren, Gutachten, Strafen und Verzugszinsen.

*Der Raubvogel:* Sind Sie bis zum Hals in ganz legale Steuertricks und Sonderabschreibungspläne verwickelt? Irgendwie scheinen diese phantastischen Abzüge, die Sie geltend machen können, all die weniger phantastischen Verluste nicht auszugleichen, die durch die Schachzüge Ihres Bilanzbuchhalters oder Steuerberaters entstanden sind. Vielleicht bietet er Ihnen sogar eine Beteiligung an den Tantiemen als Ausgleich an, wenn sein neues Buch *Wie man eine Verurteilung wegen Steuerhinterziehung anficht* in mehreren Zeitungen abgedruckt wird? Die 1986 in den USA erfolgte Novellierung der Steuergesetze hat den meisten Manipulationen dieser Art ein Ende gesetzt, aber es gibt noch immer Möglichkeiten, die Bilanzen zu frisieren. Seien Sie kein »Gimpel«, vor allem, wenn Ihr Steuerberater Sie in Machenschaften hineinziehen will, von denen er in jedem Fall profitiert – ein klassischer Fall von einem Interessenkonflikt.

*Der Dodo:* Dieser (ausgestorbene) Riesenvogel mit dem kleinen Verstand kennt das Steuergesetzbuch rückwärts und vorwärts, aber wenn es um die Grundlagen der Betriebswirtschaft geht, tut er so, als sei er erst gestern auf die Welt gekommen. »Sie müssen Ihre abzugsfähigen Ausgaben, Ihre Rückstellungen für die Pensionskasse und Ihre Gewinnbeteiligungen usw. dem Finanzamt doch erst im nächsten April vorlegen, also warum eher?« Sie reichen die Unterlagen vor Termin ein, weil Ihr Geld dann früher für Sie arbeitet; desto kürzer ist die Zeit, in der es dem Staat zugute kommt. Das Finanzamt gibt Ihnen nicht fünfzehneinhalb Monate Zeit, Ihre Abschreibungen geltend zu machen, weil es ein so weiches Herz hat. Es kennt den Zeitwert des Geldes offenbar besser als Ihr »Vogel«. Die Quintessenz besteht darin, daß Sie erst dann Ihre Steuerschulden beim Finanzamt begleichen, wenn Sie müssen – ähnlich wie ein nichtöffentliches Unternehmen mit den Lohnzahlungen bis zum letzten Moment wartet. Je länger Sie das Geld in Ihrer Firma zurückbehalten und dafür Zinsen kassieren können, desto länger arbeitet es für Sie und nicht für den Fiskus. Zahlen Sie jedoch vorzeitig, sind die Finanzbeamten berechtigt, Quellensteuer, Sozialversicherungsbeiträge und in der Regel auch noch eine vom Staat erhobene Einkommensteuer sofort zur Zahlung fällig zu stellen. Das alles steht nicht im Steuergesetzbuch geschrieben, gehört jedoch zu den Grundlagen der Geldhaltungspolitik. Buchhalter oder Steuerberater, die Sie nicht darüber aufklären, wie sich Zahlungstermine unter dem Strich auswirken, verfügen nicht über die Fachkenntnisse, die Sie brauchen.

*Der Adler:* Das ist Ihr Mann. Angriffslustig, clever, wenn's ums Geld geht, bei den Steuergesetzen immer auf dem allerneuesten Stand, bereit, annehmbare Risiken einzugehen, um Probleme zu Ihren Gunsten zu lösen – solange es eine Gewähr gibt, Vorteile daraus zu ziehen –, und ohne Sie letztlich doppelt zur Kasse zu bitten, indem er Sie in seine eigenen Geschäfte verwickelt. Aber wie fängt man einen Adler ein? Indem man nach anderen Adlern Ausschau hält. Fragen Sie jemanden in Ihrem Bekanntenkreis, der sich nicht beruflich mit Steuern befaßt, jedoch in seinen Einstellungen und Leistungen einem Adler ähnelt. Diese Person hat mit größter Wahrscheinlichkeit einen Adler als Buchhalter oder Steuerberater.

# *Lektion 65*

## Der beste Weg, etwas zu kaufen ist... verkaufen

Nachdem ich eine Reihe von Jahren in der Branche gearbeitet hatte, stand auch ich schließlich vor der Wahl: expandieren oder untergehen, ohne mit dem nötigen Kapital für den nächsten Schritt – eine neue Fabrik – ausgestattet zu sein. Sicher, ich wäre durchaus in der Lage gewesen, Räumlichkeiten anzumieten, eine Fusion einzugehen oder Anlagewerte zu verkaufen, um zum Ziel zu gelangen. Mein Erbsenzähler schlug mir vor, die stillgelegte Fabrik eines anderen Produzenten zu renovieren. Warum auch nicht? Die Briefumschlag-Branche ist keine Industrie, in der das äußere Erscheinungsbild die Hauptrolle spielt. Die Kunden kommen selten auf einen Sprung vorbei, um unsere todschicken Büros zu inspizieren. Aber mich mit einem Modell aus zweiter Hand zufriedenzugeben, stand nicht auf meinem Programm. Drei Jahre lang hatte ich nicht gewagt, die Firma unter meinem Namen laufen zu lassen – aus Angst, mein letztes Hemd zu verlieren. Jetzt, da abzusehen war, daß ich es schaffen würde, wollte ich etwas Eigenes haben, das vom Fundament bis zum Mackay-Envelope-Firmenzeichen auf dem Dach mir gehörte.

Man muß für seinen Nervenkitzel zahlen. Leider ließ

sich mein Bankkonto nicht mit meinen Träumen vom Aufbau eines Imperiums in Einklang bringen.

Mir schwebte ein Gebäude vor, das rund 250000 Dollar kosten sollte, damals eine Menge Geld. Ich konnte mit genügend Bargeld und Krediten aufwarten, um eine Fabrik im Wert von 175000 Dollar zu finanzieren. Die Differenz war der von mir errechnete Profit des Bauunternehmers. Es gab nur eine Lösung: Ich mußte die Baufirma überreden, meine Fabrik zum Selbstkostenpreis zu errichten.

»Ich verspreche Ihnen, ich werde der beste Verkäufer sein, den Sie je gehabt haben, wenn Sie mir das Gebäude für 175000 Dollar hochziehen. Ich bringe Ihnen mindestens fünf Bauaufträge von vergleichbarem Wert innerhalb der nächsten fünf Jahre. Ich kenne eine Menge Leute, zu denen Sie keinen geschäftlichen Kontakt haben und an die Sie sonst nicht herankommen könnten. Auch die sind dabei zu expandieren, genau wie ich. Ich werde als erster den Sprung wagen. Die anderen glauben, wenn ich mich als Versuchskaninchen zur Verfügung stelle, erspare ich ihnen eine Menge Fehler. Sie werden auf mich hören, wenn ich ihnen erzähle, was für eine Mordsarbeit Sie für mich geleistet haben. Und denken Sie daran: Fünf Gewinne sind besser als einer.«

Die Baugesellschaft ließ sich darauf ein – allerdings nicht zu den von mir vorgeschlagenen Bedingungen. Erstens hatte der Firmenleiter, wie die meisten Geschäftsleute, eine tiefverwurzelte Abneigung, zum Selbstkostenpreis zu arbeiten; also mußte ich noch 25000 Dollar drauflegen. Zweitens hing seine definitive Zusage davon ab, daß ich zwei Freunden das Bauprojekt vorab schmackhaft machen konnte, ehe er sich für mich voll engagierte.

Dieses Arrangement war gewissermaßen ein Vorläufer der Tupperware-Parties. Als Gegenleistung dafür, daß ich den Gastgeber spielte, meine Freunde als potentielle Kunden warb und mich selbst als Verkäufer für die Ware des Anbieters zur Verfügung stellte, erhielt ich einen Toaster gratis – oder in diesem Fall eine Fabrik zu einem echten Rabatt.

Nebenbei bemerkt, ich habe mein Versprechen gehalten... Nein, ich nehme meine Aussage zurück: Gemäß dem Untertitel dieses Buches hielt ich *mehr*, als ich versprochen hatte. Ich verschaffte der Firma nicht fünf, sondern sieben Bauaufträge.

Genau diese Methode habe ich auch 1973 angewendet, als ich mir ein Wohnhaus bauen ließ, das meinen Vorstellungen, jedoch nicht meinem Geldbeutel entsprach.

Das Konzept ist nicht schwer zu begreifen. Jeder Geschäftsmann braucht eines – nämlich Umsatz. Und wenn Sie ihm diesen Umsatz verschaffen, wenn Sie sich von einem Kunden in einen Verkäufer verwandeln können, dann haben Sie die Chance, sich Ihre Wünsche zu erfüllen – zu einem weit niedrigeren Preis.

# *Lektion 66*

## Pump-Probleme

In der Sprache der Eskimos gibt es 36 verschiedene Begriffe für Schnee. Und wie beim Schnee ist auch Geld nicht gleich Geld. Fremd- und Eigenkapital gehören zwei unterschiedlichen Gattungen an. Der sprunghafte Anstieg der Verschuldung der Unternehmen anstelle der Eigenkapitalfinanzierung läßt sich unmittelbar auf die Steuergesetzgebung zurückführen. Wenn Firmen Kreditzinsen zahlen, wie beispielsweise bei der Emission von Anleihen, können sie diese vom Einkommen absetzen und dadurch ihre Steuerlast verringern. Die Dividende, die auf Aktien gezahlt wird, ist im Gegensatz dazu nicht steuermindernd und in Form von Gewinn nach Steuern abzuführen.

Dieser kleine, aber feine Unterschied verbirgt sich hinter dem Börsenspiel um Firmenaufkäufe, die vornehmlich über Bondemissionen in riesiger Menge finanziert werden.

Dieser Vorteil ist jedoch mit einem Risiko verbunden, das von vielen in der Eile, ihre Wertpapiere auf den Markt zu bringen, übersehen wird. Unternehmen, die ihre Beteiligungen in anderen Firmen über Kredite finanzieren, verschaffen sich mehr als Aktivposten und Abschreibungsmöglichkeiten. Sie handeln sich damit auch eine Menge Probleme ein und geben diese an die Öffentlichkeit weiter.

Nicht ohne Grund bezeichnen die Experten eine bestimmte Finanzierungsform als »Junk-Bonds« oder Ramschanleihen. Standard and Poor's, eine der beiden weltweit anerkannten, unabhängigen Firmen, die einen Investment-Rating Service anbieten und sich auf die Bewertung der Bonität solcher Unternehmen spezialisiert haben, die Anleihen auflegen, beschreibt solche Risikoanleihen folgendermaßen: »Die angebotenen Werte gelten insgesamt gesehen als sehr spekulativ in bezug auf die termingerechte Zinszahlung und Tilgung des Emittenten. Diese Verschuldungsform weist vermutlich einige Vorteile und Elemente zum Schutz der Anleger auf, die jedoch von tiefgreifenden Unsicherheiten oder der Tatsache mehr als aufgewogen werden, daß eine erhebliche Risikoanfälligkeit gegenüber nachteiligen Entwicklungen besteht.«

»Nachteilige Entwicklungen«?

Seit wann lassen sich denn Konjunkturflauten außer Kraft setzen?

Möchten Sie in Werte investieren, die in Zeiten »nachteiliger Wirtschaftsentwicklungen« den Bach runtergehen?

Finanzoperationen auf Fremdfinanzierungsbasis hängen von Ihrer Fähigkeit ab, den Bargeldfluß zu steuern. Die Zinszahlung bei Ramschanleihen ist häufig zu unsicher und zu spärlich, um einer Rezession standzuhalten. Firmen, die Junk-Bonds auflegen, verschulden sich in so hohem Maß, um ihre Unternehmensaufkäufe zu finanzieren, daß diese Akquisitionen im Fall eines Wirtschaftsabschwungs nicht genug Bargeld abwerfen, um den Schuldenberg abzutragen. Die Dividende kann beschnitten werden, wenn eine Firma weniger Gewinne erzielt oder mit dem Geld einfach noch eine Weile länger arbeiten möchte. Schulden sind hingegen Verpflichtungen, denen ein Unternehmen laut Gesetz nachkommen muß, wenn es nicht Gefahr laufen will, von den Anleihebesitzern vor ein Konkursgericht zitiert zu werden.

In einer Untersuchung der Harvard Universität, über die ein Bericht im *Wall Street Journal* erschien, hat man folgendes herausgefunden: »Anleger, die sämtliche 1977 und 1978 aufgelegten Junk-Bonds gekauft und in ihrem Portfolio behalten hätten, müßten zum 1. November 1988 mit einer Zahlungsunfähigkeitsquote von über 34 Prozent rechnen.«

Lassen Sie die Finger davon. Die fünf oder sechs Prozent zusätzlichen Zinsen, die Sie aus diesen Hochzinspapieren herauspressen können, sind die riesigen, aufgelaufenen Tilgungs- und Zinsbeträge nicht wert, die Sie ein für allemal in den Wind schreiben können, wenn solche Geldgeber ihre Verbindlichkeiten nicht einhalten.

Nicht alle Bonds sind gleich. Wenn Sie mit Anleihen so umgehen, als käme es nur auf die höchsten Zinsen an, dann sind Sie nicht cleverer als jemand, der sich auf irgendein x-beliebiges Geschäft einläßt, nur weil der Preis so günstig ist.

Vielleicht kennen Sie die Geschichte von dem Mann mit dem Elefanten. Er trifft zufällig einen Freund auf der Straße und fragt ihn: »Ich hab' da einen Elefanten, den ich verkaufen möchte, für tausend Dollar. Hast du Interesse?«

»Bist du verrückt?« erwidert der Freund. »Was soll ich damit? Ich bin Schneider. Ich lebe in einem Apartment, im siebten Stock, mit drei Räumen. Ich habe Frau und Kind. Ich komme finanziell kaum über die Runden. Ganz abgesehen davon sind tausend Dollar viel zuviel. Ich geb' dir fünfhundert.«

Selbst die Profis, die bei diesem Spiel versuchen, auf ehrliche Weise die eine oder andere Milliarde zu verdienen und in US-Staatsanleihen mit der höchsten Bonitätsstufe investieren, werden gelegentlich zu Staub zermalmt.

Gehen Sie bloß nicht davon aus, daß Anleihen automatisch sicherer sind als Aktien oder irgendeine andere Investition. Selbst wenn ihre Qualität nicht den geringsten Makel aufweist, sollten Sie nicht unterschätzen, daß Anleihen Ihnen eine Menge Kopfschmerzen bereiten können, vor allem, wenn Sie sich das Geld für den Kauf geliehen haben.

Alle Investitionen reagieren unversöhnlich auf menschliche Fehler. Da gibt es keine Ausnahmen.

# *Lektion 67*

## Warum Ihre Werbung nicht wirkt

Während der ersten 75 Jahre, seit es die Firma Hershey gab, trieb der Konzern keinerlei Werbung. Soviel Glück können Sie sich nur wünschen.

Letztlich ließ sich Hershey aber doch überzeugen, daß ein Multimilliarden-Dollar-Unternehmen in der Nahrungsmittelindustrie zum Erhalt der Wettbewerbsfähigkeit mehr braucht als eine Marketingstrategie, deren Schlüsselelement darin besteht, Restaurants zu beschwatzen, neben der Registrierkasse ein Regal mit Süßigkeiten aufzubauen. Obwohl es Jahrzehnte so funktionierte, fühlte der Konzern sich gezwungen, nun doch eine Werbekampagne in Gang zu setzen.

Von hundert Werbeanzeigen zeitigen nur zehn Wirkung. Rund 85 verschwinden unbemerkt in den Werbewellen. Fünf werden wahrgenommen und haben einen so zündenden Negativeffekt, daß sie sich wie ein Bumerang gegen den Inserenten richten.

Worin besteht der Unterschied zwischen guter und schlechter Werbung?

In den meisten Fällen zwischen guten und schlechten Werbeagentur-Kunden.

Leider gehört die Werbung zu den sanften, auf Überzeugungskraft basierenden Wissenschaften, in denen sich jeder als Experte betrachtet. Das Ergebnis sind oft Anzeigen, die auf eine Zielgruppe von nur einer Person zugeschnitten sind, nämlich denjenigen, der die Rechnung bezahlt. Die Agentur bietet Konzepte an, aber es gibt nicht viele, die einen Kunden ablehnen, der auf seiner eigenen Methode besteht, nur weil ihm die Anzeigen nicht gefallen.

Wie kann man also gute von schlechter Werbung unterscheiden?

Hier ist Harveys Blitzkurs für alle, die sich auf die total verrückte Welt der Werbung einlassen wollen.

*Regel eins: Bleiben Sie im Hintergrund.* Auf jeden Lee Iacocca kommen 1001 Trottel, die darauf bestehen, daß den Betrachter ihr eigenes Bildnis aus dem dekorativ angeordneten Sammelsurium von Kühlschränken oder Gebrauchtwagen anlächelt – entweder, weil »die Öffentlichkeit mich kennt« oder weil »die Agentur es so möchte«. Klar, und die Agentur möchte Ihnen natürlich auch die Anzeige schmackhaft machen. Sparen Sie sich also Ihr Zahnpasta-Lächeln für eine Hollywood-Karriere auf, die Sie nur einen Anruf kostet. Mit persönlichem Charisma lassen sich vielleicht kreative Produkte wie Filme oder Bücher verkaufen, aber wenn Sie nicht gerade der beste Baseballspieler der vergangenen Saison waren oder ähnlich Aufsehenerregendes geleistet haben, sollten Sie darauf verzichten, die Qualität einer Ware in eigener Person zu bezeugen. Bei den meisten Produkten und Dienstleistungen liegt der Wert im Erzeugnis selbst, nicht bei den Menschen, die es herstellen oder verkaufen. Halten Sie sich deshalb aus Ihren Anzeigen heraus. Leute, die auf der Suche nach einem neuen Kühlschrank sind, wollen nicht Ihre Visage aus dem Gefrierfach hervorkommen sehen.

Es hat noch einen weiteren Nachteil, wenn Sie glauben, Sie müßten in Ihrer Werbung der große Star sein: Ihr Image überschattet das Produkt, das Ihre Firma zu bieten hat. Ein treffendes Beispiel dafür erhielt ich vor nicht allzu langer Zeit, als ich Victor Kiam zum Flughafen eskortierte. Er ist der Remington-Mogul, der mit dem Werbespruch »Da habe ich gleich das Unternehmen gekauft« Furore machte. Mindestens ein halbes Dutzend Leute keilten ihn ein und bestürmten ihn mit der Bitte um ein Autogramm.

Als er die Belagerer jedoch aufforderte, ihm den Namen des Produktes (das sie ja kannten) und den Namen des Unternehmens zu nennen, zog er nur Nieten!

Falls Sie nicht unsterblich sind – wie Colonel Sanders oder Mickymaus –, dann müssen die neuen Besitzer Ihres Unternehmens in ein brandneues Image investieren, nachdem Sie das Zeitliche gesegnet haben. Das mindert den Wert der Firma für potentielle Käufer – ein weiterer verborgener Kostenfaktor des Egotrips.

*Regel zwei: Versuchen Sie sich nicht als Werbetexter.* Dieser Fehler ist auch bei ansonsten intelligenten Leuten verbreitet, insbesondere bei Juristen und Firmenchefs (die zur Kategorie derer gehören, die massenweise Memoranden verfassen) sowie all den Zungenfertigen, die ihren Lebensunterhalt damit verdienen, anderen Menschen Worte zu verkaufen. Deren Problem besteht vor allem darin, daß sie ihre Brötchen mit den falschen Worten verdienen, sofern es um Werbetexte geht: Sie schwelgen in bombastischen Worten, und benutzen davon jede Menge, während Werbefachleute unscheinbare Worte und diese so sparsam wie möglich einsetzen. Werbeleute wissen, daß erfolgreiche Werbung sich nicht um Produkte dreht, sondern um die Vorteile, die das Produkt den Leuten bringt. Sie wollen kein Stück Seife, sondern saubere Hände.

Natürlich werten intelligente Leute wie diese die Arbeit professioneller Werbetexter als zu vordergründig und kommerziell ab. Ihr Anliegen besteht darin, die Öffentlichkeit zu »erziehen«. Vor allem wollen sie jedoch sagen, was sie zu sagen haben, und zwar genau auf die Weise, wie sie es sagen wollen. Deshalb bestehen sie auf textlastigen Anzeigenmonstern, die bleischwer auf der Zeitungsseite liegen und ungelesen bleiben. Das dürfte schwerlich überraschen. Die Öffentlichkeit will nun einmal nicht erzogen werden. Wenn Sie sich einmal die Anzeigen ansehen, die vor dreißig Jahren entstanden sind, würden Sie feststellen, daß bei den meisten der Werbetext eine dominierende Rolle spielt; die visuelle Komponente tritt sehr stark zurück. Das Fernsehen hat das alles geändert. Werbung ist heute ein visuelles und kein verbales Medium mehr, gleichgültig, ob sie im Druck oder auf der Bildröhre erscheint.

Anschaulichkeit ist Trumpf; Schlagzeilen vermitteln die Botschaft. Wenn der eigentliche Anzeigentext überhaupt gelesen wird, ist es ein Wunder.

*Regel drei: Lösen Sie den Werbeausschuß auf.* Engagieren Sie einen Werbemanager. Das dürfte keine leichte Aufgabe sein, weil Ausschüsse in vielen Unternehmenskulturen als Allheilmittel gelten. Diese Form der Teamarbeit stellt Sie jedoch vor ein Problem, nämlich das »Zu-viele-Köche-Syndrom«: Die Anzeige wandert durch viele Hände, und alle fuchteln wild, um einer bestimmten Meinung Gehör zu verschaffen. Doch mehr Leute heißt nicht mehr Sicherheit.

Eine auf diese Weise entstandene Anzeige ist typischerweise prall gefüllt mit kunterbunt zusammengewürfelten visuellen und verbalen Informationen. Sie versucht, Ihnen all das zu vermitteln, was Sie gar nicht wissen wollten, und Sie über Hunderte von verschiedenen Merkmalen aufzuklären: Preis, Qualität, Zielpublikum, Anwendungen, Verfügbarkeit, äußeres Erscheinungsbild, vermischt mit einem Schuß Firmenimage und Sex-Appeal, und (nicht zu vergessen) das Werbegeschenk, das als Anreizmechanismus Dampf machen soll. Man ist überwältigt – und blättert um. Da jeden Tag rund tausend Werbeanzeigen um seine Aufmerksamkeit kämpfen, verweilt das Auge des Lesers selten lange genug, um eine bestimmte durchzustudieren. Deshalb muß sie einfach und verständlich formuliert sein. Wenn sie nicht geradezu ins Auge springt, hat sie keine Chance, bemerkt zu werden. Folglich gilt die Formel: Eine Anzeige = ein Image = eine Idee. Sonst können Sie's gleich lassen.

Es gibt jedoch eine Ausnahme, und das sind Anzeigen mit dem Porträtfoto von hundert und mehr Außendienstmitarbeitern, die zu Mitgliedern der firmeninternen »Präsidentenrunde«, des »Eine-Million-Dollar-Clubs« oder welcher Elitetruppe auch immer ernannt wurden. Sie zielen nicht auf die Leser der Publikation ab, sondern sind an die in der Anzeige Abgelichteten gerichtet. Sie stellen keine Werbeform, sondern eine Form der Anerkennung dar. Wenn Werbung auch den Zweck verfolgt, den Stolz der Mitarbeiter auf die eigene Firma aufzumöbeln, indem man menschliches Interesse an ihnen zeigt, dann ist dieses Konzept der elementarste Ausdruck dieses Gefühls.

*Regel vier: Gehen Sie nicht auf Nummer Sicher.* Der am weitesten verbreitete Fehler ist die »todsichere« Anzeige. Sie enthält keine auf den ersten Blick offensichtlichen Schnitzer. Sie ist nicht narzißtisch. Sie wirkt nicht aufdringlich. Sie enthält kein visuelles Chaos.

Aber sie gehört in die 85-Prozent-Kategorie. Sie ist einfach nicht interessant genug, um sich gegen die 999 anderen Anzeigen zu behaupten, die um Ihre Aufmerksamkeit ringen. Sie trägt einen grauen Flanellanzug, der in einem Meer grauer Flanellanzüge untergeht.

Für manche Inserenten spielt das keine Rolle. Procter & Gamble hat sich einen erstklassigen Namen aufgrund seines Marketing-Know-hows und ein noch erstklassigeres Einkommen mit Mr. Whipple verdient – Werbung, die Qualität verspricht. Der Konzern schien beinahe Angst davor zu haben, er könnte allzu clever vorgegangen und Mittelamerika zu nahe getreten zu sein. Deshalb hämmerte er seine Botschaften durch ständige Wiederholung ein. Mr. Whipple erhielt mehr Sendezeit, als der Ayatollah je gehabt hat. Wenn Sie ein paar hundert Millionen Dollar für Ihre Werbung aufwenden, müssen Sie vielleicht kein Risiko eingehen. Sie können sich Ihren Marktanteil kaufen. Aber im vergangenen Jahr hat selbst P & G die Notwendigkeit erkannt, die Botschaft nicht nur rüberzubringen, sondern seine Kundschaft auch zu unterhalten. Mr. Whipple und Mrs. Olson wurden durch Anzeigen ersetzt, die Aufmerksamkeit erzeugen und nicht auf »Nummer Sicher« gehen.

Bei uns restlichen Inserenten aber muß eine Anzeige gut genug sein, um bemerkt zu werden.

*Regel fünf: Wählen Sie Ihre Werbeagentur nach den gleichen Gesichtspunkten aus, wie Sie einen Anzug kaufen – also achten Sie als erstes auf Qualität.* Qualität könnte man als nachweisbaren Erfolg bei der Zusammenarbeit mit Unternehmen definieren, die Ihrem ähneln, die ein ähnliches Budget und mit ihren Werbekampagnen Preise gewonnen haben.

Ich gehe nicht davon aus, daß ich durch Werbung ein

Produkt verkaufen kann. Das gelingt nur dem Verkaufspersonal. Ich erwarte jedoch, daß die Anzeigen wahrgenommen werden. Ich liebe die hieb- und stichfesten Daten, die in Leserumfragen gewonnen werden. Mir gefallen die hohen Reaktionsquoten, die sich mit den Bingo-Karten im hinteren Teil mancher Zeitschriften erzielen lassen. Ich mag – nein, ich bestehe auf – Werbeaktionen, die sich im Rahmen des veranschlagten Budgets halten.

Wie gut ist das Material, das die Werbeagentur liefert? Nun, die Industrie verleiht im Anzeigen-Spiel für alles mögliche Preise (mit Ausnahme der pünktlichen Lieferung), von denen manche wichtiger sind als andere. Am wertvollsten sind die Auszeichnungen durch den Art Directors Club in New York (Addies), durch One Show (Effies), Communications Arts (Clios) oder die Festspiele in Cannes (Löwen). Aber ich glaube, daß jeder Preis zählt. Er deutet auf Qualität, Engagement und Stolz einer Agentur auf ihr Arbeitsergebnis hin. Kreative Menschen haben ein äußerst zerbrechliches Ego. Sie sehnen sich noch mehr nach Anerkennung als die meisten von uns. Werbeagenturen, die dieses Grundbedürfnis zu befriedigen verstehen, indem sie ihre schöpferisch tätigen Mitarbeiter fördern und sich an Wettbewerben beteiligen, liefern in der Regel die besten Werbekonzepte.

Ich wäre nicht versucht, eine Werbeagentur zu engagieren, die glaubt: »Preise sind nicht wichtig. Sie tragen nicht dazu bei, das Produkt zu verkaufen. Sie dienen lediglich dazu, unsere Kunden zu beeindrucken.« Ich lasse mich aber nun mal gerne beeindrucken. Wenn Ihre Agentur Preise gewinnt, färbt der Stolz darüber auch auf Sie und Ihre Mitarbeiter ab. Die Gewinner der Agentur helfen Ihnen dabei, Ihre eigenen Gewinner aufzubauen.

*Regel sechs: Nehmen Sie als nächstes den Stil der Werbeagentur unter die Lupe.* Es gibt zwei Kategorien von schlechten Agenturen: Die einen sammeln auf Teufel komm raus Kunden, die anderen genauso verbissen kreative Ideen.

Wenn die Kundenbetreuer dominieren, können Sie mit großartigen Serviceleistungen rechnen. Aber wie ist es um die Anzeigen bestellt? Sind die Kreativen vorherrschend, erhalten Sie mit Sicherheit tolle Werbestrategien, aber sie könnten auch wahnsinnig teuer und weitab von Ihrem Ziel sein. Wenn man Mr. Whipple durch Itzhak Perlman und die New Yorker Philharmoniker ersetzen würde, könnte man sicher einige Köpfe in der Preisjury für sich gewinnen, aber Toilettenpapier läßt sich damit vermutlich nicht verkaufen.

Sie brauchen eine Werbeagentur, die über einen starken Kundendienst, aber auch über Kreativität verfügt.

Für beide Merkmale gibt es alle möglichen Anzeichen. Wie lange arbeitet die Agentur schon mit ihren Kunden zusammen? Eine kurze Lebensdauer der Beziehung ist normalerweise keine Folge mangelnder Kreativität, sondern schwacher Kundendienstleistungen, die sich beispielsweise darin äußern, daß Budgets überzogen worden und Termine geplatzt sind. Bitten Sie um Referenzen von derzeitigen und ehemaligen Kunden. Welches Team betraut die Agentur mit der Arbeit an Ihrem Auftrag? Sind die kreativen Mitarbeiter mit den preisgekrönten Anzeigen, die man Ihnen gezeigt hat, um Sie als Kunde zu gewinnen, die gleichen, die Sie betreuen, sobald Sie Kunde geworden sind? Falls nicht, sollten Sie sich einige Arbeiten derjenigen vorlegen lassen, die sich tatsächlich mit Ihrer Werbeaktion befassen. Wer wird Ihr Ansprechpartner in der Agentur sein? Jemand, der über ein oder zwei Jahre Berufserfahrung verfügt, oder ein echter Profi? Wenn Sie immer wieder Fragen wie diese stellen, können Sie sich ein ziemlich genaues Bild davon machen, welchen Wert die Agentur Ihrem Auftrag beimißt und wo ihre Stärken und Schwächen liegen.

*Regel sieben: Achten Sie auf Übereinstimmung.* Sie suchen eine Agentur, die nicht so groß ist, daß Sie in der Anonymität verschwinden, und nicht so klein, daß ihr das breite, von Ihnen benötigte Spektrum von Mitarbeitern mit den verschiedensten Begabungen oder die Fähigkeit fehlt, sich bei den Medien mittels Kaufkraft Geltung zu verschaffen.

Sie sollten auch sicherstellen, daß sich die Persönlichkeiten der Beteiligten harmonisch ergänzen. Wenn Ihr Werbemanager zu den konservativen Männern gehört, die dreiteilige Anzüge bevorzugen und X Dollar pro Jahr verdienen, bildet er kaum ein gutes Gespann mit Mr. Ausgeflippt von der Agentur, der X plus Y Dollar jährlich vorweisen kann. Da spielt die Chemie einfach nicht mit.

Vergewissern Sie sich, daß Interessenkonflikte ausgeschlossen sind. Schon in der Bibel heißt es: »Niemand kann zwei Herren dienen.« Einige Agentur-Mitarbeiter scheinen dieses Kapitel nicht gelesen zu haben. Das letzte, was Sie brauchen, ist eine Agentur, die gleichzeitig mit Ihrem und dem Auftrag Ihres Konkurrenten jongliert. Das wäre genauso, als würden Sie entdecken, daß Ihr Anwalt im Prozeß auch Ihren Gegner vertritt.

*Regel acht: Setzen Sie den Preis im Vertrag fest.* Agenturen haben und nutzen die Gelegenheit, auf dreifache Weise an Ihnen zu verdienen: Erstens, die »üblichen« 15 Prozent Provision. Die Medien stellen die Kosten des Anzeigenraums oder der Sendezeit der Agentur in der Regel direkt in Rechnung, wobei 15 Prozent des Gesamtbetrags abgezogen sind.

Zweitens verlangt sie einen Aufschlag auf sämtliche Produktionskosten und Materialien oder Dienstleistungen, die in Ihrem Auftrag beschafft werden, wie beispielsweise Schriftsatz und Fotos. Die Spanne liegt hier zwischen 15 und 20 Prozent. Das haben Sie nicht gewußt? Nun, auch das gehört zu den seit alters her »üblichen« Verfahren in der Werbung.

Und schließlich berechnet man Ihnen für einige Serviceleistungen, beispielsweise Public-Relations-Aktivitäten oder Zusammenstellung der Medien-Kombinationen, ein Honorar auf Stundenbasis, das normalerweise als Kostenfaktor in der Rechnung aufgeführt wird.

Aber ich habe auch gute Neuigkeiten für Sie: Das Ganze ist eine Frage der Verhandlung.

Wenn Sie zu den großen Inserenten gehören, entfällt für Sie vielleicht sogar die Provision von 15 Prozent, die an die Agentur geht. Tatsache ist, daß Sie auf dem Verhandlungsweg oftmals das Recht erwerben können, Ihre eigenen Anzeigen zu plazieren, und eine Menge Geld sparen, wenn Sie diese wiederholt in den gleichen Publikationen erscheinen lassen. Normalerweise behaupten diese, sie würden den Rabatt nur »akkreditierten Werbeagenturen« gewähren.

Aber das bedeutet lediglich, daß Sie – wenn es heikel wird – eben Ihre eigene firmeninterne Werbeagentur mit eigenem Namen gründen.

Im allgemeinen bieten die Agenturen den kleinen Kunden keinen Rabatt auf ihre Provision für die Kreativleistungen an; aber Sie können den Aufschlag auf die Produktionskosten merklich beschneiden und das Honorar auf Stundenbasis unter Umständen sogar völlig ausklammern. Am Ende sollten Sie das erhalten, wofür Sie bezahlt haben. Gute Agenturen werden offen mit Ihnen sein und über ihre Gebühren reden. Viele lassen mit sich handeln.

*Regel neun: Lesen Sie Regel eins noch einmal.* Halten Sie sich im Hintergrund, sowohl im wörtlichen als auch übertragenen Sinn. Leider ist diese Regel am schwersten zu befolgen, weil Werbung zu den Branchen gehört, in denen sich jeder für einen Experten hält, ähnlich wie die Manager von Baseball-Teams.

Betrachten Sie Ihre Werbeagentur wie einen Mitarbeiter, den Sie eingestellt haben, um die komplizierteste Anlage in Ihrer Fabrik zu installieren und zu warten. Erklären Sie ihm, wo der Knopf zum Einschalten ist und wie die Maschine funktionieren sollte, aber schreiben Sie ihm nicht vor, wie er seine Arbeit zu leisten hat.

# *Lektion 68*

## Greifen Sie zu, bevor der Verkauf beginnt

Vielleicht nicht heute, aber irgendwann. Und die besten Dinge, die es zu kaufen gibt, sind nicht durch ein Schild mit der Aufschrift »Zu verkaufen« gekennzeichnet. Niemand hat die Firma Kraft oder RCA mit einem solchen Aushängeschild versehen.

Wenn Sie etwas Interessantes entdecken, sollten Sie Ihr Interesse bekunden. Ich habe sogar an zahlreiche Türen geklopft – von Firmen und Privathäusern –, meine Visitenkarte überreicht und den angenehm überraschten Gesichtsausdruck genossen, wenn ich sagte: »Wenn Sie jemals daran denken, zu verkaufen, lassen Sie es mich bitte wissen.« Vielleicht knallt man Ihnen die Tür vor der Nase zu, wenn Sie Staubsauger feilbieten, nicht jedoch, wenn Sie klingende Münze anzubieten haben. Und wenn Sie anklingen lassen, daß Sie an einen Einstieg in den Markt denken, verbreitet sich die Kunde in Windeseile und gelangt selbst zu jenen, die Sie nicht kontaktiert haben.

Das bedeutet nicht, daß Sie zum Kauf verpflichtet sind, sondern lediglich, daß Sie eine Chance haben, als erster einen Blick darauf zu werfen. Es entspricht zwar den Tatsachen, daß die meisten Verkaufswilligen ihrem Hab und Gut einen übersteigerten Wert beimessen; aber gelegentlich trifft man auch einmal auf jemanden mit mehr Sinn für die

Realität oder dem einfachen Wunsch, seinen Besitz mit sowenig Streß wie möglich loszuwerden.

Ich hab's wohl mehr als zwanzig Mal mit dieser Methode versucht. Nur einmal hat es geklappt. Ich kaufte eine Firma von einem Hersteller, der in der Hoffnung diversifiziert hatte, seinen Sohn auf diese Weise für das Familienunternehmen zu interessieren. Weder der Sohn noch die neue Produktlinie wurden seinen Erwartungen gerecht. Er war beschämt und wollte sich so schnell und so unbemerkt wie möglich von seiner Last befreien.

Nur ein einziges Mal. Aber in diesem Fall war einmal genug.

# *Lektion 69*

---

## Die Wirtschaft folgt der Kunst

Planen Sie den Bau einer neuen Fabrik oder eines neuen Bürogebäudes? Bevor Sie sich den Verlockungen der Vorstadt hingeben, sollten Sie einen letzten Blick auf die Innenstadt werfen.

Gibt es dort ein Gebäude älteren Datums, das zu renovieren sich lohnt? Nicht abreißen, sondern instand setzen, wiederverwenden, erhalten?

In den USA herrschte früher das Motto: »Das ist Amerika, eine Wegwerf-Gesellschaft.« Und genau das haben wir mit unseren Autos, unserer Kleidung und unseren Ehepartnern gemacht. Warum sollte es unseren Bauwerken anders ergangen sein? Ohne ihren wahren Wert zu berücksichtigen, wurden Abertausende von alten Häusern abgerissen, weil wir darauf programmiert waren, dem Neuen den Vorzug zu geben.

Dann kam das Ölembargo, und die Hypothekenzinsen stiegen auf 21 Prozent an. Und da gelangten wir zu der Schlußfolgerung, daß einige der soeben noch als wertlos verschmähten Gebäude verborgene Qualitäten besaßen, die sie erhaltenswert machten. Ich spreche von Steuervergünstigungen, die für die Erhaltung historischer Bauten und bei Ansiedlung von Unternehmen in innerstädtischen Gewerbegebieten gewährt werden.

Ein weiterer verborgener Wert ist der langfristige Vorteil, den Sie der Kommune mit dem Erhalt eines geschichtlichen Wahrzeichens einbringen. Sie gelten fortan als Held aus den Reihen der Bürgerschaft und haben damit einen Public-Relations-Coup gelandet, der an jedem Tag des Jahres sichtbar ist.

Und schließlich bedienen Sie sich noch aus einem Reservoir von Arbeitskräften, von denen viele augenblicklich vielleicht unterbeschäftigt sind, die Sie aber in den Stadtrandgebieten nie ansprechen könnten. Das ist ein weiterer, langfristiger Vorteil auf sozialer Ebene, bei dem sich Öffentlichkeitsarbeit und eine gesunde ökonomische Denkweise hervorragend ergänzen. Sie müssen vielleicht ein paar Minuten länger zu Ihrem Arbeitsplatz fahren, aber die Mehrzahl Ihrer Arbeitskräfte stammt direkt aus der Nachbarschaft. Sie sind nicht einmal verpflichtet, soviel Parkraum wie sonst zur Verfügung zu stellen.

Bevor Sie also ein Blechmonstrum mit Fabrikschornsteinen hochziehen, machen Sie mit den Industrieentwicklungs-Experten einen Rundgang durch die Innenstadt. Dann sollten Sie sich mit einem guten Sanierungsfachmann unterhalten, vielleicht einem Architekten, der solche Aufgaben schon vorher übernommen hat, und herausfinden, ob er oder sie dieses Gebäude für Ihre Zwecke herrichten kann. Wichtig ist vor allem, daß Sie die Straßen in der unmittelbaren Umgebung abklappern. Es gibt ein untrügliches Zeichen dafür, ob ein Stadtviertel einer neuen Glanzzeit entgegensieht: Sie müssen nur nach den Künstlern Ausschau halten.

Überprüfen Sie die Restaurants, die Kunstgalerien und die Buchläden. Stellen Sie fest, wo die »Szene« zu finden ist.

Ein paar Bärte, ausgeflippte Klamotten und Poster mit der Aufschrift »Raus aus Mittelamerika« sind mehr wert als alle Standortanalysen. Sie sind der wichtigste Indikator für den noch unentdeckten Wert einer Immobilie, so wie man durch die Entdeckung von Kupfer auf eine Goldmine stößt.

Das Muster für die Wiederbelebung eines Stadtteils ist stets das gleiche:

Als erstes halten die Künstler Einzug – die freien Schriftsteller, Maler, Werbegrafiker und Fotografen. Sie suchen nach billigem Wohnraum, nach der Gesellschaft ihresgleichen und dem bestimmten Ambiente, das ihre Augen früher aufspüren, als unsere es vermögen. Dann kommen die Galerien und Restaurants, die auf dieses Publikum zugeschnitten sind.

Als nächste siedeln sich die Werbeagenturen mit maßgeschneiderten Konzepten und die Architekten an, die eine Aura der Kunstsinnigkeit ausstrahlen wollen.

Dann kommen die Yuppies.

Dann die Touristen.

Und mit jeder neuen Zuzugswelle steigt der Wert der Immobilien.

Bis schließlich die Künstler, die den Boom ausgelöst haben, mittels dieser Preismechanismen aus dem Markt verdrängt werden und sich eine andere Bleibe suchen.

Vor einigen Jahren erhielt eine große Werbeagentur die Gelegenheit, ein altes Lagerhaus zu kaufen. Sie wählte jedoch den konventionelleren Weg und siedelte sich innerhalb der Grenzen des bestehenden Geschäftsbezirks an.

Es bedurfte erst eines unverbildeten frischen Blicks, in diesem Fall eines Anlegers aus Deutschland, um die Schönheit und den Wert zu erkennen, die der ortsansässigen Agentur nicht aufgefallen waren. Er kaufte das Gebäude für 325000 Dollar, ließ einige unwesentliche Renovierungsarbeiten durchführen, und innerhalb von fünf Jahren lag der amtliche Schätzwert dieser Immobilie bei 1,5 Millionen Dollar.

Wir sprechen hier also nicht über finanzielle Opfer... sondern über die Möglichkeit, sich einen guten Dienst zu erweisen, indem man Gutes tut.

# *Lektion 70*

## Ich setze... den Mindestbetrag

Wenn Sie mich nach meinen Worten beurteilen, könnten Sie mich für einen hartgesottenen Burschen halten; aber auch ich bin nicht gefeit gegen den Sirenengesang der Aktienmakler. Gelegentlich... aber wirklich nur sehr gelegentlich... beiße ich an. Dann beschränke ich meine Investitionen jedoch auf zehn Prozent dessen, was ich sonst anlegen würde, wenn ich ernsthaft zuschlagen wollte.

Steigen die Aktien, kann ich zumindest einen kleinen Gewinn einstecken, und wenn ich beschließe, auch noch die restlichen neunzig Prozent zu kaufen, liegen meine ursprünglichen Durchschnittskosten dank der ersten Investition niedriger als die aktuellen Marktkosten.

Fallen die Aktien, dann habe ich wenigstens nicht zuviel Geld verloren.

Gleichgültig, ob die Kurse nach oben oder unten tendieren – ich habe jetzt ein tiefverwurzeltes Interesse an der Entwicklung des Aktien-Indexes und Grund, sie zu verfolgen. Auf diese Idee käme ich nie, wenn ich den Rat ignoriert und überhaupt nichts investiert hätte.

Diese Methode hat sich einige Male für mich ausgezahlt, sowohl in der Gewinn- als auch in der Verlustzone.

Das Schöne daran ist jedoch, daß sie – wenn die Kurse im Aufwind liegen – genau zehnmal besser funktioniert.

**HARVEY MACKAYS**

# INTENSIVKURS ÜBER DEN UMGANG MIT MENSCHEN

# *Kapitel 12*

## Hüte dich vor dem nackten Mann, der dir sein Hemd verkaufen will

# *Lektion 71*

## Vier von der gleichen Sorte

Es gibt Fehler, die guten Glaubens begangen werden, und solche, hinter denen sich eine weniger ehrenwerte Absicht verbirgt. Es zahlt sich noch immer aus, das Wechselgeld nachzuzählen, selbst wenn es sich um ein paar Groschen handelt, die der Cola-Automat ausspuckt. Es gibt noch immer Menschen, die von der Naivität anderer leben, und diese Leichtgläubigkeit treibt die üppigsten Blüten, wenn sie von Habgier befruchtet wird.

Ich möchte Ihnen die Geschichte von vier bemerkenswerten »Traumverkäufern« erzählen, die sich allesamt als Experten erwiesen, als es darum ging, das Hemd von ihrem nackten Hinterteil zu verkaufen, um den Kaiser mit neuen Kleidern auszustaffieren.

Wenn Sie das Bild von Edith Reich in *Fortune* betrachten, sehen Sie eine rund sechzigjährige, silberhaarige Großmutter, die zur Gattung der reizenden alten Damen gehört, die den Apfelkuchen-Backwettbewerb bei ländlichen Volksfesten in irgendeinem Bundesstaat gewinnen. Zwischen 1979 und 1981 prellte Edith Reich jedoch die Firma Dayco, einen großen, in Ohio ansässigen Hersteller von Gummi- und Plastikerzeugnissen, um 13 Millionen Dollar in Form von Provisionsvorschüssen. Sie schaffte es, Richard Jacob – dem Vorstandsvorsitzenden von Dayco, den *Fortune* einmal als einen der zehn härtesten Firmenchefs in den USA bezeichnete – vorzugaukeln, der 120-Millionen-Auftrag der Sowjetunion sei echt. Edith Reich endete in einer staatlichen Einrichtung, die an alles andere als eine ländliche Idylle erinnert; dort werden die Apfelkuchen nicht mit einer blauen Siegerschleife prämiert, sondern aus dem Blechnapf serviert.

Der zweite im Bunde ist John Ackah Blay-Miezah, der einige Zeit in Pennsylvania und Ghana hinter Gittern verbrachte und nun wesentlich angenehmere Stunden in nobleren Etablissements im West End von London verbringt. Blay-Miezah behauptet laut *Forbes*, daß Kwame Nkrumah, Ghanas erster Premierminister, ein auf 20 Milliarden Dollar geschätztes Vermögen abzweigte. Er soll es auf europäischen Banken deponiert und Blay-Miezah zum einzigen Nutznießer und Treuhänder ernannt haben. Das Geld sei für die Entwicklung Ghanas bestimmt. Blay-Miezah war gerne amerikanischen und europäischen »Investoren« zu Diensten – einschließlich einiger Akademiker und Firmenpräsidenten –, die sich an einer »Goldmine« beteiligen wollten. Er erleichterte sie um 100 Millionen Dollar im Austausch für einige Schuldscheine des Oman Ghana Treuhandfonds mit ebenso edler wie geschickter Prägung, die eine Rendite von tausend Prozent und mehr versprechen.

Adela Holzer schlug Kapital aus den Kontakten und der Publicity, die sie mit einer geringfügigen Investition in das Hit-Musical *Hair* erzielte. Sie versetzte ihre Kunden in das Reich der Phantasie und machte als angebliche Ehefrau von David Rockefeller und einflußreiche Broadway-Produzentin Furore. Sie bot Anlegern einen Gewinn von 40 bis 60 Prozent mit Geschäften an, die der Zeitschrift *New York* zufolge auf nebulösen Verträgen basierten und den Transport ganzer Schiffsladungen voller Waren an exotische Orte vorsahen. Es gab einen »Maxi-Deal«, der nach drei bis vier Monaten Gewinne abwarf (die Investoren hatten eine Woche Zeit für die Überweisung des Geldes), den »Mini-Deal«, bei dem man den Gewinn nach drei bis vier Wochen einkassieren konnte (der anzulegende Betrag mußte innerhalb von zwei Tagen eingezahlt sein), und den

»Mikro-Deal«, der innerhalb der folgenden zehn Tage einen Gewinn versprach (die Summe hatte noch am gleichen Tag bei Frau Holzer einzugehen). Die New Yorker Staatsanwaltschaft erklärte, sämtliche Geschäfte wiesen ein gemeinsames Muster auf und seien eine Spielart des Ponzi-Schemas*. Es wurden keine Waren versandt. Das Geld der neuen Anleger wurde benutzt, um die früheren Investoren auszuzahlen. Von April 1988 bis Februar 1989 fielen zahlreiche als clever geltende New Yorker mit Investitionen von insgesamt sieben bis acht Millionen Dollar auf diesen Sirenengesang herein, obwohl Adela Holzer in den siebziger Jahren wegen des gleichen Spielchens bereits eine zweijährige Haftstrafe verbüßt hatte. Zwei Tage, nachdem sie unter Anklage gestellt und festgenommen worden war, hätte ein weiteres spektakuläres und von wohlhabenden Investoren finanziertes Broadway-Musical Premiere gehabt.

Die rund neunhundert Menschen, die Ken Oxborrow 58 Millionen Dollar anvertrauten, dachten – so wird behauptet – sie würden mit ihrem Geld 2,5 Prozent Zinsgewinn erzielen – pro Woche. Ein Teil sollte in Warentermingeschäfte investiert werden. Der Oxborrow-Skandal wurde in dem Buch *Investor Alert!* von Willbur Cross und in *Barron's* geschildert. *Barron's* beschreibt Oxborrow als einen »ehemals erfolglosen Kartoffelbauern ohne Erfahrung mit der Investition in Warentermingeschäfte oder die behördliche Genehmigung, Wertpapiere zu verkaufen, die nicht auf den Namen des Inhabers lauteten«. Zum Dank für seine »Verdienste« wurde Oxborrow Kostgänger des Staates Washington.

Diese Trickbetrüger haben ihren Erfolg nicht ihrem überragenden Verkaufstalent zu verdanken. Oxborrow, der auf diesem Gebiet zweifellos ein Experte war, erklärte der Zeitschrift *Barron's:* »Wenn Anleger auf eine gute Rendite bedacht sind, ignorieren sie das Risiko. Wenn sie etwas haben wollen, schauen sie sich das Gedruckte nicht

---

* benannt nach Charles A. Ponzi, einem Betrüger, der in den dreißiger Jahren Investoren mit dem eingezahlten Geld späterer Anleger auszahlte, um ihnen immer größere Risikoengagements schmackhaft zu machen.

an, gleichgültig um was es sich handelt. Statt dessen suchen sie nach rationalen Gründen für ihre Entscheidung.« Schauspieler nennen das die »bewußte Verdrängung des Unglaubens«. Sie ermöglicht, etwas zu glauben, was man in seinem tiefsten Innern für unwahr hält, aber nur dann erleben und genießen kann, wenn man seine Zweifel unterdrückt.

Sie können sich nur dann schützen, wenn Sie sich Ihre wahren Gefühle bewußtmachen und erkennen, daß nicht Ihre Überzeugung, sondern Habgier Ihr Handeln bestimmt. Sie stellt eine so starke Antriebskraft dar, daß sie den Wunsch weckt, etwas glauben zu wollen, was nicht wahr ist oder sein kann, wie Sie tief in Ihrem Herzen wissen.

Jeder von uns erlebt dann und wann einen Anflug von Habgier. Daß derartig schmutzige Machenschaften Erfolg haben, liegt weniger daran, daß andere uns manipulieren können, sondern ist in erster Linie auf unsere eigene innere Schwäche und die Neigung zur Selbsttäuschung zurückzuführen. Ein anonymer Anleger, der in *Forbes* zitiert wurde, erklärte: »Ich habe [Blay-Miezah] in einem Raum inmitten einer Gruppe Deutscher gesehen. Ich kann beschwören, daß er nicht mehr als zwanzig Worte gesagt, sondern nur eine Zigarre geraucht hat. Alle verließen den Raum und schenkten einer Geschichte Glauben, die er nie erzählt hatte.«

Wenn ein nackter Mann versucht, Ihnen sein Hemd zu verkaufen, denken Sie an meine Worte. Nicht sein Verkaufstalent, sondern Ihre eigene Blindheit, der Glanz einer Vision, die Sie blendete, hat zum Abschluß eines solchen Geschäfts beigetragen.

# *Lektion 72*

## Händlerwahl

Es ist gut, daß Sie nicht dabei sind, wenn die folgende Gaunermasche abgezogen wird. Es würde Ihnen das Herz brechen, Augenzeuge zu sein, und schuld daran wären nur Sie selbst.

Das Drama spielt sich kurz nach Ihrem plötzlichen und unerwarteten, tief betrauerten Ableben ab.

Die Szene: der Laden eines Briefmarken- oder eines Münzhändlers oder eines Baseballkarten-Verkäufers oder eines Sammlers von antiken Gewehren oder Ihr Wohnzimmer (pardon, ehemaliges Wohnzimmer).

Die beiden Hauptpersonen: der/die Hinterbliebene und der Briefmarken-, Münz-, Waffen- oder was auch immer Händler.

Witwe/Witwer: »Franz/Franziska hat jahrelang gesammelt, aber mir nie gesagt, was diese Dinge wert sind. Was würden Sie mir denn für die Sammlung bieten?«

Der Händler ist auch nur ein Mensch. Das Sammeln seltener Objekte gilt als der einzige Geschäftsbereich der Welt, in dem die Händler und ihre Kunden unter gleichwertigen Bedingungen um eine Ware konkurrieren. Die Mehrheit der Objekte, vor allem der guten, wird auf Auktionen angeboten und gekauft. Hier spielt es für den Verkäufer keine Rolle, ob Sie Sammler oder Händler sind, solange Sie das höchste Angebot unterbreiten. Zur Veräußerung eines privaten Nachlasses haben hingegen normalerweise nur Händler als Käufer Zugang. Wohin sollte sich ein naiver Hinterbliebener, der von der Sache keine Ahnung hat, auch sonst wenden?

Also schwimmt der Händler in unserer Wohnzimmer-Szene in den Gewässern, in denen sich Haie und kleine Fische tummeln. Da er sein Interesse nicht zu deutlich zeigen will, taxiert er mit einem flüchtigen Blick die Sammlung, die ein Leben lang von liebevollen Händen zusammengetragen worden ist.

»Ach Gott, es tut mir ja so leid, aber heute besteht kaum noch Nachfrage nach solchen Dingen. F/F scheint der/die einzige gewesen zu sein, der/die sich für diese Sachen noch wirklich interessiert hat. Wenn Sie möchten, nehme ich sie in mein Geschäft mit und überprüfe sie dort eingehend. Wenn ich Ihnen auf der Stelle ein Angebot machen soll, dann würde ich Ihnen 600 Dollar für die Sammlung geben, vielleicht sogar 700.«

Ihr überlebender Ehepartner – tief enttäuscht, daß Sie so viele Jahre lang etwas gesammelt haben, das von so geringem Wert scheint – springt auf die Äußerung des Händlers an. Er/Sie hofft, einen Vorteil aus der scheinbar versehentlich entschlüpften Bemerkung von seiner Bereitschaft zu ziehen, nicht nur 600, sondern sogar 700 Dollar für die Sammlung zu zahlen.

Vielleicht fordert der/die Hinterbliebene auch 1100 Dollar, und der Händler läßt sich beschwatzen, 1000 Dollar zu zahlen. Möglicherweise darf er die Sammlung in sein Geschäft zur »Überprüfung« mitnehmen; aber vermutlich wird ihm dies nicht gestattet – aus Angst, er könnte sich die kostbarsten Stücke unter den Nagel reißen, bevor er den Rest zurückgibt. Wie auch immer, der/die Hinterbliebene ist hilflos und total ungewappnet für die Situation.

Warum?

Weil Sie Ihrer Ehefrau/Ihrem Ehemann nicht auf die Nase binden wollten, wieviel Sie im Lauf der Jahre in Ihr kleines Hobby investiert haben. Aber Sie sollten das Ganze nicht als Verlust auf ganzer Linie abschreiben. Zumindest haben Sie für eine Anekdote bei der nächsten Händlertagung gesorgt. Sie können sicher sein: Bei den nächtlichen Sitzungen in der Bar, wo die Jungs beim Prahlen zusammenhocken und sich mit »Heldentaten« zu überbieten versuchen, ist irgendeiner dieser Aasgeier in der Lage, einem sachverständigen Publikum jedes Objekt aus Ihrer Sammlung genau zu beschreiben. Er kann auch in allen Einzelheiten erzählen, für welchen Preis er diese Tausend-Dollar-Kollektion verkauft hat: Zehntausend Dollar, fünfzehntausend oder auch fünfundzwanzigtausend. Keine dieser Summen ist ungewöhnlich – *selbst für ein einzelnes Sammlerobjekt*.

Na gut, Sie möchten nicht, daß Ihre Frau erfährt, wieviel das gute Stück gekostet hat. Klar, daß Sie Erbschaftssteuern sparen wollen, wenn's geht. Also sollten Sie Ihrer Frau auch nichts davon sagen.

Aber erzählen Sie's um Himmels willen irgend jemandem. Legen Sie auf der Stelle dieses Buch zur Seite und legen Sie ein Verzeichnis an, in dem jedes einzelne Stück aufgeführt ist – wieviel es gekostet und welchen augenblicklichen Wert es hat. Dann schicken Sie die Liste dem Anwalt, der Ihr Testament verwaltet (und wenn Sie bisher keines gemacht haben, sollten Sie das schleunigst nachholen).

Eine zweite Kopie sollte an Ihren Vermögensverwalter bei der Bank gehen – vorausgesetzt, daß eine Bank nach Regelung des Nachlasses Ihr Vermögen verwalten wird. Geben Sie beiden genaue Anweisungen, Ihre Frau nach Ihrem Tod darüber aufzuklären, daß die Sammlung möglicherweise wertvoll sein könnte und nicht eher verkauft werden sollte, bis eine Schätzung unter gerichtlicher Aufsicht stattgefunden hat und ein Vermögensverteilungsplan aufgestellt und ausgeführt worden ist. Da Sie als Experte mit dem Wert der Sammlung vertraut sind, können Sie sogar mehrere – und nicht nur einen – vereidigte Sachverständige benennen.

Was Ihre Sorge um die Folgen für die Erbschaftssteuer angeht, so besteht erst dann Anlaß dazu, wenn Ihr Nachlaß auf mehr als 600000 Dollar geschätzt wird. Und selbst dieser Schlag ist noch erträglicher, als wenn ein skrupelloser Händler Sie durchbeutelt und 90 bis 95 Prozent einkassiert. Er weiß sehr wohl, daß Ihre/Ihr Hinterbliebene(r) zum Teil auch deshalb an ihn direkt verkauft, weil er/sie eben diese Steuern umgehen will, und setzt natürlich sein Angebot entsprechend niedrig an.

*The American Philatelist,* eine Fachzeitschrift für Briefmarkensammler, veröffentlichte einen Kommentar zu dieser Erzählung: »...Möge diese kurze, aber wahre Geschichte ALLE daran erinnern, daß man diesen Hort, der soviel Freude gespendet hat, KEINESFALLS Fremden zur Plünderung überlassen sollte, die Witwen und Waisen betrügen und berauben.«

# *Lektion 73*

## ...und eine neue Methode, den Rahm abzuschöpfen

Während ich die klassischen Gaunermethoden empörend finde, entbehrt die folgende für mich nicht eines gewissen Nervenkitzels. Ich glaube, ich würde anders empfinden, wenn ich Leiter einer Fluggesellschaft wäre. Um Ostern und Weihnachten herum, wenn die Maschinen bis an die Decke vollgeladen sind, neigen die Fluggesellschaften zum Überbuchen.

College-Studenten machen sich diesen Umstand zunutze. Sie buchen einen Platz auf einer der am stärksten frequentierten Routen im Flugplan, erscheinen rechtzeitig am Flughafenschalter und bieten bei Ankündigung einer Überbuchung an, von der Passagierliste gestrichen zu werden – im Austausch für ein kostenloses Hin- und Rückflugticket. So machen sie es mit dem nächsten und übernächsten Flug, bis sie mit dem Einsatz eines einzigen Flugscheins eine Handvoll zusätzlicher gewonnen haben.

Das ist jedoch kein Trick, sondern das in Amerika herrschende System des freien Unternehmertums, das da in die Praxis umgesetzt wird. Oder etwa nicht?

# *Lektion 74*

## Wie war doch gleich Ihr Titel?

Die großen Konzerne haben schon vor langer Zeit entdeckt, daß man die Nummer zwei oder drei in einer Führungsmannschaft glücklich machen und an Bord halten kann, wenn man ihr einen Titel verleiht, der klingt, als wäre sie die Nummer eins. Folglich haben wir den Präsidenten, das Vorstandsmitglied (Chief Executive Officer oder CEO), den Betriebsleiter (Chief Operating Officer oder COO, das wie ZOO ausgesprochen wird und meine Ohren entzückt), den Chairman oder Vorstandsvorsitzenden und, nicht zu vergessen, den Vorstandsvorsitzenden des Exekutivausschusses.

Wer hat hier nun das Sagen?

Diese Titel-itis manifestierte sich in höchster Vollendung in Nixons Präsidentschaftskampagne im Jahre 1968. In dieser Ära stand »Alice im Wunderland« auf dem Programm (»Jeder soll das Rennen mitbestimmen, jeder einen Preis gewinnen«). Angenommen, Sie wären damals Fußpfleger und erpicht darauf gewesen, Nixons Kandidatur zu unterstützen. Sie marschieren also in Nixons Kommandozentrale in Peoria und bieten Ihre Hilfe an. Aber anstatt Sie in irgendein Hinterzimmer zu schicken, wo Sie Briefumschläge zukleben dürfen, erklären Ihnen die Nixon-Parteifreunde: »Herzlichen Glückwunsch, Sie sind jetzt

Vorsitzender des Komitees ›Fußpfleger aus Peoria für Nixon‹. Und nun machen Sie sich auf die Socken und sammeln Sie Spenden von Ihren Standesgenossen in der Stadt; danach plazieren Sie eine große Anzeige in der Zeitung mit dem Text: ›Fußpfleger für Nixon‹, wo jeder am Schluß der Anzeige unterschreibt, so daß es alle lesen können.«

Genauso wurde es gemacht.

Eine Gruppe, die »Bürgermeister für Nixon«, hatte mehr Aktionsausschüsse, Richtlinienausschüsse und Informationsausschüsse vorzuweisen als der Kongreß. Da die Republikaner in den meisten Stadtverwaltungen der Großstädte wenig Einfluß besitzen, setzte sich die Gruppe vornehmlich aus solchen Bürgermeistern zusammen, die tagsüber zum Heer der bezahlten Arbeitnehmer gehörten und abends als Vorstadt-Bürgermeister in Orten agierten, die alle die »freundlichsten Städte im Staat« mit rund 5000 Einwohnern waren. Sie sammelten und spendeten rund 40000 Dollar aus eigener Tasche. Diese Summe wäre niemals in die Nixon-Kampagne geflossen, wenn das Nixon-Team nicht die Idee gehabt hätte, den Wahlhelfern als Gegenleistung für Bares irgendeine Form der Anerkennung zu bieten.

Vom Standpunkt eines Menschen, der außerhalb dieser institutionellen Kultur steht, sind Praktiken wie diese in der Regel harmlos. Wirklich ärgerlich wird's nur, wenn Sie mit jemandem einen Handel abschließen und hinterher feststellen, daß er dazu gar nicht berechtigt war – nachdem Sie Ihre besten Karten auf den Tisch gelegt haben. Dieser Trick ist genauso alt wie die Nummer »Das muß ich mit meinem Verkaufsmanager klären«. Deshalb sollten Sie immer – ich wiederhole, immer – einen Blick hinter die Titel-Fassade werfen, um sich zu vergewissern, daß Ihr Verhandlungspartner berechtigt ist, die Vereinbarung zu unterzeichnen.

Falls ihm diese Befugnis fehlt, sollten Sie nicht eher verhandeln, bis Sie sich mit jemandem zusammensetzen können, der sie besitzt.

# *Lektion 75*

---

## Der Abgebrannte

Wenn das Geschäft unter Dach und Fach ist, sehen Sie sich vielleicht als nächstes der Herausforderung gegenüber, an Ihr Geld zu kommen.

Ich kenne keine Möglichkeit, einen notorischen Zahlungsverzögerer von seiner Krankheit zu heilen; es gibt jedoch ein Mittel, um Ihre Schmerzen zu lindern. Sie müssen nur einen erschwerenden Faktor in jede Rechnung einbauen. Auf diese Weise zahlt er nämlich Verzugszinsen, gleichgültig, ob diese direkt oder indirekt eingefordert werden.

Eines der bekannteren Zahlungsverzögerungsinstrumente ist der Scheck, der auf eine weit entfernte Bank bezogen ist. Warum sollte etwa jemand, der in New York City lebt, ein Konto in Billings, Montana, unterhalten – wenn nicht aus dem Grund, einen oder zwei Tage länger sein Geld davor zu schützen, in Umlauf zu geraten? Falls es dabei um beträchtliche Summen oder einen ziemlich regelmäßigen Zahlungsverkehr geht, oder wenn Sie sich Sorgen machen, daß der Scheck bei Vorlage nicht mehr gedeckt sein könnte, dann gibt es ebenfalls eine Lösung. Sie müssen nur ein eigenes Konto bei genau derselben Bank in demselben entlegenen Winkel der Erde eröffnen. Sobald Sie von Ihrem Schuldner einen Scheck aus Billings erhalten, schicken Sie ihn per Eilzustellung nach Billings, wo er Ihrem Konto am nächsten Tag gutgeschrieben wird.

Schuldner, die mit Verzögerung zahlen, sind schlimm genug, aber solche, die gar nicht zahlen, können tödlich sein.

Als ich mit 26 Jahren meine eigene Firma eröffnete, erhielt ich meinen ersten wirklich großen Auftrag von einem »Laden« aus Chicago, von dem ich noch nie etwas gehört hatte. Das hätte mich eigentlich mißtrauisch machen sollen, denn der Transport verschlingt einen hohen Anteil der Kosten und die Umschlag-Branche operierte damals vornehmlich im unmittelbaren Umkreis. Aber ich war zu naiv und zu versessen auf den Dreitausend-Dollar-Treffer, um zu spüren, daß da etwas nicht stimmte.

Nachdem wir die Ware verschickt und die übliche Zahlungsfrist von dreißig Tagen abgewartet hatten, regten sich die ersten Ameisen im Hintern, und ich begann, meinen Kunden mit den allseits bekannten höflichen »Wie geht's Ihnen denn heute? Ach übrigens...«-Botschaften zu traktieren. Tolle Neuigkeiten, es ging ihm gut, und übrigens... wir könnten jeden Tag mit der Zahlung rechnen.

Weitere dreißig Tage, in denen wir uns im Kreis bewegten, öffneten mir die Augen für die bittere Realität. Mein geschätzter Kunde versuchte, mich hereinzulegen. Bis zur letzten Konsequenz. Wenn ich auch nur einen Groschen wiedersehen wollte, mußte ich klagen.

Ich fuhr nach Chicago. Als ich dort ankam, war es neun Uhr abends, und da ich noch mit jedem Pfennig rechnen mußte, übernachtete ich im Auto und wartete darauf, daß die Firma aufmachte. Am nächsten Morgen, als eine ganze Armee von Arbeitern über meinen zusammengesunkenen Körper auf der Türschwelle geklettert war, tauchte mein Kunde auf.

Während ich an seinem Ärmel zerre, stürmt er davon und sucht Asyl in seinem Büro. Die Tür knallt zu. Er hat es geschafft, die geheiligte innerste Sphäre zu erreichen, eines der aneinandergereihten Büros für Führungskräfte, die die Wände des Gebäudes säumen. Ich bleibe zurück und wandere durch das fensterlose Großraumbüro, den einer riesigen Zelle für Untersuchungshäftlinge gleichenden Innenbereich, wo die Tagelöhner arbeiten und die Sonne niemals scheint. Kein Stuhl wartet dort auf mich. Also setze ich mich auf den Boden, dicht neben die eisernen Tore außerhalb seines Büros.

Und ich beginne zu weinen.

Erst leise, dann zunehmend lauter.

»Wenn er nicht zahlt, bin ich bankrott.«

Weitere Schluchzer.

»Warum will er denn nicht mal mit mir sprechen?«

Alle Anwesenden haben aufgehört zu arbeiten. Alle Augen in der Zelle sind auf mich gerichtet.

Manche starren mich neugierig, andere wohl mitleidig an, und überraschenderweise scheint mir niemand feindselig gesonnen zu sein.

Offenbar war ich nicht der erste, den er aufs Kreuz gelegt hatte. Und einige der Geprellten befinden sich vermutlich in diesem Raum. Wer seinen Lieferanten übers Ohr haut, der legt auch seine Angestellten rein.

Im Inneren des Büros wird es plötzlich lebendig. Jemand trippelt rein und raus.

Unterdrückte Flüche. Schließlich taucht seine Sekretärin auf – mit einem Scheck über 2500 Dollar. Ganz und gar Gauner, muß mir dieser Kerl doch wenigstens fünfhundert Dollar vorenthalten!

Ich habe die Geschichte einem Freund erzählt, und er hat mir seine Version des gleichen Mißgeschicks geschildert. Ihm hatte man ein defektes Dach verkauft. Nach dem ersten Winter begannen sich die Dachschindeln aufzuwerfen. Da er weder per Telefon noch brieflich zufriedengestellt wurde, machte auch er sich auf den Weg ins Büro, aber mit seiner Frau und seinen zwei Töchtern im Alter von vier und sieben Jahren im Schlepptau.

»Du hast Glück gehabt, daß man dich nicht verhaftet hat«, sagte er mir. »Deshalb habe ich die ganze Bagage mitgeschleppt. Den Mädchen habe ich gesagt, ich müßte meinen Onkel Willi sprechen. Er sei schrecklich menschenscheu, aber ein wirklich netter Kerl. Deshalb wäre es auch nicht verboten, alles anzufassen oder herumzurennen, wie in meinem Büro. Die beiden spielten gerade Fangen im Gang, als Onkel Willi beschloß, mich zu empfangen. Ich erhielt mein neues Dach in der darauffolgenden Woche. Die Kinder haben mich noch jahrelang gefragt, wann sie mal wieder in dem Büro spielen und den geheimnisvollen Onkel Willi kennenlernen dürften. Sie haben sich prächtig amüsiert.«

Sie müssen nicht vor Gericht gehen, um einem Zahlungsverzögerer Paroli zu bieten. Lassen Sie sich etwas einfallen. Die sechziger Jahre mögen vorüber sein, aber einige der damals gängigen Protestmethoden sind heute noch genauso wirksam, wenn man sie richtig einzusetzen versteht. Statten Sie ihm einen Besuch ab. Bringen Sie ein paar Freunde mit und vielleicht ein Spruchband oder auch zwei. Auch ein Fernsehreporter kann nicht schaden. Räuchern Sie ihn aus. Er wird froh sein, Sie zu sehen, und froh, wenn Sie gehen. Froh genug jedenfalls, um Sie dafür zu bezahlen.

# *Lektion 76*

## Wer hat Sie denn nach Ihrer Meinung gefragt?

*Nicht der Kritiker zählt; nicht der, der zeigt, wie der starke Mann stolpert oder wo es derjenige, der eine gute Tat vollbracht hat, noch besser hätte machen können. Das Verdienst gebührt dem Mann, der sich tatsächlich in der Arena befindet, dessen Gesicht von Staub und Schweiß und Blut gezeichnet ist; der unermüdlich strebt; der sich irrt und das Ziel immer wieder knapp verfehlt, weil es kein echtes Bemühen ohne Fehler und Unzulänglichkeiten gibt; der die verzehrende Begeisterung kennt, die große Hingabe; der sich für eine sinnvolle Sache verausgabt; der bestenfalls am Ende den Triumph persönlicher Höchstleistung kennt und der schlimmstenfalls, sofern er versagt, zumindest scheitert, während er Großes wagt. Und so wird sein Platz niemals unter den kalten und furchtsamen Seelen sein, die weder Sieg noch Niederlage kennen.*

Dieser Auszug stammt aus einer Rede, die unter dem Namen »Der Mann in der Arena« bekannt ist. Sie wurde von Präsident Theodore Roosevelt 1910 in Paris gehalten, ein Jahr nach seinem Ausscheiden aus dem Amt. Sie erlebte eine kurze Wiederaufführung während der dunkelsten Stunden der Nixon-Regierung. Nixon war zweifellos entzückt über den Gesinnungsgenossen auf Präsidentenebene.

Die Kritiker führen die Liste der unwillkommeneren Besucher im Leben an.

Max Reger, ein klassischer deutscher Komponist, der zu Beginn dieses Jahrhunderts lebte, ist heutzutage wegen einer Kritiker-Anekdote fast bekannter als durch seine Musik:

»Sehr geehrter Herr,

ich sitze im kleinsten Zimmer meines Hauses. Ihre Rezension befindet sich vor mir. Gleich wird sie sich hinter mir befinden.«

Wie Sie schlechte Noten austeilen und einstecken, sagt einiges über Ihre Persönlichkeit aus.

John Wooden, der erfolgreichste Basketball-Coach aller Zeiten, wurde als 79jähriger von *Investor's Daily* gefragt, wie er mit Fehlern umgegangen sei: »Wenn man die Situation sofort korrigiert, wenn sie eintritt, ist es unnötig, darauf herumzureiten. Aber ich habe nie einen Spieler außerhalb des Spielfeldes vor anderen in Verlegenheit gebracht.«

Dieser Methode scheint man nicht überall zu folgen. Jeder, der schon einmal in einem Ausbildungslager für Rekruten gewesen ist, weiß, daß der für den Drill verantwortliche Ausbilder einem ganz anderen Modus operandi folgt. Er bearbeitet seine Rekruten so gründlich, daß ihnen jegliche Selbstachtung und Individualität genommen wird. Auf diese Weise lassen sie sich in die Gußform einer Einheit pressen, die automatisch reagiert und gehorsam und ohne Fragen zu stellen Befehle befolgt. Es mag die einzige Möglichkeit sein, einen achtzehnjährigen jungen Mann mental darauf vorzubereiten, sein Leben in Reih und Glied zu riskieren; aber es ist ganz sicher nicht die richtige Art, auf Unternehmensebene Selbstvertrauen oder Arbeitsmoral aufzubauen. Wenn Sie sich im Büro wie ein »Schleifer« verhalten, müssen Sie damit rechnen, die gleiche Reaktion wie Frank Lorenzo in der Eastern Airlines auszulösen.

Beiße ich mir stets auf die Zunge und lächle, wenn ich einstecken muß?

Zum Teufel, nein! Ich schwelge in Rachegedanken, die sich zum Glück nicht verwirklichen lassen, sonst würde ich dieses Kapitel vermutlich mit einem Bleistiftstummel auf einen Fetzen Papier im Block für die Schweren Jungs kritzeln und versuchen, den Kassiber am Besuchstag herauszuschmuggeln.

Was am meisten schmerzt, ist, daß für gewöhnlich ein Körnchen Wahrheit selbst in der boshaftesten Kritik steckt. Mir hilft dann ein gedanklicher Trick: Ich versuche, mir irgend etwas für mich Nützliches aus der Kritik herauszupicken.

Ich kenne einen Verkäufer namens Don Michaels, der einen Feind aufs Korn nimmt und seinen oder ihren Namen unter seinen Terminkalender für die Woche setzt. »Manchmal ist das ein Kerl, der mir einen Auftrag vor der Nase weggeschnappt hat, weil er mich schlechtgemacht hat. Und so setze ich mich die ganze Woche voll dafür ein, jeden Kunden zu gewinnen, um den wir beide konkurrieren.

Manchmal, wenn mir nichts anderes einfällt, ist es Miss Fogelman, die einen meiner Aufsätze vor der ganzen sechsten Klasse lächerlich gemacht hat und die mich beinahe auf die schiefe Bahn und zu einem Leben mit verkorkster Grammatik gebracht hätte. Wenn ich die auf meine Liste setze, suche ich alle meine guten alten Kunden auf, die wie echte Kumpel sind, und verwechsle ›mir‹ und ›mich‹, wo immer sich die Gelegenheit bietet.«

Don Michaels hat es geschafft, die Wut konstruktiv zu nutzen, die wir alle gelegentlich auf unsere Kritiker haben.

Einer meiner Freunde hat spät geheiratet, und zwar eine viel jüngere Frau. Die Ehe klappte nicht, und die Trennung war alles andere als einvernehmlich. Das Arrangement schien sie auf den ersten Blick zu begünstigen. Sie bekam das Haus und er die laufenden Zahlungen zugesprochen, einschließlich der Strom- und Wasserrechnungen; aber auch damit war sie noch nicht zufrieden. Im Winter ließ sie die Fenster und Türen sperrangelweit offen; die Heizung lief auf Hochtouren, um die Heizkostenrechnung so weit wie möglich hochzutreiben. Manchmal ist es eben für beide Parteien ziemlich teuer, es dem anderen heimzuzahlen.

Ich glaube, Machiavelli hatte vielleicht die beste Antwort zur Hand. Als er auf dem Totenbett lag, fragte der Priester, der ihm die Sterbesakramente erteilen wollte, ob er dem Teufel abgeschworen habe. Machiavelli erwiderte: »Zu diesem Zeitpunkt sollte man sich keine neuen Feinde mehr schaffen.«

# *Kapitel 13*

# Politiker und Anwälte

# *Lektion 77*

## Leitfaden eines Nichtpolitikers für den Umgang mit der Politik

Von allen amerikanischen Subkulturen erschien mir die Politik immer als diejenige, die den besten Einblick in menschliche Verhaltensweisen gewährt. Die politische Szene zu verfolgen ist eine Art transzendentale Erfahrung, bei der man »beiseite treten« und sich vorstellen kann, wie man selbst all die lächerlichen Dinge tut wie sie – allerdings nicht ganz. Es ist, als würde man ergründen, welche Motive das eigene Verhalten steuern, indem man die Sprache oder Lebensgeschichte eines anderen Menschen studiert.

Diese Fähigkeit, durch Beobachtung zu lernen, ist für Geschäftsleute besonders nützlich.

Faszinierend finde ich vor allem eines: Politiker und Geschäftsleute gehen zwar den gleichen Aktivitäten nach – beispielsweise Konferenzen leiten und Reden halten –, aber die Politiker neigen dazu, Ereignisse wie diese aus einer ganz anderen Perspektive zu betrachten. Sie interessiert vor allem, wie man sie am besten in Szene setzt, damit sich der größtmögliche persönliche Vorteil daraus ziehen läßt.

Warum? Der Watergate-Skandal hat den Verhaltensweisen von Politikern vielleicht einige oberflächliche Einschränkungen auferlegt, aber es ist noch immer das einzige Spiel, in dem die Wettbewerbsregeln so augenfällig mörderisch sind. Macy's mag Gimbel's vielleicht etwas verschweigen, aber zumindest hat Macy's seinen Konkurrenten nicht öffentlich beschuldigt, Alkoholmißbrauch, Affären mit Frauen (Männern?) und ähnliche Ungebührlichkeiten stünden bei ihm auf der Tagesordnung.

Darüber hinaus haben Politiker nur ein einziges Produkt zu verkaufen, nämlich sich selbst. Sie verstehen es, selbst aus den Situationen Kapital zu schlagen, die anderen als schmerzvoller Verlust erscheinen, und umgekehrt. Versuchen Sie nach Möglichkeit, riesigen Menschenansammlungen aus dem Weg zu gehen, indem Sie sich rechtzeitig aus dem Staub machen? Nicht so die Politiker: Sie wollen bleiben und ein paar Hände schütteln. Meiden Sie Beerdigungen? Politiker nehmen an vielen teil, denn sie wollen gesehen werden. Genehmigen Sie sich einen Drink bei einer Party? Politiker sieht man bei einem zwanglosen Beisammensein im eigenen Wahlkreis selten mit einem Glas in der Hand. Das Trinken in der Öffentlichkeit ist auf Versammlungen außerhalb der Stadt beschränkt.

Sie würden sich niemals mit etwas fotografieren lassen, das man auch nur im entferntesten mit Alkohol in Verbindung bringen könnte. Sobald ein Fotograf ins Blickfeld gerät, führt der erfahrene Politiker ein Manöver durch, das als »Umarmung à la Washington« bekannt ist: Er hält den Arm hinter den Rücken seines Nebenmanns – eine Geste der Freundschaft, mit der sich der Drink in der Hand ausgezeichnet vor den Linsen des Fotografen verbergen läßt.

Lyndon Johnson hat diese Schnaps-Strategie noch verfeinert. Er bevorzugte schottischen Whisky, aber als er das Amt des Präsidenten antrat, weigerte er sich, es zuzugeben. Da er wußte, daß Scotch von vielen als Getränk des reichen Mannes betrachtet wird und obendrein noch importierter »Stoff« ist, behauptete er stets, sein Glas enthalte Bourbon, das eher proletarische Produkt seiner Südstaatenheimat. Die Barmixer im Weißen Haus hatten strikte Anweisung, dieses Märchen zu bestätigen – für den Fall, daß die Presse Wind davon bekommen und versuchen würde, der Geschichte auf den Grund zu gehen.

Sie sehen also, das ist eine völlig andere Welt da draußen, durch die Brille des Politikers betrachtet. Lassen Sie uns also einige typische Situationen unter die Lupe nehmen, um zu sehen, wie sich einige ihrer Techniken auch vom Rest der Sterblichen anwenden lassen.

## Leitfaden des Politikers für die Leitung von Konferenzen

Einer meiner Freunde, der sich als Redenschreiber und politischer Berater betätigt, erzählte mir die folgende Geschichte.

Er nahm an einer Konferenz teil, die unter dem Vorsitz eines Wahlkampfmanagers stand; anwesend waren außerdem noch acht oder zehn Mitglieder seines Wahlkomitees, das sich aus freiwilligen Helfern zusammensetzte. Auf der Tagesordnung stand die Diskussion über den Start einer staatsweiten Wahlkampagne für einen Senatskandidaten. Dieser hatte seine Schäfchen als Unternehmer ins trockene gebracht und beschlossen, seine Karriere zu krönen, indem er für eine Weile die Welt regierte. Wie viele Aristokraten dieses Typs wollte der Bewerber nicht Senator werden, sondern Senator gewesen sein. Ihm schwebte vor, sich nach einer oder zwei Sitzungsperioden aus der Öffentlichkeit zurückzuziehen, um seinen Golf-Freunden aus dem Country-Club die Gelegenheit zu geben, bis ans Ende ihres Lebens sagen zu müssen: »Ich glaube, Ihr Ball ist weg, Herr Senator.«

Nachdem die Konferenz schon eine Stunde oder länger im Gange war, nahm der Kandidat selbst lautlos auf einem Stuhl neben meinem Freund Platz. Er beehrte das Meeting rund fünf Minuten mit seiner Anwesenheit, ehe er meinem Freund ein Zeichen gab, mit hinauszukommen, um gemeinsam einen Redetext zu revidieren.

Mein Freund seufzte: »Ich wußte schon da, daß er's nicht schaffen würde. Dieser Mann war noch nicht soweit, daß man mit ihm die Hauptsendezeit im Fernsehen bestreiten könnte. Ein echter Profi hätte sich ganz anders verhalten. Man muß verstehen, warum die Leute sich als freiwillige Wahlhelfer zur Verfügung stellen. Es ist aufregend, es ist Geschichte, es ist für gewöhnlich eine Erfahrung, die man nur einmal im Leben macht, und es ist ein Egotrip, denn der Lohn der Mühe ist rein persönlicher Natur. Diese Leute würden ihr Leben für dich hingeben, wenn du sie darum bätest, und ihre Begeisterung steckt an. Jack Kennedy wußte, wie wichtig sie waren. Er sagte oft: ›Ein Paul Revere ist zehn Hessen wert.‹* Die meisten Leute sind sich darüber nicht im klaren, aber die wichtigste Aufgabe eines Bewerbers um ein politisches Amt besteht nicht darin, seinen Rivalen mit Schwingern und K.o.-Schlägen einzudekken, sondern seine Helfer bei Laune zu halten. Wahlhelfer sind in der Regel außerordentlich sensibel. Ein fähiger Politiker möchte bei niemandem den Eindruck erwecken, er bevorzuge jemanden. Wenn er mich allein sehen wollte, hätte er mich nie selbst aus der Konferenz herausholen dürfen, sondern jemanden geschickt, der mich holt.

Und wenn ein Politiker an einem Meeting teilnimmt, gleichgültig um welche Art von Konferenz oder Versammlung es sich auch handeln mag, dann muß er die Anwesenheit und den großartigen Beitrag jedes einzelnen dankbar anerkennen. Der ganze Sinn der Übung besteht schließlich darin, seine Wahl durchzusetzen. Sie sitzen alle um ihn herum und reden über ihn. Er muß zeigen, daß er sich dessen bewußt ist. Er dankt jedem für sein Kommen und geht von Tisch zu Tisch, spricht jeden mit Namen an, bedankt sich, klopft ihm auf die Schulter und bedankt sich immer wieder.

Dieser Mann war mit seinen Gedanken noch bei der letzten Geschäftskonferenz. Er verhält sich noch immer, als würde er seine Firma leiten. Er hat nicht erkannt, daß man in der Politik die eigene Persönlichkeit neu erfinden, sich wie bei Sportveranstaltungen als weltbester ›Einpeitscher‹

---

* Paul Revere, ein Volksheld der amerikanischen Revolution, war Silberschmied und glühender Patriot; die Hessen waren eine deutsche Söldnertruppe im Dienst der Briten. Durch einen berühmten nächtlichen Ritt warnte Revere die Landbewohner in Massachusetts vor den aus Boston anrückenden englischen Truppen.

profilieren muß. Die Leute reißen sich für dich kein Bein aus, weil sie deine Ansichten über landwirtschaftliche Subventionen begrüßen. Sie setzen sich für dich ein, weil sie dich mögen und denken, ein Teil der Macht, die auf dich wartet, wird auch auf sie abfärben. Sie wollen glauben, daß sie nach deiner Wahl in dein Büro marschieren, die Beine auf den Tisch legen und dir sagen können, welchem Land du keinen Kredit geben solltest – oder was auch immer. Und sie erwarten, daß du ihnen zuhörst, als hätten sie dir gerade die größte Portion politischer Weisheit zugedacht, seit Jefferson die Unabhängigkeitserklärung verfaßt hat.

Du willst gewählt werden? Dann sage ich dir, wie sich ein echter Profi verhält. Jedesmal, wenn er einen Raum betritt, hat er sich folgendes Ziel gesetzt: Er möchte, daß jeder der Anwesenden weiß, daß er da war – und sich besser fühlt, weil er da war. Und zwar jedes Mal. Und in jedem Raum.

Politik ist Einzelhandel in seiner elementarsten Form. Die Stimmen werden einzeln gesammelt. Jede Person über achtzehn, die der Politiker trifft, ist entweder für oder gegen ihn. Selbst für einen Präsidentschaftskandidaten, der dreißig Millionen Stimmen und mehr braucht, um zu gewinnen, sind diese persönlichen Kontakte der Schlüssel zum Sieg. George Bush verbrachte die schönste Zeit des Lebens damit, unermüdlich persönlich gehaltene Briefe an alle zu schreiben, die er kennengelernt hatte, und ein paar Millionen, denen er nicht begegnet war – in der Hoffnung, eines Tages auch ihre Stimmen zu gewinnen. Es scheint, als wäre seine Rechnung aufgegangen. Folglich kann jeder Tag, jedes Meeting und jeder Mensch die Spanne zwischen Sieg und Niederlage darstellen. Die Karriere eines Politikers hängt von seiner Fähigkeit ab, etwas richtig zu machen.«

Können nur Politiker davon profitieren, daß sie lernen, menschliche Gefühle ernst zu nehmen? Die Firma 3M hält diesen Punkt für so wichtig, daß sie ihn in ihre Unternehmenspolitik integriert hat. In *Business Week* hieß es: »Abteilungsleiter müssen hier den Vornamen jedes ihrer Mitarbeiter kennen. Wenn eine Abteilung zu groß wird, vielleicht die Umsatzgrenze von 250 bis 300 Millionen Dollar erreicht, teilt man sie auf.«

Natürlich gehen Politiker dabei noch einen Schritt weiter.

Von Hubert Humphrey wurde erzählt, daß er nie das Stehklo am Ende wählte, wenn ihn ein menschliches Bedürfnis quälte, sondern stets das in der Mitte. Für den Fall, daß zwei andere Männer hereinkamen und ihm Gesellschaft leisteten, konnte er nämlich dem einen die Hand schütteln und sich mit dem anderen unterhalten, während er seinem Geschäft nachging.

Und Kennedys Großvater »Honey Fitz« Fitzgerald, der früher einmal Bürgermeister von Boston war, soll Humphrey angeblich sogar noch übertroffen haben. Er scheint der einzige Mensch auf der Welt gewesen zu sein, der bei einer politischen Versammlung mit einem der Anwesenden reden, dem anderen die Hand schütteln und einem Dritten zuwinken und zunicken konnte – und das alles gleichzeitig.

Aber er hatte schließlich auch einen Vorteil. Im Gegensatz zu Humphrey stand er nämlich seinem Publikum damals von Angesicht zu Angesicht gegenüber.

## Leitfaden des Nichtpolitikers für die Leitung von Konferenzen

Ist es mal wieder Zeit für eine Konferenz?

Als John F. Kennedy sein Regierungsprogramm unter das Motto »Aufbruch zu neuen Grenzen« stellte, wurde das Friedenskorps bald zum Symbol für den jugendlichen Elan und Idealismus, den er auf das ganze Land zu übertragen gedachte.

Da niemand zuvor etwas Derartiges versucht hatte, gab es auch keine Bürokraten und ihre typische »Das haben wir hier immer so gemacht«-Mentalität. Es gab jedoch eine Menge unerprobter, unkonventioneller Ideen.

In der Anlaufphase brauchte die neue Behörde buchstäblich alles. Genehmigungen vom Kongreß, Struktur,

Ausbildung, Budget, Regeln, Pläne – über all diese Dinge wurde während endloser Sitzungsrunden in Ad-hoc-Ausschüssen entschieden. Die Atmosphäre, die hier herrschte, spiegelte das Zielbewußtsein und die Aufbruchstimmung wider; es blieb keine Zeit, Teilnehmer mit empfindsamem Ego zu hätscheln. Die Konferenzen mußten schnell und effizient abgehalten werden, wenn man ihnen etwas geben wollte, das sich auch nur entfernt mit einem geordneten Ablauf vergleichen ließ. Kennedys Schwager R. Sargent Shriver, der erste Direktor des Friedenskorps, verfügte über ein wirksames Mittel, um Plagegeister im Amt mitten im Anflug zu bremsen. Er brachte zu jeder Sitzung einen gelben Schreibblock und einen Bleistift mit. Wenn ein Redner etwas Vernünftiges zu sagen hatte, machte er sich ausgiebig Notizen. Hatte das Gesagte weder Hand noch Fuß, klopfte er mit dem Bleistift auf den Tisch; und je lächerlicher die Bemerkungen waren, desto schneller der Trommelwirbel.

Falls der Vortragende die Botschaft nicht verstand, zerbrach Shriver den Bleistift in zwei Hälften.

Einer war von seiner eigenen Rede so gefesselt, daß Shriver zwei Bleistiften den Garaus machen mußte, bevor es endlich funkte. Der Mann nahm zum letzten Mal an einer Konferenz des Friedenskorps teil. Er war ausgeschieden, weil er – wie in der Quizsendung »Gong Show« – die richtige Antwort bis zum Ertönen des Gongs nicht wußte.

Plagegeister haben vielleicht ihren Nutzen, aber manchmal muß man die Fliegenklatsche zur Hand nehmen. Der Bleistift-Trick ist ein hervorragendes Mittel, um jemanden mundtot zu machen.

Worin besteht der Unterschied zwischen Hubert Humphrey in Teil I und Sargent Shriver in Teil II?

Hubert Humphrey war ein großartiger Politiker, aber seine Stärke lag nicht gerade in der Administration.

Sargent Shriver war ein verteufelt guter Administrator, aber seine Stimmen hätten nicht einmal zur Wahl des offiziell ernannten Hundefängers ausgereicht.

Wenn Sie die Stärken beider Männer zu kombinieren verstehen, dann sollten Sie eigentlich ganz gut abschneiden.

## Leitfaden des Politikers für die Ausarbeitung von Reden

Politiker und Prediger bestreiten ihren Lebensunterhalt mit Reden; deshalb müssen sie diese Kunst beherrschen. Die guten wissen, daß wir das gesprochene Wort anders als das geschriebene aufnehmen. Beim Lesen können Sie das, was Sie nicht verstanden haben, ein zweites Mal durchgehen. Wenn Sie jedoch einer Rede zuhören, die live gehalten wird, dann ziemt es sich wohl kaum, die Hand zu heben und den Vortragenden zu bitten, etwas zu wiederholen, was zu schnell an Ihrem Ohr vorbeigerauscht ist. Die Standard-Regel für eine politische Rede lautet:

Sagen Sie, was Sie sagen werden.
Sagen Sie's.
Sagen Sie, was Sie gesagt haben.

Diese Regel zu befolgen würde im übrigen keinem Redner schaden.

## Leitfaden des Politikers, wie man eine Schwäche in einen Vorteil verwandelt

Hubert Humphrey, einer der besseren Volksredner, eröffnete seine Reden oft mit der Geschichte, wie ihm seine Frau Muriel – die neben ihm auf der Rednertribüne saß – einmal eine Notiz auf einem Papiertaschentuch überreichte, als er sich gerade erheben und mit seinem Vortrag beginnen wollte. Darauf stand mit Lippenstift das Wort »K.I.S.S.« (Kuß) geschrieben. Humphrey war tief gerührt und ließ die Zuhörer an dieser zu Herzen gehenden Botschaft teilhaben.

Gerade, als er das Tuch in seine Tasche zurückstecken wollte, bemerkte er, was sie darunter geschrieben hatte: »Keep It Simple, Stupid« (Drück dich klar aus, Dummkopf).

Manchmal änderte Muriel den Wortlaut der Botschaft, die beispielsweise lautete: »Hubert, denk dran, du mußt nicht ewig reden, um unsterblich zu sein«, was ihm immer schallendes Gelächter einbrachte.

Nachdem Hubert sich wegen seiner allseits bekannten

Weitschweifigkeit selbst auf den Arm genommen hatte, gab er als nächstes eine langatmige Geschichte aus seinem Standardrepertoire zum besten. Er wußte sehr wohl, daß man niemandem einen Schlag verpassen kann, der dies schon selbst besorgt hat, und daß die Zuhörer auf seiner Seite waren, weil er seine eigene Schwäche freimütig eingestanden hatte.

Auch Jack Kennedy verstand dieses Mittel meisterhaft einzusetzen. Nachdem er 1960 in West Virginia gegen seinen Rivalen Humphrey in einer Vorwahl gesiegt hatte, von der viele glaubten, sie sei mit den Kennedy-Millionen erkauft worden, parierte er den Hieb mit der Bemerkung, sein Vater habe ihm eine Strafpredigt erteilt: Er sei durchaus bereit gewesen, genügend Wählerstimmen zu kaufen, um die Mehrheit zu gewährleisten; aber Jack habe kein Recht ihn zu bitten, mit seinem Geld einen erdrutschartigen Wahlsieg zu finanzieren.

Es sollte Sie also nicht überraschen, wenn Sie feststellen, daß John Tower die gleiche Masche in seinen Reden abzieht und sich über sich selbst lustig macht. Aber Sie sollten seinetwegen keine Träne vergießen. Denn aufgrund des Bekanntheitsgrades, den er in Zusammenhang mit der Ablehnung seiner Kandidatur als Präsident Bushs Verteidigungsminister durch den Senat erlangt hat, ist sein Honorar als Redner auf fünfzehntausend Dollar pro Blitzbesuch gestiegen.

## Leitfaden des Politikers für die Behandlung von Ratgebern

Ein hoher Politiker im Westen der USA wurde als möglicher Kandidat seiner Partei für das Amt des Gouverneurs in Betracht gezogen. Er sollte den derzeitigen Amtsinhaber ablösen, ein Mitglied seiner eigenen Partei, den viele für einen alten Klepper ohne Biß hielten. Er rang mit der Entscheidung. Sollte er auf seinem sicheren Posten bleiben und hier warten, bis sich eine Aufstiegschance bot, oder sich mit Ellenbogen den Weg freimachen, indem er half, den amtsmüden alten Gouverneur zum alten Eisen zu werfen?

Er bat einen seiner Kollegen um Rat und ließ ihn spüren, wie dankbar er dafür war, seiner Weisheit teilhaftig zu werden.

Natürlich gaben ihm 8000 andere den gleichen Rat, und 8001 den genau umgekehrten. Aber ein fähiger Politiker verfügt über eine ganz eigentümliche, geniale Fähigkeit: Er gibt jedem Menschen, der ihm seine Meinung mitteilt, das Gefühl, als sei er ihm dafür dankbar.

Was sagt er zum Beispiel denen, deren Rat im Gegensatz zu der Entscheidung stand, die er letztlich gefällt hat? Natürlich: »Verflixt, ich wünschte, ich hätte Ihren Rat befolgt. Dann wäre ich heute Gouverneur!«

Smarte Politiker erteilen den Leuten ein Lob, die ihnen einen Rat erteilt haben, dem sie gefolgt sind. Noch gewieftere Politiker verstehen es, den Leuten ein Lob zu erteilen, deren Rat sie nicht befolgen.

Kluge Politiker haben in dieser Hinsicht ein gutes Gedächtnis; kluge Leute auch.

### Leitfaden des Nichtpolitikers für die Spendenpraxis

Folgender Rat mag ein bißchen berechnend klingen, aber er ist nur ein weiteres Beispiel dafür, wie es in der realen Welt zugeht. Die meisten Menschen leisten nicht deshalb ihren finanziellen Beitrag zu einer politischen Kampagne, weil sie es als ihre Bürgerpflicht ansehen, sondern weil sie damit ihre eigenen Interessen fördern wollen. Daran gibt es nichts auszusetzen. Das ist Demokratie, wie sie im Lehrbuch steht. Die Summe aller aktiven Beiträge, die dem eigenen Interesse dienen, nennt man das öffentliche Interesse. Wenn Sie je beschließen sollten, für einen Politiker oder irgend jemand anderen Geld zu spenden, sollten Sie Ihr Scherflein niemals in einem der Umschläge abschicken, die man Ihnen für diesen Zweck zur Verfügung stellt. Wenn Sie clever sind, umgehen Sie den Postweg.

Um das große Geld wird immer persönlich geworben. Stecken Sie Ihren Scheck in einen Umschlag (Sie wissen ja jetzt, wer die besten herstellt), und überreichen Sie ihn persönlich demjenigen, der Sie zum Stiften angestiftet hat.

Falls Sie per Post spenden wollen, dann sollten Sie den Umschlag, den man Ihnen geschickt hat, schnellstens wegwerfen und Ihren Scheck an eine bestimmte Person adressieren – im Idealfall den Kandidaten selbst oder den Leiter der Organisation, den Wahlkampfmanager, seine Sekretärin, ein Mitglied aus dem Wahlhelferteam oder einen seiner Verwandten –, am besten an jemanden, den Sie kennen.

Warum?

Aus zwei Gründen:

Erstens kann es nicht schaden, wenn Ihr Scheck an die falsche Person geht, das heißt, an jemanden, der nicht zum Kreis derjenigen gehört, die für die Entgegennahme von Spenden zuständig sind. Sie wollen nämlich, daß Ihr Scheck durch so viele Hände wie möglich läuft, bevor er auf der Bank deponiert wird. Auf diese Weise bekommen ihn viele Leute zu Gesicht, bemerkt man ihn.

Zweitens möchten Sie sichergehen, daß wenigstens einer dieser Leute einen Namen und ein Gesicht hat; dieser Jemand soll innerhalb der Organisation Anerkennung erhalten, weil er Ihre milde Gabe beigebracht hat, und er soll sich an Sie erinnern. Außerdem wollen Sie – in vernünftigem Maß – damit rechnen können, daß Sie auch nach dem Sieg des Kandidaten Zugang zu ihm haben. Denn sollte die Zeit kommen, wo Sie die Unterstützung des Kandidaten oder seines wichtigsten Helfers genauso brauchen wie er einst die Ihre, dann wollen Sie auch so weit wie möglich Ihre Chancen erhöhen, sie zu erhalten. Eine weitere Regel für politische Spenden besagt, daß Gelder, die zu Beginn einer Kampagne eingehen, einen viel höheren Wert besitzen als solche, die erst dann eintrudeln, wenn jemand die Wahl bereits in der Tasche hat. Hier verhält es sich genau wie bei jeder anderen Investition: Die Rendite ist am größten, wenn Sie sich einen Gewinner herauspicken, lange bevor das Anlagepublikum darauf aufmerksam wird.

Ich mußte diese Lektion auf dem harten Weg lernen. Vor einigen Jahren erhielt ich den Anruf meines Freundes Mike Berman. Er berät Kommunalpolitiker und versuchte, ein paar müde Geister zu einer Spendenparty für einen obskuren Ex-Gouverneur aus dem Süden zusammenzutrommeln. Dieser hatte wohl die Idee, er könne zum Präsidenten gewählt werden. Zu dem Zeitpunkt, als mein Name auf der Liste dran war – und ich stand ganz unten –, fiel es meinem Freund schwer, überhaupt acht Käufer für die Eintrittskarte zu 100 Dollar zu finden, die zur Teilnahme an einem Empfang für Jimmy Carter in Minneapolis berechtigte. Obwohl ich dann der achte war, rückte ich keinen weiteren Pfennig heraus; aber derjenige, der sich zu einer größeren Summe breitschlagen ließ, hat vermutlich einen neuen Vornamen erhalten: »Botschafter«.

# *Lektion 78*

## Wie man einen Anwalt engagiert, Teil I

Angenommen, Sie sind in einen Vertragsbruch oder Unfall verwickelt, in dem Sie körperliche Verletzungen davontragen. Der andere hatte schuld, oder Sie glauben das zumindest. Sie wollen auf Schadenersatz klagen, aber zuerst müssen Sie sich einmal einen Anwalt besorgen.

Folgendes sollten Sie wissen:

Anwälte berechnen ihr Honorar bei Schadenersatzfällen manchmal auf Erfolgsbasis. Diesem Arrangement entsprechend wird Ihnen ein bestimmter Prozentsatz der Summe als Honorar in Rechnung gestellt, die der Anwalt für Sie geltend machen kann. Sollte es ihm nicht gelingen, auch nur einen Pfennig für Sie zu erstreiten, entfällt auch das Anwaltshonorar.

Nicht nur bei Personenschaden, sondern manchmal auch in anderen Schadenersatzprozessen legen Anwälte ein Erfolgshonorar zugrunde, beispielsweise bei einer Klage auf Vertragsbruch, bei einem Entschädigungsverfahren infolge einer Zwangsenteignung durch eine Regierungsbehörde und anderen Rechtsfällen.

Der große Vorteil liegt darin, daß der Anwalt hochgradig motiviert ist, ein zufriedenstellendes Ergebnis zu erzielen. Sollte er aus irgendeinem Grund keinen Erfolg haben, fällt kein Honorar an. Folglich besteht für Sie kein Risiko.

Wie Sie wahrscheinlich wissen, werden neun von zehn Rechtsstreitigkeiten außergerichtlich geregelt. Was Sie wahrscheinlich nicht wissen, ist, daß sich diese hohe Vergleichsrate nicht auf die amerikanische Rechtsprechung zurückführen läßt. Der Grund liegt zum Teil darin, daß die Anwälte der Kläger, die auf Erfolgsbasis arbeiten, mehr Geld verdienen, wenn sie Streitfälle schlichten, als wenn sie diese vor Gericht verfechten. Auch die Beklagten vermeiden beträchtliche Kosten und Risiken, wenn sie sich gütlich einigen, statt im Prozeß erscheinen zu müssen.

Wohlgemerkt, ich habe gesagt, daß die »Anwälte der Kläger« und die »Beklagten« Vorteile dabei haben. Von den Klägern war hier nicht die Rede. Und der Kläger, das sind Sie.

Ein Anwalt kann zwanzig Streitfälle in der gleichen Zeit außergerichtlich regeln, die er für eine Klage brauchen würde.

Ein Prozeß nimmt viel Zeit in Anspruch, Gesetze müssen nachgeschlagen, Zeugen gehört und das Verfahren selbst und mögliche Revisionen vorbereitet werden. Es kann jahrelang dauern, bis der Anwalt, der auf Erfolgsbasis arbeitet, einen Pfennig vom Geld des Beklagten sieht (und das auch nur, falls der Anwalt des Klägers den Fall gewinnt).

Obwohl der Kläger unterm Strich vielleicht weniger erhält, als ihm von einem Gericht zugesprochen würde, hat sein Anwalt ein starkes persönliches Interesse daran, seinem Mandanten einen außergerichtlichen Vergleich nahezulegen. Wenn er so viele Streitigkeiten wie möglich gütlich regelt, macht er allein durch das Volumen das große Los mehr als wett, das er mit einem einzelnen spektakulären Fall vor Gericht ziehen könnte.

Denken Sie daran, Sie – der Mandant – sind dieser »Einzelfall«. Ihr Rechtsbeistand, sei er männlichen oder weiblichen Geschlechts, bemüht sich nach Kräften, einen Vergleich nach dem anderen herauszuschinden, weil dies die kostensparendste Art ist, eine Anwaltskanzlei zu betreiben. Daran sollten Sie beim nächsten Mal denken, bevor Sie einen Anwalt auf Erfolgsbasis engagieren, der Sie drängt, sich außergerichtlich zu einigen. Er wird Sie darauf hinweisen, daß Sie »kein Risiko« eingehen, wie immer die Vereinbarung auch lauten mag, daß Sie sich »die Nervenzerreißprobe eines Prozesses ersparen« und »Ihr Geld auf diese Weise wesentlich früher erhalten«.

Es kann keinen Zweifel daran geben, daß ein Prozeß in der Tat eine nervliche Belastung darstellt. Aber mir scheint, daß die Tortur noch größer ist, wenn Sie sich mit einer zu geringen Entschädigungssumme zufriedengeben.

Vergessen Sie auch nicht: Wenn Sie einen Anwalt auf Erfolgsbasis engagieren, scheinen Ihre und seine Interessen oberflächlich gesehen dieselben zu sein, aber der Schein trügt.

Der Interessenkonflikt ist geradezu vorprogrammiert, denn es gereicht eher dem Anwalt als Ihnen zum Vorteil, eine außergerichtliche Einigung zu erzielen.

Wie können Sie sich selbst schützen? Indem Sie einen kompetenten, angesehenen Anwalt aufsuchen, der auf diesen Rechtsbereich spezialisiert und bereit ist, über das Erfolgshonorar, soweit möglich, zu verhandeln. Da die meisten einen ähnlichen Prozentsatz vom Eventualanspruch verlangen, sollten Sie versuchen, den erfolgreichsten und fähigsten Juristen für derartige Fälle auszusuchen. Beziehen Sie dabei auch zwei oder drei Anwälte ein, zu denen Sie Vertrauen haben, die sich jedoch *nicht* mit Rechtsstreitigkeiten dieser Art befassen. Bitten Sie jeden, Ihnen die Namen von zwei oder drei Kollegen zu nennen, die in diesem Spezialbereich als Spitzenkräfte gelten. Sprechen Sie mit drei dieser Staranwälte auf der Liste, aber vergewissern Sie sich, daß der Anwalt, den Sie ursprünglich zu Rate gezogen haben, keine Gebühren für die Vermittlung erhält. Falls doch, hat nämlich der Anwalt, der Ihren Fall dann bearbeitet, einen geringeren Leistungsanreiz. Sein Honorar verringert sich um die Vermittlungsgebühr, und er wird noch stärker motiviert sein, eine gütliche Einigung zu treffen.

Bevor Sie einen Vertrag unterschreiben, der Sie zur Zahlung eines Honorarvorschusses verpflichtet, sollten Sie ein paar Fragen stellen:

»Welche Erfahrung haben Sie mit Fällen, die ähnlich gelagert sind wie der meine und vor Gericht verhandelt wurden?«

»Wann haben Sie zuletzt einen solchen Fall vor Gericht vertreten?«

»Mit welchem Ergebnis?«

»Was war das härteste Urteil, das Sie erreicht haben?«

»Wann wurde es gesprochen?«

»Würden Sie mir die Namen ehemaliger Mandanten nennen, bei denen ich Erkundigungen über Sie einziehen kann?«

»Wenn ich nach solchen Erkundigungen keinen Wert mehr darauf lege, daß Sie mich vertreten, kann ich dann diesen Vertrag als null und nichtig betrachten?«

»Wenn ich Sie engagiere, sind dann Sie oder ein Mitglied Ihrer Kanzlei mein Rechtsbeistand vor Gericht?«

Machen Sie sich Notizen über die Antworten.

Die meisten Leute wissen auch nicht, daß sie selbst nach Unterzeichnung eines Vertrags über eine Vorschußzahlung auf das Erfolgshonorar ihren Anwalt jederzeit wechseln können, wenn sie unzufrieden sind – sei es mit oder ohne Grund. Sie schulden ihm dann nur das Honorar für die bis zu diesem Zeitpunkt geleisteten Dienste (auf Stundenbasis). Der Anwalt wäre dann verpflichtet, die Akten an einen Kollegen weiterzugeben, selbst wenn Sie das fällige Honorar dann noch nicht entrichtet haben.

Ein Prozeß ist keine angenehme Sache. Er basiert auf dem Schmelztiegel-Prinzip. Wenn man zwei verschiedene Elemente in ein Gefäß schüttet und sie miteinander vermischt, hofft man, daß die dabei entstehende Mixtur eine nützliche Wirkung hat. Wenn man die gegnerischen Parteien in einem Prozeß verhältnismäßig uneingeschränkt aufeinander losläßt, kommt meistens die Wahrheit heraus. Sie brauchen eine abgehärtete Gemütsverfassung, um das gesamte Verfahren durchzustehen, wenn Sie wissen, daß die andere Seite alles daransetzt, Sie durch die Mangel zu drehen und Ihre Glaubwürdigkeit zu zerstören. Aber so funktioniert das System nun einmal.

Bevor Sie die Anwaltskanzlei mit dem festen Willen betreten, soviel Schadenersatz, wie Ihnen zusteht, einzufordern, sollten Sie sich zunächst einmal in die richtige Gemütsverfassung bringen, um diese Erfahrung verkraften zu können.

Sie sollten Ihrem Anwalt gegenüber rückhaltlos offen sein? Es gibt ein paar Dinge, die Sie ihm besser verschweigen.

Zu irgendeinem Zeitpunkt wird er oder sie Ihnen »versichern«, daß der Fall vermutlich niemals vor Gericht kommt. Das schreckliche Fegefeuer bleibe Ihnen so erspart.

Das ist genau der Zeitpunkt, an dem Sie erklären, daß Sie sich auf ein Gerichtsverfahren einlassen *wollen,* es sei denn, Sie erzielen einen vorteilhaften Vergleich.

– *Deuten Sie Ihrem Anwalt niemals in irgendeiner Weise an, daß Sie eine außergerichtliche Einigung vorziehen würden;*
– *übertragen Sie Ihrem Anwalt niemals die Vollmacht, in Ihrem Namen eine außergerichtliche Vereinbarung zu treffen;*
– *signalisieren Sie niemals, wie erpicht Sie darauf sind, »das Ganze schnellstmöglich hinter sich zu bringen«.*

Falls Sie sich nicht an diese Regeln halten, wird Ihr Anwalt wissen, daß er keinen Prozeß anstrengen muß.

Fragen Sie ihn, wann er Ihren Anspruch überprüft haben wird, und bitten Sie ihn, seine Vorstellungen von einem angemessenen Vergleich zu äußern, *bevor* die Verhandlungen beginnen. Auf diese Weise wird es ihm später schwererfallen, eine niedrigere Summe als die zuvor von ihm geschätzte zu akzeptieren.

Überlassen Sie Ihren Anwälten die Arbeit. Dafür werden sie von Ihnen bezahlt. Es bleibt noch genug Zeit für einen Vergleich, bevor der Fall tatsächlich vor Gericht verhandelt wird. Und je näher der Prozeßtermin rückt, desto größer ist die Wahrscheinlichkeit einer gütlichen Einigung. Auch der Beklagte sieht sich Kosten und Risiken gegenüber, die er genauso wie Sie vermeiden möchte. Je mehr Sie ihn glauben machen können, daß er letztlich beides trägt, desto höher wird vermutlich die Vergleichssumme sein.

## *Lektion 79*

---

# Wie man einen Anwalt engagiert, Teil II

Und nun zum Erfolgshonorar – bei Personenschäden.

Der Anwalt wird Ihnen erzählen, daß die Standardgebühren bei 33⅓ Prozent liegen, als ob dieses Gesetz irgendwo in Granit gemeißelt wäre. Das entspricht nicht den Tatsachen, denn auch über diesen Kostenpunkt läßt sich verhandeln. Wenn ein Fall beispielsweise völlig klar oder die Schadenssumme beträchtlich ist, können Sie ein Erfolgshonorar aushandeln, das sich auf weniger als 33⅓ Prozent oder einen Prozentsatz über einen bestimmten Betrag hinaus beläuft.

Sie sollten immer versuchen, einen geringeren Prozentsatz auszuhandeln für den Fall, daß es zum Vergleich kommt. Dann erhält der Anwalt weniger, hat aber auch weniger Arbeit, und das Risiko ist geringer.

Wird der Fall vor Gericht verhandelt, das heißt, bis zu einem Urteilsspruch durchgezogen, dann müssen Sie mit einem höheren Anwaltshonorar rechnen, sagen wir ein Drittel der gesamten Schadenersatzsumme. Unterschreiben Sie auch keinen Vertrag, der dem Anwalt die Möglichkeit gibt, einen Prozentsatz zu fordern, der höher als ein Drittel liegt, selbst wenn der Fall in die Revision geht. Mit anderen Worten, falls es im Wortlaut heißt: »Wir erklären uns hiermit bereit, Ihren Fall *vor Gericht* für ein Drittel der

Schadenersatzsumme zu übernehmen«, streichen Sie das kursiv Gedruckte aus, und ersetzen Sie es durch »für die gesamte Verfahrensdauer«.

Die Anwälte werden toben, brüllen und entrüstet sein, weil Sie es gewagt haben, ihre Honorare, ihre Qualifikation und ihre persönliche Integrität in Frage zu stellen – denn schließlich hätten Sie ja die Wahl des Rechtsbeistands getroffen. Und selbst wenn diese Reaktion ausbleibt, kurbeln Anwälte immer das Geschäft an. Folglich haben Sie keinen Grund, sich dafür zu entschuldigen, daß Sie das größte Stück vom Kuchen für sich selbst abgeschnitten haben.

Es ist nämlich Ihr Geld und Ihr Leben, über das wir reden.

## *Lektion 80*

---

# Wie man einen Anwalt engagiert, Teil III

Lassen Sie uns das Szenario wechseln. Jetzt sind Sie der Beklagte, oder es geht beispielsweise um eine geschäftliche Transaktion, wie die Ausarbeitung eines komplizierten Leasing-Vertrags oder sonstiger schriftlicher Vereinbarungen.

Hier entfällt das Erfolgshonorar. Die Anwälte werden stundenweise bezahlt.

Ich möchte Ihnen folgende Ratschläge geben, die mir eine Menge Geld erspart haben.

Erstens: Sie bestehen auf einer wöchentlichen Arbeitszeit- und Kostenaufstellung.

Nicht monatlich.

Nicht, »wenn die Aufgabe abgeschlossen ist«.

Wöchentlich.

Auf diese Weise sind Sie vor unliebsamen Überraschungen sicher, und wenn Sie denken, die Rechnung sei zu hoch, ist es jetzt an der Zeit, den Anwalt zu wechseln.

Auch dieses Mal werden die Anwälte wieder toben, brüllen und entrüstet sein, weil Sie es gewagt haben, ihre Honorare, ihre Qualifikation und ihre persönliche Integrität in Frage zu stellen – und Ihnen erklären, ihre »Computer seien nicht für solche Anforderungen ausgerüstet«.

O doch, das sind sie sehr wohl.

Es gibt nicht einen Anwalt unter Hunderten, der Ihnen sagen kann, was seine Computer können und was nicht. Statt dessen werden Sie Ihnen sagen, was sie selbst tun wollen und was nicht.

Zweitens sollten Sie von Ihrem Anwalt vorab die Arbeitszeit und Gebühren nach bestem Wissen schätzen lassen, die bei der Bearbeitung Ihrer Rechtssache anfallen können. Wenn man ihnen sagt, das sei schwierig oder unmöglich, bestehen Sie auf einem Kostenvoranschlag. Bitten Sie um eine ungefähre Zahl. Dann haben Sie eine bessere Vorstellung von den Gesamtkosten, und der Anwalt wird letztlich zögern, Ihnen mehr zu berechnen, als ursprünglich von ihm geschätzt.

Wenn er sich auf diese vernünftigen Forderungen nicht einlassen sollte, auch gut. Dann gehen Sie zu jemandem, der sich dazu bereit erklärt.

## *Lektion 81*

---

## Wie man einen Anwalt engagiert, Teil IV

Sehr, sehr sorgfältig. Siehe Teil I, II und III.

# *Kapitel 14*

## Verkannte und Vermisste

# *Lektion 82*

## Zwei meiner liebsten Vorbilder

Zunächst möchte ich mit drei weitverbreiteten Mythen aufräumen.

**Mythos Nr. 1: Frauen haben es im amerikanischen Geschäftsleben inzwischen etwas leichter**

*Tatsache:* In gewisser Hinsicht ist es für sie sogar noch schwerer geworden.

*Beispiel:* Eaton Swain ist eine Stellenvermittlungsfirma, die sich auf die Beschaffung von Arbeitsplätzen für Führungskräfte spezialisiert hat. Sie berichtet, daß 25 Prozent der arbeitslosen (vorübergehend oder endgültig entlassenen) Führungskräfte, die sie gegenwärtig berät, Frauen sind, obwohl auf Frauen weniger als fünf Prozent der gesamten Führungspositionen entfallen. »Mit anderen Worten, Frauen fallen in unverhältnismäßig größerer Anzahl die Karriereleiter im Unternehmen herunter als Männer«, erklärt Jane Evans, die als Managerin in der Modebranche Karriere gemacht hat.

*Beispiel:* Obwohl es in den USA schätzungsweise 50 Millionen berufstätige Frauen gibt, werden nur drei an der

New Yorker Börse notierte Firmen von Frauen geleitet. Insgesamt haben nur fünfzehn der Publizitätspflicht unterliegende Gesellschaften einen weiblichen Vorstand, und von diesen können nur fünf Erträge von mehr als 50 Millionen Dollar ausweisen.

## Mythos Nr. 2: Vertrauen Sie auf die Besten und Begabtesten

Wieder falsch. Männer mit Vermögen und guter (Aus-) Bildung sind oft weniger bereit als ungelernte Arbeiter, Frauen in Führungspositionen zu akzeptieren.

Beginnen wir mit der Analyse von Wahlergebnissen. Wo die Stimmen des ganzen Volkes, nicht nur die des Vorstands zählen, sind Frauen in hohen öffentlichen Ämtern stärker vertreten als in den Führungsetagen der Wirtschaft. Das trifft weltweit zu: Norwegen, Island, Großbritannien, Israel und selbst Länder wie Indien, Pakistan und die Philippinen, in denen die soziale Hierarchie traditionsgemäß von Männern beherrscht wird, haben Frauen zum Staatsoberhaupt gewählt.

Die Wahlergebnisse zeigen, daß Arbeiter mit niedrigem Einkommen – männlichen und weiblichen Geschlechts – an der Wahlurne Frauen zu einem sehr viel höheren Prozentsatz unterstützen als die oberen sozialen Schichten. Michael Novak erklärt in seinem Buch *The Rise of the Unmeltable Ethnic,* daß im Gegensatz zur landläufigen Meinung während der Anfangsjahre der Bürgerrechtsbewegung der vielgeschmähte Arbeiter alles andere als der Urquell von Intoleranz und Frömmelei gewesen sei, sondern den Bürgerrechts-Kandidaten prozentual weit mehr Stimmen gegeben habe als die besser verdienenden Wähler. Angesichts der öffentlichen Aufmerksamkeit, die sich auf die Einstellungen der Limousinen-Liberalen richtet, vergißt man leicht, daß ein hoher Prozentsatz der Liberalen in unserer Gesellschaft an der Basis und nicht dort angesiedelt ist, wo die Entscheidungen getroffen werden.

Vorurteile gegen Frauen kommen bei einem Absolventen der Harvard Business School vielleicht subtiler zum Ausdruck, aber es ist der einfache Arbeiter, der die größere Bereitschaft gezeigt hat, sie zu überwinden.

1965 führte die *Harvard Business Review* eine Erhebung durch, in der nur neun Prozent der befragten Männer erklärten, sie würden weibliche Führungskräfte »sehr positiv« beurteilen. 1985 war ihre Zahl auf 33 Prozent angewachsen. Aber was ist mit den restlichen 67 Prozent? Mit 33 Prozent Pro-Stimmen lassen sich weder Wahlen noch Spitzenpositionen in der Wirtschaft gewinnen.

Während Frauen auf mittlerer Managementebene zunehmend akzeptiert werden und neue Bereiche wie Public Relations eine Art samtenes Getto geworden sind, ist es an der Spitze noch immer einsam – unter Männern.

Frauen, die es geschafft haben – wie Christie Hefner, Präsidentin des an der New Yorker Börse notierten Konzerns Playboy Enterprises, und Katherine Graham, Chefin der *Washington Post* und *Newsweek* –, hätten vielleicht nie die Möglichkeit gehabt, ihre zweifellos vorhandenen Fähigkeiten unter Beweis zu stellen, wenn ihre Familien nicht gewesen wären. Für andere ist der Aufstieg auf der Karriereleiter nahezu versperrt. Viele verdanken ihren Erfolg einzig ihrem unternehmerischen Mut. Immer mehr Frauen erkennen, daß der Schritt in die Selbständigkeit der einzige Weg ist, der ihnen offensteht. Eine 1989 durchgeführte Untersuchung der Small Business Administration (die sich mit der Beratung und Analyse von kleinen und mittelständischen Betrieben befaßt) hat gezeigt, daß 1986 die Anzahl der Frauen, die ihre eigene Firma eröffneten und als einzige Inhaber eingetragen waren, doppelt so hoch war wie die der männlichen Unternehmensgründer.

Zu den Frauen, die es aus eigenem Antrieb und mit eigener Firma geschafft haben, gehört auch Lillian Katz. Sie gründete 1951 an ihrem Küchentisch und mit einem Startkapital von zweitausend Dollar, die sie sich geliehen hatte, das Versandgeschäft Lillian Vernon. Sie baute ein Unternehmen auf, das 1989 einen Gewinn von 8,1 Millionen Dollar bei 140 Millionen Umsatz vorweisen konnte.

Als ich mich mit ihr in einem Restaurant verabreden wollte, brauchte ich nicht lange, um ihr am Telefon zu demonstrieren, daß es mit meinem Sensitivitäts-Training im argen lag.

»Wie erkenne ich Sie?« fragte ich. Dabei merkte ich, daß ich einem Mann diese Frage vermutlich nicht gestellt hätte.

»Ich bin zwei Meter groß, jung und hübsch«, antwortete sie.

Gezielter Humor kann ebenso wirkungsvoll sein wie Verärgerung..., ohne dabei diese häßlichen »Sie ist zu schroff«-Narben auf dem empfindsamen männlichen Ego zu hinterlassen. Lillian Katz kann ebensogut einstecken wie austeilen. »Bring mich zum Lachen, und Lillian hat kein Ohr mehr für Probleme«, ist einer ihrer Standardsprüche.

Ihre Geschichte ist aus dem »typisch amerikanischen« Stoff gemacht, aus dem die Träume sind, und basiert auf Entschlossenheit, der Wahl des richtigen Zeitpunkts und Talent. Zusätzlich aber, weil bekanntlich Entschlossenheit, der richtige Zeitpunkt und Talent bei einer Frau nicht ausreichen, mußte eine weitere Eigenschaft hinzukommen, ein sechster Sinn – den ihre Geschäftspartner als »Geistesgegenwart« bezeichnen, ich hingegen als Sinn für Humor. Diese Eigenschaft befähigte sie, sich zuerst anderen gewachsen zu zeigen und sie dann zu motivieren, ihr beim Aufbau ihres Unternehmens zu helfen.

»Eines der größten Probleme beim Aufbau dieses Unternehmens bestand darin, daß es schwer ist, einen guten Mann zu finden«, erklärte sie. »Die meisten Männer nehmen Frauen als Geschäftspartnerinnen einfach nicht ernst, und schon gar nicht als Chefin. Ich bin ein ernsthafter Mensch, und ich will ernst genommen werden. Aber der Trick, Männer zu führen, gleicht einer Gratwanderung: einerseits muß man klarmachen, wer das Sagen hat, und andrerseits darf man bei diesem Prozeß nicht zu hart rangehen. Ein gewisser Sinn für Humor kommt einem dabei zugute.

In gewisser Hinsicht ist es jedoch ein Glücksfall, daß nur außergewöhnliche Männer bereit sind, ihren Waggon an eine Lokomotive anzukoppeln, die von einer Frau geführt wird. Und genau das ist es, was jedes Unternehmen braucht: außergewöhnliche Männer. Und außergewöhnliche Frauen. Und eben die haben wir.«

Als ich sie fragte, wie sie den Rest des Tages nach unserem späten Sonntagsfrühstück verbringen würde, erhielt ich die klassische Antwort eines typischen Spitzenunternehmers: »Ich muß in die Fabrik zurück. Hab' noch einiges zu erledigen.« Für Menschen wie Lillian Katz, gleichgültig ob männlichen oder weiblichen Geschlechts, wird es immer noch einiges zu tun geben.

Jane Evans, die ich in diesem Kapitel bereits erwähnt habe, hat vielleicht einen noch steinigeren Weg als Lillian Katz gewählt, nämlich die Karrieretour in einem Großunternehmen. Sie war Starverkäuferin im Einzelhandel und eine echte Senkrechtstarterin, die sich in weniger als einem Jahr von der Position einer Assistentin im Einkauf zur Vertriebsleiterin hinaufkatapultierte. Als Maxey Jarman, Aufsichtsratsvorsitzender ihres Arbeitgebers Genesco, auf sie aufmerksam wurde, war sie ganze 25 Jahre alt. Als sie dann fünf Jahre Branchenerfahrung hatte, war Jarman, der in der Genesco-Tochterfirma I. Miller innerhalb von vierzehn Jahren elf Präsidenten hatte kommen und gehen sehen, bereit, es mit ihr zu versuchen – sogar mit einer Frau.

Damals war die Schuhfirma I. Miller wie die meisten ihrer Kunden alt und müde. Jane Evans gelang die Image-Wende mit so waghalsigen Kunststücken wie der Verpflichtung des Ensembles aus dem Broadway-Musical *No, No, Nanette,* das sich anläßlich der großen Eröffnungsfeier den Weg zur neuen I.-Miller-Filiale an der 54. Straße mit Stepschritten freitanzte. Diese Show weckte die Aufmerksamkeit der landesweiten Medien, und sowohl der Laden als auch Jane Evans' Talent machten Schlagzeilen. Von I. Miller führte ihre berufliche Laufbahn über Führungspositionen bei Charles Jourdan, Izod, Ship 'n Shore, Lark (Reisegepäck) und Monet Juwelers. Heute ist sie Präsidentin und Geschäftsführerin der Hawai Retail Group, Einzelhandelsgruppe und eigenständiger Geschäftsbereich des Konzerns Interpacific.

Wie Lillian Katz hat auch sie ihr gerüttelt Maß an Problemen mit dem männlichen Ego gehabt: »Ich wurde mit diesem Problem erstmals als Präsidentin von Butterick und Vogue konfrontiert. Ich übernahm ein Team, das sich ausschließlich aus männlichen Vizepräsidenten zusammensetzte. Sie äußerten überall in der Firma ihr Mißfallen darüber, daß ihr Boß eine Frau – noch dazu eine dreißigjährige – war.

Sie gingen sogar so weit, eine Strategiesitzung einzuberufen, um den unliebsamen Verlauf der Ereignisse zu korrigieren. Das Szenario war perfekt – wie im New York Athletic Club, wo nur Männer Zutritt zur Bar haben. Ermutigt durch die kumpelhaft-gesellige Atmosphäre und mehrere Runden alkoholischer Getränke beschlossen sie einstimmig, ihren Rücktritt einzureichen. Bis auf einen, einen Familienvater, der vier Kinder zu ernähren hatte. Er drehte den Spieß um und erklärte: ›Na ja, gebt ihr drei Monate, und falls sie dann nichts bringt, können wir immer noch den Hut nehmen.‹

Das nennt man wohl ›Spielen unter Protest‹. Nun, Sie können sich vielleicht meine Reaktion vorstellen, als ich von dem ›Pakt in der 59. Straße‹ hörte. Ich zitierte die meuternde Kompanie in mein Büro und erklärte ihnen die Situation aus meiner Perspektive. Daß sie mir als ranghöchster Führungskraft mehr zu beweisen hätten als ich ihnen! Darauf reagierten sie ein bißchen schockiert, denn bis zu diesem Zeitpunkt hatten sie mich als Frau – und nicht als ihren Boß – betrachtet. Danach lief alles wie am Schnürchen. Aber hier geht es vor allem darum, daß es immer noch ein gewisses Maß an Feindseligkeit und Mißtrauen gegenüber Frauen im männlich orientierten Unternehmensmilieu gibt. Und was die Frauen angeht: Wenn wir als gleichberechtigt anerkannt werden wollen, müssen wir geistig und gefühlsmäßig darauf vorbereitet sein, daß die meisten Männer daran gewöhnt sind, Frauen im Rahmen bestimmter, eingeschränkter Tätigkeitsfelder zu begegnen. Es gibt nur so wenige von uns in den Topmanagement-Rängen, daß die Mehrzahl der Männer nie die Gelegenheit hatte, mit einer – geschweige denn für eine – von uns göttlichen Kreaturen zu arbeiten. Manchmal fühle ich mich ein bißchen wie Mae West – so viele Männer, so wenig Zeit.

Es ist Sache von uns Frauen, unsere Fähigkeiten, unsere Kompetenz, unser Denkvermögen und unseren Sinn für Humor unter Beweis zu stellen und so unsere männlichen Kohorten zu ermutigen und überzeugen, daß sie uns gestatten und dabei helfen müssen, im Geschäftsleben vorwärtszukommen. Auf diese Weise erweitern wir das künftige Potential an fähigen Führungskräften, was für unsere Firma ein Vorteil ist.«

## Mythos Nr. 3: Man kann anderen beibringen, Sinn für Humor zu entwickeln

Man kann jedem Menschen nahezu alles beibringen – außer Sinn für Humor –, denn jeder glaubt, er besäße ihn bereits.

Lillian Katz und Jane Evans können dies mit Recht von sich behaupten. Während sie vielleicht ihren Erfolg den üblichen unternehmerischen Talenten und Führungsfähigkeiten zuschreiben, läßt sich ein nicht gerade kleiner Teil auf die Tatsache zurückführen, daß ihr Humor so natürlich erscheint, so dicht an der Oberfläche schlummert und so voll ins Schwarze trifft, daß sie es gar nicht nötig haben, sich in Pose zu setzen oder zu Drohungen Zuflucht zu nehmen, um ihrer Meinung Gehör zu verschaffen. Das ist eine Gabe, die eine Reihe männlicher Chefs gut gebrauchen könnte, und die zur Zeit für Frauen nahezu unabdingbar scheint.

# *Lektion 83*

## Madame Butterfly

Zu den im Westen am stärksten verbreiteten Mythen über die Asiaten, und insbesondere die Japaner, gehört, daß sie ihre Länder zwar zu einer Wirtschaftsmacht entwickelt, aber ihre halbfeudalistische Gesellschaftsform beibehalten hätten. Darin steckt ein Körnchen Wahrheit. Die japanische Gesellschaft ist streng strukturiert, ihre Fremdenfeindlichkeit hat Weltformat, und Frauen sind für den durchschnittlichen Ausländer nahezu unsichtbar, es sei denn in dienenden Rollen, denen der geringste Status zukommt. Dennoch tut sich dort eine ganze Menge mehr als das, was Sie und ich zu sehen bekommen.

Wir nehmen an, daß Asiatinnen unterwürfige Heimchen am Herd sind, die in der Öffentlichkeit sechs Schritte hinter ihrem Gatten hertrippeln und an ihrem grünen Tee nippen, während sich Männe nach getaner Arbeit im Salon einer Geisha entspannt.

Richtig? Falsch.

Japans schlagkräftigste Lebensversicherungsgesellschaft, die Nippon Life, beschäftigt 69000 Mitarbeiter im Verkauf. Volle 90 Prozent sind Frauen.

Merle Higa, 48 Jahre alt, ist Präsidentin des größten japanischen Tiefkühl-Pizzen-Herstellers. Bevor Sie Madame als Dreikäsehoch aus Ihren Gedanken verbannen, sollten

Sie wissen, daß ihre beiden Fabriken jeden Monat 5 Millionen Pizzen ausstoßen.

Selbst in dem erzkonservativen Korea verwalten zahlreiche Frauen die Vermögenswerte der wohlhabenden Familien. Die koreanischen *bok buin* (»Spekulanten-Frauen«) haben sich auf dem koreanischen und sogar auf dem amerikanischen Immobilienmarkt zu einem neuen Machtfaktor entwickelt. Und nicht zu vergessen die amerikanischen Frauen asiatischer Herkunft, die in den USA groß im Geschäft sind, wie die CBS-Moderatorin/Korrespondentin Connie Chung und Shirley Young, die Vizepräsidentin von General Motors.

Talent ist nun mal Talent – mag es aus Asien oder Kaukasien stammen, in gleich welcher Farbe des Regenbogens schillern oder dem männlichen bzw. weiblichen Geschlecht angehören. Vielleicht ist das eine weitere Lektion, die wir von unseren härtesten Konkurrenten lernen können. Wir hätten sie uns vermutlich schon mit der Bibel eintrichtern sollen. Schließlich war der erste Spitzenverkäufer kein Mann – sondern Eva.

# *Lektion 84*

## Kapitalismus ist effizient, Voreingenommenheit nicht

John H. Johnson leitet das Verlagshaus Johnson Publishing, das vor allem seiner Zeitschrift *Ebony* wegen bekannt ist. Seine ersten Erfahrungen in dieser Branche schildert er in seinem Buch *Getting It Together,* in dem auch die Geschichte einer Reihe weiterer erfolgreicher schwarzer Geschäftsleute beschrieben wird.

1942 arbeitete Johnson für die Lebensversicherungsgesellschaft Supreme Liberty Life, vermutlich das größte, in schwarzer Hand befindliche Unternehmen außerhalb der Südstaaten. Johnson erkannte: Wenn es einen Markt für Lebensversicherungen gab, der speziell auf die farbige Bevölkerung abzielte, dann mußte es auch einen Zeitschriftenmarkt für sie geben. Und so schuf er *Negro Digest* mit 500 Dollar Startkapital, das ihm ein kleines Kreditinstitut zur Verfügung stellte, wobei die Möbel seiner Mutter als Sicherheit dienten. Mit diesem Geld lancierte er eine Direct-Mail-Aktion: Er benutzte die Mailing-Liste der Supreme Liberty Life und bot den Versicherungsnehmern den günstigen Subskriptionspreis von zwei Dollar an. Die meisten Direktmarketing-Unternehmen halten sich für genial, wenn sie eine Rücklauf-Quote von 2 Prozent erzielen. Johnsons lag bei 15 Prozent.

Da Johnson einen Markt entdeckt hatte, dessen Existenz die weißen Verleger nicht bemerkt zu haben schienen, machte er sich nun daran, die weiße Werbebranche von den Vorteilen der schwarzen Verbraucher-Zielgruppen zu überzeugen. Er schrieb Briefe an die Präsidenten Dutzender großer Unternehmen, in denen er lediglich um einen Gesprächstermin bat. Er führte das neuartige Argument an, daß selbst dem Staatschef der kleinsten ausländischen Nation bei seinem Besuch in den USA eine Audienz beim amerikanischen Präsidenten gewährt werde. Deshalb habe er – Johnson – als Leiter eines Unternehmens, das einen Markt bediene, der mehr als 10 Prozent der Bevölkerung repräsentiere, einen Anspruch darauf, von einem Unternehmenspräsidenten angehört zu werden.

Fehlanzeige...

...bis er an den Präsidenten von Zenith schrieb, der sein erster landesweit bekannter, großer Inserent wurde. Johnson machte auf Zenith so großen Eindruck, daß er von 1974 bis 1988 im Vorstand des Unternehmens tätig war.

Johnson brachte es zum vielfachen Millionär. Er überwand jede nur denkbare Barriere, die den Weg zum erfolgreichen Geschäftsmann blockiert, und vor allem eine: das Vorurteil – ein Hindernis, das zermürbender und tödlicher ist, als weiße Geschäftsleute es sich vorstellen können. Er gilt heute als Vorbild für jeden – gleichgültig ob schwarz oder weiß –, der jemals einen großen Traum gehabt und versucht hat, ihn in die Wirklichkeit umzusetzen.

Hier ist Ihr persönliches Frühwarnsystem für das nächste seismische Beben im Geschäftszyklus. Damit kann man keinen Nobelpreis für Wirtschaftswissenschaften gewinnen, aber es hat sich für einen Mann bezahlt gemacht.

Otis Sims leitete ein Lastwagen-Transportunternehmen in Houston. 1981 ließen die Geschäfte aus keinem ersichtlichen konjunkturpolitischen Grund nach. Er verkaufte seine Firma für einen angemessenen Preis, während sie noch solvent war, und kehrte nach Minneapolis zurück. Der Zeitpunkt hätte nicht besser gewählt sein können; er stieg just in dem Moment aus, als sowohl der Ölpreis als auch die Wirtschaft in Houston zusammenbrachen.

»Zum ersten Mal in meinem Leben war ich glücklich, als

Schwarzer geboren zu sein«, sagte er. In der Regel bekommen die von Farbigen geführten Unternehmen als erste die Abwärtsspirale zu spüren. Ihnen ergeht es wie den Kanarienvögeln im Bergbau: Wenn die aufhören zu singen, ist es allerhöchste Zeit, den Bergwerksschacht fluchtartig zu verlassen.

Der Oberste Gerichtshof in den USA hat inzwischen die Genehmigungen für Minoritäten-Kompensationsprogramme durch verschärfte Anforderungen drastisch eingeschränkt. Das war ein merklicher juristischer Rückschlag für die Rechte von Minderheiten im Geschäftsleben – und mehr noch – ein Signal, daß der rechtsprechende ebenso wie der administrative und gesetzgebende Arm die Tür zu umfassenderen rechtlichen Schutzmaßnahmen für Minderheiten geschlossen und Hilfsmaßnahmen dem privaten Sektor überlassen hat.

Wenn Sie glauben, damit wäre das Thema für weitere hundert Jahre abgehakt, wird es Sie sehr überraschen, daß die wirtschaftliche Stärke der Minderheiten dadurch nicht gebremst wird, sondern in immer rasanterem Tempo wächst.

Der Kapitalismus ist effizient, Voreingenommenheit nicht. Die modernen kapitalistischen Staaten können nicht reibungslos funktionieren, wenn ein beträchtliches Segment der Bevölkerung ihrer wirtschaftlichen Rechte beraubt wird. Den Schwarzen enthält man ihren Anteil vor. Sie repräsentieren 12,2 Prozent der Bevölkerung, aber sie besitzen nur gut 1 Prozent des gesamten amerikanischen Geschäftsvermögens. Auf jeden Farbigen mit einem Jahreseinkommen von 36000 Dollar kommen zwölf Farbige, die unterhalb der Armutsgrenze leben. Es überrascht wohl nicht, daß diese Zahlen auch für die Situation anderer Minderheitengruppen repräsentativ sind.

Das wird sich ändern, weil letztlich alle Dinge in unserem Land, einschließlich der öffentlichen Moral, ihre Wurzeln in der wirtschaftlichen Realität haben. Vorurteile zeugen von lausigen Geschäftspraktiken. Sie sind eine unerträgliche Last für die Wirtschaft, weil jeder, der unterhalb der Armutsgrenze lebt, auf dem Rücken eines anderen mitgeschleppt werden muß, dem es bessergeht.

Die Minderheiten sind längst über den Zeitpunkt hinaus, an dem sie es stillschweigend hinnehmen, von den Vorteilen unseres Wirtschaftssystems ausgeschlossen zu werden. Solange meine Generation noch das Ruder führt, wurden und werden sie ausgegrenzt. Wenn die jüngere Generation ans Ruder kommt, wird das meiner Meinung nach ein Ende haben. Wir wurden noch in stereotypen Vorstellungen erzogen. Jüngere Menschen haben gelernt, mehr Gespür für die Probleme von Minderheiten zu entwickeln. Da sich das Bürgerrechtsforum nach und nach von den Gerichtssälen in die Konferenzräume der Unternehmensvorstände verlagert, werden kluge Geschäftsleute Vorteile haben. Sie erkennen, welche ungeheuren, noch unangezapften menschlichen und wirtschaftlichen Ressourcen Minderheiten-Gruppen darstellen.

Natürlich müssen Sie dem Feld nicht davonziehen. Sie sind rein rechtlich nicht verpflichtet, Ihre Marketingpläne oder Ihr Produkt-Mix zu ändern. Aber Sie nehmen eine Korrektur vor, wenn Sie einen Trend voraussehen. Nun, folgender Trend ist sicherer zu erwarten als jeder andere: Minderheiten werden zunehmend auf jeder sozialen, politischen und wirtschaftlichen Ebene vertreten sein. Was haben Sie getan, um sich darauf vorzubereiten? Sie können als Geschäftsmann davon profitieren – und zufälligerweise auch als Mensch.

Ulric Haynes, Jr., ein schwarzer Geschäftsmann, der als Botschafter in Algerien 1981 maßgeblich an der Befreiung der im Iran festgehaltenen amerikanischen Geiseln beteiligt war, hatte mehrere weiße Mentoren: J. Irwin Miller von Cummins Engine, W. Averell Harriman, den ehemaligen Gouverneur von New York, und den amerikanischen Ex-Präsidenten Jimmy Carter. In einem Artikel in der *New York Times* spricht Haynes ihnen das Verdienst zu, sich für seine berufliche Laufbahn interessiert und ihm als Vorbilder gedient zu haben. »Ich erinnere mich noch an die ersten Tage, als ich Cummins im Iran repräsentierte. Man erzählte mir, wenn mir daran gelegen sei, unsere Maschinen im vernünftigen Zeitrahmen durch den Zoll zu bringen, müsse ich die Zollbeamten bestechen. Das war unvereinbar mit der Unternehmenspolitik – und später mit dem amerikanischen Gesetz –, aber viele amerikanische Geschäftsleute hatten das Gefühl, bei diesem Spiel mitmachen zu müssen. Ich lehnte ab, und nach und nach akzeptierten die Iraner diese Entscheidung. Auch ohne zu fragen war ich mir sicher, daß Irwin Miller mir Rückendeckung geben würde, selbst wenn ich bis zum Hals in Schwierigkeiten stecken sollte.«

Natürlich dient Haynes selbst als Vorbild.

*Alle* Geschäftsleute mit Verantwortungsgefühl sollten es als ihre Pflicht ansehen, mehr zu tun, damit Leute wie John H. Johnson und Ulric Haynes entdeckt und gefördert werden. Wo sollten die künftigen Generationen der Minderheiten-Kinder auch sonst ihre Vorbilder finden? Auch in Ihrem Unternehmen findet sich mit Sicherheit – oder sollte es zumindest – ein Angehöriger einer Minderheit, der in nur einer oder zwei Handbreit Entfernung die Firmenrennstrecke zurücklegt. Wenn Sie sich nur die Mühe machen, ihm eine Chance zu geben, ihm die Hand zu reichen, werden Sie das Leben anderer Menschen bis in die ferne Zukunft berühren.

# *Lektion 85*

## Es gibt keine siebzigjährigen Ausgebrannten

Arthur Millers Größe als Bühnenautor wurzelt in seiner Wut auf den gnadenlosen Verschleiß des Menschen in der Tretmühle der amerikanischen Industriemaschinerie. Er wäre sicher noch wütender, wenn man ihn als treibende Kraft für eine der in unserem Zeitalter am weitesten verbreiteten Formen der Diskriminierung charakterisierte, nämlich jene der alten Menschen.

Aber es entspricht den Tatsachen.

Willie Loman, die Hauptfigur in *Der Tod eines Handlungsreisenden,* ist der Inbegriff eines Schwächlings und Versagers. Er hat dazu beigetragen, daß im amerikanischen Alltagsleben die typische Vorstellung Fuß fassen konnte, ein alternder Arbeitnehmer sei bemitleidenswert und zu nichts mehr zu gebrauchen.

Die Realität sieht jedoch ganz anders aus.

Nach meiner Erfahrung ist der ältere und vor allem der wirklich alte Arbeiter in der Regel der beste im ganzen Betrieb.

Warum?

Die meisten Leute, die über das Rentenalter hinaus im Arbeitsprozeß stehen, sind *immer* motiviert, weil viele es nicht nötig hätten, noch zu arbeiten. Und wenn man etwas aus freiem Antrieb macht, dann macht man es auch gut.

Es ist schon verrückt, daß wir uns nicht besser darauf verstehen, die Energie und Fähigkeiten älterer Arbeitnehmer in nützliche Bahnen zu lenken.

Sie kennen wahrscheinlich all die Paradebeispiele von Menschen, die mit zunehmendem Alter nicht langsamer wurden, sondern ihr Arbeitstempo noch zu steigern schienen: Albert Schweitzer, Grandma Moses, George Bernard Shaw, Golda Meir, Armand Hammer, Bob Hope oder George Burns sind nur einige von ihnen.

Einer meiner persönlichen Lieblinge ist der einundsiebzigjährige Jeno Paulucci, der die beiden Tests bestanden hat, die letztendlich zeigen, in wem das Zeug zum Unternehmer steckt. Er hat zweimal sein Glück gemacht und es beide Male festgehalten. Sie finden ihn in der Liste der vierhundert erfolgreichsten Unternehmer, die von der Zeitschrift *Forbes* veröffentlicht wird. Paulucci begann seine Karriere in Duluth, das nicht eben zur Wiege unternehmerischen Glaubens zählt. Er fand einen Weg, ein Vermögen zu verdienen, indem er die »gemeine« und im Überfluß vorhandene Sojabohne zur Basis eines neuen Nahrungskonzepts machte – abgepackt und tiefgefroren als chinesisches Gemüse. Seine Firma Chun King verkaufte er für 63 Millionen Dollar an R. J. Reynolds. Dann baute er Jeno's auf, ein Unternehmen, das sich ebenfalls auf ein Nahrungskonzept stützte: Pizza-Baguettes. Dieses Mal schnitt er noch besser ab. Pillsbury kaufte es ihm für 150 Millionen ab.

Zugegeben, Paulucci hat sein Tempo ein wenig gemäßigt. Er steht heute um fünf Uhr morgens auf statt um vier. Zu seinen beträchtlichen Vermögenswerten gehören rund 12000 Hektar Land in erstklassiger Lage, auf dem eine ganze Stadt entstand. Dort kann man heute leben, arbeiten, spielen und einkaufen. Der Name der Stadt ist Heathrow, und sie liegt in der Nähe von Orlando.

Er hat mir vor kurzem erzählt, was passierte, als er den Verband der amerikanischen Automobilhersteller, die American Automobile Association, für den Plan gewinnen wollte, ihr internationales Hauptquartier in das International Business Center nach Heathrow zu verlegen. Die AAA hatte die Liste der möglichen Standorte von 82 auf 18 verkürzt. Heathrow war es gelungen, im Rennen zu bleiben, und Paulucci setzte sich mit Jack Stephenson in Verbindung, der für den Standortwechsel der AAA zuständig war. Stephenson erklärte ihm, man habe eine Forschungsfirma mit der Projektanalyse betraut und werde sich »in sechs Monaten wieder an Sie wenden«.

Paulucci rief ihn noch am selben Nachmittag zurück.

»Ihre sechs Monate sind vorbei!« erklärte Paulucci. Nach einem langen Gespräch konnte er schließlich den höchst widerwilligen Stephenson überreden, ihn zu empfangen.

Wohl wissend, wie wenig Stephenson geneigt gewesen war, ihm eine Audienz zu gewähren, beschloß Paulucci, keine Risiken einzugehen und die Chance durch nichts zu verpatzen. Er vergewisserte sich sogar, daß Julius, der normalerweise die Limousine chauffierte, eine Probefahrt in die Zentrale der AAA nach Falls Church, Virginia, einen Vorort von Washington, unternahm, damit er den Weg genau kannte und Paulucci nicht zu spät zum Meeting brachte.

Als Paulucci in seinem Privatflugzeug auf dem Dulles-Flughafen eintraf, lieferte Julius eine fehlerlose Leistung. Paulucci konnte Stephenson zu einem zweiten Treffen überreden, das eine Woche später stattfinden sollte. Dabei sollte auch Jim Creal, der Präsident der AAA, anwesend sein.

Stephenson erklärte Paulucci ziemlich nachdrücklich, daß diese Gesprächsrunde um Punkt neun Uhr morgens anberaumt war und genau fünfzehn Minuten – und keine Sekunde länger – dauern würde.

Auch dieses Mal traf Paulucci wieder seine akribischen Vorbereitungen; aber als er in Dulles ankam, sah er zu seinem Schreck keinen Julius. Die Firma, die ihm die Limousine vermietete, hatte ihm einen anderen Chauffeur geschickt.

»Wissen Sie, wo Falls Church liegt?« fragte ihn Paulucci.

»Natürlich«, erwiderte der Fahrer.

Aber nachdem sie ihr Ziel zweimal verfehlt und die richtige Ausfahrt der kleeblattförmigen Autobahnkreuzung beide Male verpaßt hatten, wurde die Zeit knapp. Als ihm nur noch wenige Minuten bis zum Beginn des Meetings blieben und das Gebäude vor seinen Augen lag – an dem sie gerade wieder auf der entgegengesetzten Seite der beiden Schnellstraßen vorüberfuhren –, bat Paulucci den Chauffeur, anzuhalten.

»Die Limousine stoppte an der Einfahrt zu einem Kleeblatt, und ich begann, den angrenzenden Hügel hochzuklettern, der eine Neigung von 45 Grad besaß. Ich trug ein Clipboard, einen kleinen Notizblock und den neuesten und schönsten Anzug, den ich je besessen hatte.

Ich konnte unbeschadet die beiden ersten Spuren der Schnellstraße, dann den Mittelstreifen und schließlich zwei weitere Fahrspuren überqueren; aber dann kommt ein über drei Meter hoher Stacheldrahtzaun. (Paulucci ist ca. 1,63 m groß.) Das Gebäude befindet sich direkt dahinter. Ich rannte an dem Zaun entlang, aber ich konnte keine Lücke entdecken. Also versuchte ich es mit der entgegengesetzten Richtung, aber das Hindernis nahm einfach kein Ende. Die ganze Zeit über tickt die Uhr unerbittlich, und das Gebäude in Sicht. Ich will meinen schönen Anzug nicht ruinieren. Aber es gibt keinen anderen Weg, und darum sagte ich mir: ›Jeno, faß!‹, als wäre ich ein Golden Retriever. Ich werfe also das Clipboard über den Zaun, halte meinen Familienschmuck fest und steige rüber.«

Noch dreißig Sekunden bleiben, als er das Büro des Präsidenten erreicht, wo er den AAA-Mann zum Fenster dirigiert.

»Sehen Sie diese vierspurige Schnellstraße? Ich habe sie zu Fuß überquert, um hierher zu gelangen. Sehen Sie den Mittelstreifen? Sehen Sie die sechsspurige Schnellstraße? Sehen Sie den Hügel? Sehen Sie den Zaun? Ich habe beides erklettert. Glauben Sie, das alles hätte ich getan, wenn ich nicht der festen Überzeugung wäre, daß Heathrow genau das zu bieten hat, was Sie für Ihre neue Zentrale brauchen?«

Und haben Sie noch irgendwelche Zweifel, welchen Standort die AAA für ihr neues internationales Hauptquartier wählte?

Merkwürdig, daß die Botschaft an den ungewöhnlichsten Orten rüberzukommen scheint. Das Friedenskorps gilt allgemein als Tummelfeld für junge Idealisten, die dort nach Beendigung des Colleges und vor dem Einstieg ins Berufsleben ein paar Jahre verbringen. Aber die wirksamsten und erfolgreichsten Rekrutierungskampagnen führt es unter den Arbeitnehmern im Ruhestand durch. Im Gegensatz zur jüngeren Generation scheiden sie nicht wegen Heimweh aus, wenn die Situation ihnen einmal Durchhaltevermögen abverlangt.

Wie steht's mit Ihnen? Wollen Sie beweisen, daß der Schornstein auch dann noch raucht, wenn Schnee auf dem Dach liegt? Hier sind einige Tips, die Ihnen zeigen, wie man schrittweise den »Lack« auffrischt:

*Erster Schritt: Nutzen Sie, was Sie haben.* Ihr Rolodex kann mehr wert sein als der Pensionsplan Ihres Unternehmens. Mit 65 Jahren kennt man mehr Leute als jemand, der 25 oder 30 Jahre alt ist: Menschen, denen man einen Gefallen erwiesen hat, Menschen, die Ihre Fähigkeiten zu schätzen wissen. Bevor Sie aus Ihrer derzeitigen Position ausscheiden, gilt es sich zu vergewissern, daß sich diese »Schuldscheine« nicht nur kurzfristig in Umlauf befinden, sondern soweit wie möglich erhöht werden. Sie sollten derjenige sein, der Ihren Nachfolger mit Lieferanten und Kunden bekannt macht, damit er oder sie von Ihren Meriten profitieren kann. Im nächsten Atemzug sollten Sie dafür sorgen, daß diese Lieferanten und Kunden über Ihre weiteren Planungen erfahren, damit sie sich ihrerseits bei Ihnen revanchieren können.

*Zweiter Schritt: Was für eine Überraschung! Sie brauchen einen Plan!* Dieses Mal sollten Ihre natürlichen Vorteile im Mittelpunkt stehen: Ihre Kontakte, Ihre Erfahrung, das Kapital, das Sie angesammelt haben. Wenn Sie diese drei Aktivposten überprüfen, werden Sie feststellen, daß sie in weit größerer Fülle als bei den meisten jüngeren Leuten vorhanden sind. Sie lassen sich in Gold aufwiegen, und deshalb sollten Sie sie nicht wegwerfen bei dem Versuch, etwas zu tun oder zu sein, bei dem sich Ihr Alter als Passivposten entpuppt. Die schlechte Neuigkeit zuerst? Als Tangolehrer auf einem Kreuzfahrtschiff haben Sie kaum Chancen. Und jetzt die gute Nachricht: Das bedeutet noch lange nicht, daß Sie nicht auf der Kommandobrücke den Takt angeben könnten.

*Dritter Schritt: Versuchen Sie nicht, es möglichst billig zu machen.* Das ist Arbeit und kein Hobby, selbst wenn Sie mit Ihrer Geschäftstätigkeit darauf abzielen, daß sich Ihr lebenslanges Hobby auszahlt. Wenn Sie den Schritt in die Selbständigkeit wagen, müssen Sie sich eine Lohnliste zulegen und daran halten, auch wenn Sie der einzige sind, der darauf steht. Arbeiten Sie nie im eigenen Haus, wenn es sich vermeiden läßt. Selbst wenn Sie ein paar Mark dabei sparen könnten, sollten Sie Ihr trautes Heim verlassen und sich ein Büro suchen. Wenn Sie zu Hause hocken, untergraben Sie Ihr psychisches Wohlbefinden. Ihr Haus ist keine Arbeitsstätte, sondern der Ort, an dem Sie leben. Handeln Sie, als ob es Ihnen wirklich ernst wäre, denn sonst wird es Ihnen nie gelingen, andere zu überzeugen.

*Vierter Schritt: Geben Sie mindestens zehn Prozent Ihres Budgets aus, um sich die besten verfügbaren Fachkräfte als Ratgeber zu sichern, bevor Sie auch nur einen Pfennig für andere Dinge ausgeben.* Verzichten Sie darauf, spontan eine bestimmte Franchise-Lizenz zu kaufen, die Vorauszahlung für ein Geschäft zu leisten, den Kaufvertrag für ein Grundstück zu unterschreiben oder ein Büro anzumieten. Unternehmen Sie zumindest nichts, ehe Ihnen der Kopf von all den Ratschlägen raucht, von denen Sie nie gedacht hätten, daß sie nötig wären.

Was immer Sie auch planen oder tun – dieses Mal steht für Sie wesentlich mehr auf dem Spiel als zu der Zeit, als Sie jung und pleite waren und es sich noch leisten konnten, jeden nur menschenmöglichen Fehler zu machen.

Das Geld, das Sie vorab aufwenden, um die Geschäftsaussichten zu analysieren und die Tücken der Branche aufzuspüren, ist ein geringer Preis für die Absicherung gegen Katastrophen.

*Fünfter Schritt: Schaffen Sie sich einen Fluchtweg.* Es sind nicht Ihre Fehler, über die Sie sich Sorgen machen sollten, sondern die der anderen.

Selbst wenn Sie Ihre Entscheidung getroffen haben und beschließen, in ein Geschäft zu investieren, gilt es sich zu vergewissern, daß der Kaufvertrag die Verpflichtungen des

Verkäufers genau widerspiegelt. Außerdem sollte er die Möglichkeit beinhalten, ihn zu annullieren, falls sich eine der Zusagen als falsch erweisen sollte. Des weiteren sollten Sie darauf bestehen, daß der Vertrag Klauseln über die Leistungen enthält, die erfüllt sein müssen, bevor der volle Kaufpreis bezahlt wird.

*Sechster Schritt: Engagieren Sie einen »Lockvogel«.* Obwohl Sie natürlich die ganze Arbeit besser als jemand leisten können, der nur halb so alt ist wie Sie, werden Sie feststellen, daß es verdammt hart ist, erst einmal Aufträge zu bekommen.

Einer der am weitesten verbreiteten Karriere-Schachzüge in fortgeschrittenem Alter besteht darin, ein Hobby zum Beruf zu machen oder sich der ehemaligen Kundschaft als Berater zur Verfügung zu stellen. Nach einer Weile erreicht man jedoch in der Regel den Punkt, an dem sich das im früheren Arbeitsleben angesammelte Reservoir an potentiellen Kunden im alten Freundeskreis erschöpft hat. Sie stellen fest, daß Sie sich überlegen müssen, wie Sie neue gewinnen. Damit ist nicht das Ende der Welt gekommen. Jedes Unternehmen braucht neue Kunden. Sie sehen sich jedoch der zusätzlichen Herausforderung gegenüber, die Diskriminierung alter Menschen zu überwinden.

Ein Geschäftsmann hat diese Hürde mit Hilfe einer Tarnmaßnahme folgendermaßen genommen: Er war früher Prediger gewesen und hatte sich auch formal auf eine zweite Laufbahn als Berater für kirchliche Spendensammlungsaktionen vorbereitet. Nach ein paar Jahren waren alle Leute, die er kannte, aus dem Berufsleben ausgeschieden oder gestorben, und so beschloß er, das Szenario schnellstens zu ändern. Er ist heute nicht mehr Präsident seiner Firma, sondern hat die Rolle seinem Sohn übertragen. Der Sprößling, mit einem akademischen Grad in Wirtschaftswissenschaften und allen sonstigen Schikanen ausgestattet, ist wesentlich erfolgreicher als sein Vater. Er versteht es, seine Auftritte vor den gnadenlosen Augen der kirchlichen Aufsichtsräte zu inszenieren, die nach dem letzten Schrei unter den »modernen« Mittelbeschaffungs-Techniken Ausschau halten. Papi bringt das für die Abwicklung erforderliche Know-how mit, und der Goldjunge das Geschäft unter Dach und Fach.

*Siebter Schritt: Erweitern Sie Ihr Beziehungsnetz.* Halten Sie Kontakt zu den Klubs und Berufsverbänden, denen Sie bisher angehört haben, und treten Sie außerdem noch einigen neuen bei. Sie sollten die Aktivitäten, denen Sie hier nachgehen, nicht bremsen, sondern steigern. Wenn Sie sich als Redner oder für irgendwelche Präsentationszwecke zur Verfügung stellen, nehmen Sie – wie der Kommunikationsberater Lynne Lancaster empfiehlt – bei einem Profi Nachhilfestunden. Ein Videoband schwindelt nicht, wie vielleicht Ihre Frau oder Ihr bester Freund. Sorgen Sie für Ihre Sichtbarkeit bei gesellschaftlichen Anlässen. Kleiden Sie sich besser als in ihrer alten Stellung; nicht jugendlicher – das heißt, ändern Sie nicht Ihren Stil –, sondern einfach besser.

*Achter Schritt: Besuchen Sie Kurse mit Hochschulniveau.* Haben Sie nicht immer behauptet, Sie würden gerne noch mal die Schulbank drücken, wenn sich die Gelegenheit böte? Jetzt haben Sie Gelegenheit. Vergewissern Sie sich, daß der Kurs keine reine Vorlesung, sondern die Anzahl der Teilnehmer klein genug ist, um Diskussionen über den im Unterricht behandelten Stoff zu ermöglichen.

Ich empfehle Ihnen, sich für geisteswissenschaftliche Kurse einzuschreiben, wie beispielsweise Literatur. Hier bietet sich Ihnen die beste Möglichkeit, über sich selbst hinauszuwachsen. Außerdem kommen Sie mit Leuten in Kontakt, die weniger als halb so alt sind wie Sie und Ihnen unter diesen Umständen offenbaren, was sie wirklich denken. Und anders als wenn Sie auf ihren Parties erscheinen würden (wo man Sie nur für lächerlich hielte), ist das Klassenzimmer ein Rahmen, in dem man Ihre Meinung zumindest respektiert. (Leider liegt der Grund nicht zuletzt darin, daß Sie die Pflichtlektüre gelesen haben, während die übrigen Teilnehmer sich schnell noch durch einen Blick zum Nachbarn notdürftig informieren.)

*Neunter Schritt: Nehmen Sie an einem Gymnastikprogramm teil.* Zu den neuen unternehmerischen Aktivitäten, die während der »aufrüttelnden« achtziger Jahre geboren wurden, gehören Programme von Experten, die Arbeitslosen helfen, wieder Fuß zu fassen. Falls es hier eine eiserne Regel gibt, dann die, daß sie ihre Klienten in einen Kurs zur Körperertüchtigung schicken. Man fühlt sich seelisch besser, wenn sich das körperliche Befinden bessert, und genau das bewirkt ein Konditionstraining. Dieses Konzept läßt sich auch auf unsere Situation anwenden.

*Zehnter Schritt: Sorgen Sie dafür, daß Ihnen die Arbeit Spaß macht.* Ihre erste Karriere galt dem Geld, dem Prestige, der Sicherheit und einigen anderen Zielen. Inzwischen konnten Sie sich selbst und der Welt beweisen, daß Sie Ihre Ziele zu erreichen wissen – also was gibt es jetzt noch zu beweisen? Jetzt arbeiten Sie, um sich lebendiger und nützlicher zu fühlen als bei irgendeiner anderen Betätigung. Zum ersten Mal in Ihrem Leben bestimmen Sie, was gespielt wird, haben Sie das Sagen. Wenn beispielsweise die Schule jeden Mittwoch nachmittag geschlossen bleiben soll, damit Sie Golf spielen können, dann wird es so und nicht anders gemacht. Dieses Mal – und daran sollten Sie keinen Zweifel aufkommen lassen – diktieren Ihre persönlichen Bedürfnisse, Sorgen, Wünsche und Eigenheiten den Geschäftsverlauf, und nicht umgekehrt. Wenn Sie es nicht auf diese Weise schaffen oder jemanden finden, der zu diesem Zugeständnis bereit ist, dann sind die Fortschritte, die Sie mit Schritt eins bis neun gemacht haben, der Mühe nicht wert. Wenn Sie den Spaß an der Arbeit verlieren, klettern Sie die Karriereleiter eben wieder herunter.

Aber wenn Sie auch im zweiten Akt noch auf der Bühne bleiben wollen, möchte ich Ihnen noch ein letztes Geheimnis anvertrauen: Jetzt sind Sie an der Reihe, für irgendjemanden den Mentor zu spielen. Sie haben ein Leben lang Geschäftserfahrung und Einsichten gesammelt. Verschwenden Sie sie nicht. Wählen Sie jemanden, der gerade erst am Anfang seiner beruflichen Laufbahn steht, und lassen Sie ihn oder sie von Ihrem harterworbenen Wissen profitieren. Es gibt kein besseres Vermächtnis, als wenn Sie es einem anderen dadurch ein bißchen leichtermachen.

Dieses Mal sollten Sie nicht meinem Rat folgen, sondern anderen Ihre Ratschläge erteilen, Ihr Know-how weitergeben. Und mit diesem Gedanken wollte ich eigentlich schließen, aber ich habe noch mehr zu sagen...

# *Kapitel 15*

## Ein paar Gedanken auf die Schnelle

## 1 Jeder möchte am Samstagnachmittag gewinnen...

...aber der tatsächliche Sieger ist derjenige, der an den restlichen sechs Tagen der Woche übt, behauptet mein liebster Football-Coach.

Wenn Sie eine Rede halten wollen – selbst wenn sie aus der Feder eines anderen stammt –, sollten Sie sich die Mühe machen, den Auftritt selbst vorzubereiten. Vor einigen Jahren wurde ich vom Iowa Wesleyan College als Festredner bei der Jahresabschlußfeier verpflichtet. Drei Wochen vor Termin fuhr ich zum Campus in Mount Pleasant, unangemeldet. Ich verbrachte den Tag damit, verschiedene Vorlesungen zu besuchen, Studenten und Fakultätsmitglieder kennenzulernen, mir im beliebtesten Treffpunkt vor Ort ein paar Biere einzuträufeln und mich überhaupt zu benehmen, als sei ich der älteste Studienanfänger der Welt. Auf diese Weise konnte ich meiner Rede eine persönliche Note geben, weil ich Einsichten über die Schule gewann, die mir bei der Verbesserung des Inhalts halfen. Die Rede bewies meinen Zuhörern, daß ich sie selbst geschrieben hatte. Sie zeigte, daß mein persönliches Interesse groß genug war, um sie näher kennenlernen zu wollen, anstatt mal kurz vorbeizuschauen und mir einen Ehrendoktortitel abzuholen. Diese Erfahrung erwies sich als so positiv, daß ich genau das gleiche vor einem Rundfunk- oder Fernsehauftritt mache.

Diejenigen unter Ihnen, die mein Buch *Schwimm mit den Haien, ohne gefressen zu werden* kennen, wissen, daß ich Kunden nie auf gut Glück besuche. Genausowenig überlasse ich meine Auftritte in der Öffentlichkeit dem Zufall. Man kann (sich selbst oder seine Produkte) immer besser verkaufen, wenn man seine Hausaufgaben gemacht hat.

## 2 Nichts klappt immer

Ich habe mal irgendwo beschrieben, wie man fast jedes öffentliche Restaurant in seinen eigenen Privatclub umwandeln kann. Ron Fellows, der internationale Seminare organisiert und arrangiert, hat meinen Rat beherzigt – was immer einiges an Vertrauen erfordert. Und das ist passiert:

*»Mein Gast war Dr. Yoshiro NakaMats aus Tokio. Dr. NakaMats gehört zu den reichsten Männern Japans. Er hat die Floppy Disk entwickelt und hält 2630 Patente, was ihn zum produktivsten Erfinder der Welt macht. Er genießt fast die gleiche Verehrung wie ein Kaiser.*

*Ich hatte ein Essen für zwanzig Leute in einem unserer besten Restaurants arrangiert. Wie Sie geraten haben, sollte keine Speisekarte präsentiert, nicht über die Kosten gesprochen und keine Rechnung an den Tisch gebracht werden. Alles war im voraus arrangiert. Alles lief bestens – bis die Kellnerin ihm den Salat über den Anzug kippte.*

*Wie Sie wissen, ist es beinahe unmöglich, die Gedanken eines Japaners an seinem Gesicht abzulesen, um die Reaktion auf ein solches Mißgeschick festzustellen. Obwohl das Essen ohne weiteren Zwischenfall verlief, machte ich mir noch immer Sorgen wegen des Vorgefallenen. Nachdem das Dinner vorüber war und ich mich von meinen anderen Gästen verabschiedet hatte, fand ich Dr. NakaMats vor dem Restaurant. Er stand dort ganz allein und sah auf den beinahe leeren Parkplatz gegenüber.*

*Ich fragte ihn, was er da mache.*

*›Ich trockne meine Hosen‹, erwiderte er.«*

### 3 Nehmen Sie nie den Sitz hinter jemandem ein

Zieht es Sie – wie mich – automatisch zu einem der hinteren Plätze bei Vorträgen oder im Gottesdienst? Das muß eine Angewohnheit sein, die ich noch aus meiner Schulzeit mit mir herumtrage. Sie haben inzwischen sicher bemerkt, daß ich mich aller möglichen Dinge rühme, nur meiner Zeugnisse nicht.

Ist Ihnen schon einmal aufgefallen, daß die besten Schüler und Studenten vorne sitzen? Treibt ihr Wissensdurst sie auf die vorderen Plätze, die Entschlossenheit, kein einziges

Wort zu verpassen, das über die Lippen ihres Lehrers oder Professors kommt?

Ich fragte den Freund meines Sohnes, wo sein Platz sei.

»Ganz vorne, weil dort die guten Schüler sitzen«, erklärte er mir. »Man kann sogar das Kleingedruckte unter dem Kleingedruckten lesen, und man braucht kein Hörgerät. Abgesehen davon sitzt man nahe genug, um den Lehrer gut zu sehen, und der befindet sich wiederum in so kurzer Entfernung, daß er dich gut im Visier hat. Du bist nicht nur ein Name im Notizbuch, sondern nimmst menschliche Züge an. Deshalb heißt es ja auch immer, man soll versuchen, sich mit seinen Entführern anzufreunden. Auf diese Weise fällt es ihnen schwerer, dir Leid zuzufügen.«

Setzen Sie sich beim nächsten Meeting in die erste Reihe und versuchen Sie, sich den Anschein von Interesse zu geben. Dadurch verringern Sie ein ganz klein wenig das Risiko, daß man Sie später schutzlos der rauhen Witterung aussetzt.

## 4 Die kleine Entschädigung

Ich bin süchtig nach Eilzustelldiensten, seit Federal Express vor rund zehn Jahren die Szene betreten hat. Wie bei bestimmten Notizzetteln und Videorecordern entwickelte auch Fed Ex sowohl ein Produkt als auch einen Markt für dieses Erzeugnis und sorgte anschließend dafür, daß es zum unverzichtbaren Bestandteil der menschlichen Existenz wurde. Obwohl die Expreß-Zustellung heute durch die Faxgeräte zu veralten droht, wird in Zukunft Raum genug für beide sein.

Wird es aber noch einen Platz für Zustellfirmen geben, die weder auf der Basis der Geschwindigkeit, wie bei Faxgeräten, noch über den Preis, wie die amerikanische Bundespost, miteinander konkurrieren? UPS (United Parcel Service) mußte einen ganz anderen Weg finden. Die Firma kann sich im Wettbewerb behaupten, weil sie Güter einer bestimmten Größenordnung transportiert oder Zustellungen im unmittelbaren Umkreis übernimmt. Wenn sie sich im Kampf mit den Expreß-Auslieferern messen will, muß sie den Kunden schon etwas mehr bieten.

Einer meiner Freunde wartete auf eine Expreßzustellung. Einige Stunden, nachdem UPS den Auftrag erhalten hatte, stellte mein Freund – nennen wir ihn Herrn Wichtig – fest, daß die Lieferung an seine Privat- statt an seine Geschäftsadresse unterwegs war. Sie hatte für ihn jedoch eine so große Bedeutung, daß er an diesem Morgen zu Hause blieb, um sie in Empfang zu nehmen.

Als die Stunden verrannen, näherte sich Herrn Wichtigs ohnehin aufbrausendes Temperament seinem Siedepunkt.

»Warum machst du nicht einen Spaziergang mit Grover, Liebling? Er freut sich immer so auf die kostbaren Minuten mit dir«, sagte seine Frau, die spürte, daß eine Explosion im Anzug war.

Zu ihrem Erstaunen hörte mein Freund auf, hin und her zu rennen, riß seinen noch erstaunteren Hund aus seinem lieblichen Schlummer und stürmte nach draußen. Die beiden hatten nur ein paar Schritte zurückgelegt, als der UPS-Laster auftauchte. Herr Wichtig war drauf und dran, seine Wut in der bekannten, nicht mit Flüchen sparenden, ungebremsten Weise an dem seiner Meinung nach saumseligen Fahrer auszulassen, als dieser in seine Tasche griff, einen Hundekuchen herauszog und ihn in Grovers freudig geöffnete Schnauze stopfte.

»Gut geratener Kerl, stimmt's?« sagte er. »Wie heißt er, Sir?«

»Mm... äh... Grover.«

»Mann, der kann sich glücklich schätzen, ein Herrchen wie Sie zu haben; unheimlich viel zu tun und nimmt sich trotzdem Zeit für ihn. Ich unternehme einfach viel zuwenig mit meinem kleinen Kerl.«

»Nun, es ist nicht so, daß...«

»Ich glaube, das hier ist für Sie, Sir. Würden Sie bitte hier unterschreiben?«

Ende des Problems.

UPS ist stolz darauf, sich im Besitz des eigenen Managements zu befinden, und »Management« bedeutet nicht einige wenige Mitarbeiter in der Führungsetage. Es gibt

16000 aktive Manager in dieser Privatfirma, und keiner hält mehr als 2 Prozent der Aktien. Die Fluktuationsquote ist niedrig, und die Fahrer werden, wie es ihnen geziemt, als Fachkräfte behandelt.

Noch etwas, das bei diesem Unternehmen auffällt: Die Lastwagen werden jeden Tag gewaschen. Im Januar, wenn alle Autos die Farbe ändern, sind UPS-Fahrzeuge eine Ausnahme, nämlich stets makellos sauber.

UPS wird einen Weg finden, ihre LKWs im Einsatz zu halten, gleichgültig, wie schnell oder billig andere Zustellfirmen auch werden mögen.

## 5 Wasser wie Geld verschwenden

Der Treibhauseffekt, also die allmähliche Aufheizung der Erdatmosphäre, hat eine tiefgreifende Auswirkung auf unsere wirtschaftliche Zukunft. Er sorgt dafür, daß Frischwasser verdunstet, und damit wird der Wasservorrat knapp und teuer. *Business Week* berichtete, daß neunzig Farmer in Colorado einen großen Teil ihrer Landwirtschaft aufgegeben und ihre Wasserrechte an das staatliche Wasserversorgungsamt für eiskalte und erfrischende 25 Millionen Dollar verkauft haben.

ADM, ein Gigant in der Nahrungsmittelprodukte-Industrie, blätterte 36 Millionen Dollar für eine Beteiligung an der Illinois Central Railroad auf den Tisch. Warum? 1988 war der Wasserstand des Mississippi um rund 60 cm gefallen, und es besteht die Gefahr, daß er in Zukunft für Getreide-Schleppkähne nicht mehr passierbar sein wird. Dann könnte ADM gezwungen sein, das Korn per Schiene zu befördern.

Wenn Sie zu den Aktienkäufern gehören, die sich an zukunftsträchtigen Trends orientieren, sollten Sie nach Firmen wie Lindsay Manufacturing Ausschau halten. Sie stellt riesige Bewässerungssysteme für landwirtschaftlich genutzte Flächen her, die ständig durch Elektrizität in Bewegung gehalten werden.

Oder Sie schwimmen auf der Konsumentenwelle. Gesundheitsbewußte Verbraucher trinken zum Beispiel weniger Alkohol und Kaffee, dafür mehr Mineralwasser. Die Brauereifirma Coors »verwässert« ihre harte Getränke-Linie und schmiedet gerade eine weitere absolut treffsichere silberne Kugel, mit der sie auf Perrier zielt. Sie hat sich vorgenommen, die Nummer eins unter den amerikanischen Wasserabfüllern zu werden. Mineralwasser ist laut *Wall Street Journal* inzwischen die am schnellsten sprudelnde Getränkequelle in den USA, mit einer durchschnittlichen jährlichen Wachstumsrate von 10 Prozent und einem Jahresumsatz, der sich bereits auf 2 Milliarden Dollar beläuft.

1988 eröffnete am Rodeo Drive, der in Mode gekommenen Einkaufsmeile in Beverly Hills, eine Bar, die – Sie werden es schon erraten haben – nur Wasser verkauft, und zwar 120 verschiedene Sorten. Damit erhält der Begriff »Tränke« eine ganz neue Bedeutung.

Nur gut, daß W. C. Fields das nicht mehr erleben muß.

## 6 »Ein großartiges Land, aber man kann nicht umsonst darin leben« – Will Rogers

Eine Untersuchung des Internationalen Währungsfonds hat gezeigt, daß sich 1986 die Subventionen der amerikanischen Regierung für Milchprodukte auf rund 1139 Dollar für jede Kuh im Land beliefen. Diese Summe ist höher als das durchschnittliche Jahreseinkommen, das die Hälfte der Weltbevölkerung erzielt.

1986 kaufte der National Park Service ein kleines Stück Land in der Nähe von Fort McNair in Washington, D. C. Im Dezember letzten Jahres erfuhr diese Behörde, daß sich die Parzelle bereits seit 1914 im Besitz der Bundesregierung befand.

Im vergangenen Jahr verlor der IRS (US-Einkommensteuerbehörde) das Recht, in einem Prozeß Berufung einzulegen, den er nach Ansicht des Bundesgerichthofs hätte gewinnen müssen, weil er die Einspruchsfrist versäumte. Der dadurch entstandene Steuerausfall beläuft sich auf 102 Millionen Dollar.

Laut eigenen Untersuchungen gehen beim IRS jährlich rund 2 Millionen Steuererklärungen und ähnliche Dokumente verloren.

## 7 Wer zahlt, hat die Wahl

Einer meiner Freunde, der eine Druckerei betreibt, hat ein Schild aufgestellt, auf dem seine Kunden lesen können:

PREIS
QUALITÄT
DIENSTLEISTUNG
WÄHLEN SIE ZWEI VON DREIEN AUS

## 8 Trinkgeld-Tips

Wenn Sie einen ein- oder zweiwöchigen Urlaub machen oder auf Kreuzfahrt gehen, erwartet man von Ihnen am letzten Tag Ihres Aufenthalts Trinkgelder, normalerweise in Höhe eines bestimmten Prozentsatzes Ihrer Gesamtrechnung.

Um sicherzugehen, daß ich die gewünschte Dienstleistungsqualität erhalte, pflege ich Trinkgelder am ersten statt am letzten Tag zu verteilen.

Warum dieser Bruch mit dem Brauch?

Aus zwei Gründen: Erstens bin ich spendabel, und zweitens ein anspruchsvoller Gast.

## 9 Jeder kann gewinnen – aber nur einmal

In den vergangenen zehn Jahren haben zehn verschiedene Baseballmannschaften die Weltmeisterschaft – die World Series – gewonnen. Auch im Profi-Football gab es während dieses Zeitraums keine Wiederholungssieger.

Die allgemeine Meinung geht dahin, daß Begabung heute entweder dünner gesät oder gleichmäßiger verteilt ist.

Das leuchtet mir nicht ein. Fachliche Fähigkeiten und Fertigkeiten können sich in einer einzigen Saison nicht so stark ändern – wohl aber die Mentalität der Spieler. Deshalb glaube ich, daß es einen anderen, viel wichtigeren und persönlicheren Grund für diesen Wandel gibt.

Erfolg trägt den Keim der Selbstzerstörung in sich. Wer gewinnt, neigt oft dazu, die Opfer und den Teamgeist zu vergessen, die ihn zum Sieg geführt haben. Er vertritt die Einstellung: »So, ich habe bewiesen, daß ich es schaffen kann. Jetzt ist dieses Kapitel vorbei, und jetzt bin erst mal ich am Drücker.« Wenn das geschieht, ist tatsächlich alles vorbei. Die Ichbezogenheit, die immer unter der Oberfläche lauerte, bricht sich ihre Bahn, und das Wir-Gefühl schwindet. Das Talent des Teams ist im Spiel vielleicht noch sichtbar, aber es fehlt die richtige Einstellung im Kopf. Junge Männer, die andernfalls froh wären, fürs Benzinzapfen einen Stundenlohn von 4,55 Dollar zu erhalten, fühlen sich echt beleidigt, wenn man ihnen statt der geforderten 8,1 Millionen Dollar nur 7,9 Millionen Dollar anbietet. Mannschaftsinterne Konflikte überschatten die Kämpfe mit den Leuten im gegnerischen Dreß. Spieler X ist gekränkt, weil Spieler Y mehr Geld verdient. Spieler Y ist sauer, weil Spieler X mehr Werbung für Deodorants oder Unterwäsche machen darf.

Und so geht es weiter. Diese Einstellungen, die die Moral untergraben, lassen sich nicht vom Spielfeld fernhalten.

Jeder kann einmal gewinnen – wie Jack Fleck eine U.S. Open. Danach hat er nie wieder im Leben ein wichtiges Golfturnier gewonnen.

Die St. Louis Browns gehören ebenfalls zu denen, die einen einzigen Siegerwimpel mitnehmen konnten, im Jahr 1944. Und keinen weiteren, weder davor noch danach.

Sie waren Gewinner, soviel steht fest. Vielleicht ist es nicht in den Büchern zu sehen, in denen die Rekorde aufgezeichnet sind, aber in unseren Köpfen setzen wir jedesmal ein Sternchen hinter diese Namen, wenn wir ihnen begegnen. Wir erinnern uns an diese Art der Siege als Zufallstreffer.

Sind das Menschen, die »Dusel« gehabt haben, oder

echte Champions? Der Unterschied liegt im Umgang mit dem Erfolg begründet.

Für echte Champions ist Erfolg die Reise ans Ziel und nicht die Ankunft am Bestimmungsort.

Für echte Champions kommt der Erfolg nie völlig unerwartet. Er ist ein natürliches Ergebnis der unermüdlichen, selbstlosen und unerbittlichen Entschlossenheit, zu gewinnen, niemals aufzugeben und niemals zuzulassen, daß äußere Einflüsse das Spiel beeinträchtigen.

Champions wissen: Nicht das Talent zu gewinnen kennzeichnet den wahren Meister, sondern der Ehrgeiz, nicht zu verlieren. Saison für Saison, Jahr für Jahr, Meisterschaft für Meisterschaft.

Lombardis Mannschaften haben nie verloren. Ihnen ist gelegentlich nur die Zeit davongelaufen.

## 10 Reine Hartnäckigkeit

Die beherrschende Persönlichkeit als Sportreporter in den Medien unserer Region ist nicht etwa ein phantastisch aussehender junger Nachrichtensprecher mit einem Gebiß im Wert von 15000 Dollar, ein Prosaautor mit blendendem Schreibstil oder eine exakte Geraldo-Kopie. Diesen Rang hält ein Sportkolumnist, der sich tief in den mittleren Lebensjahren befindet und nie an einem der Spiele teilgenommen hat, über die er schreibt. Außerdem hat er es nie bis zum College gebracht, geschweige denn eine Journalistenschule besucht.

In Sid Hartmans Kolumnen findet man keine richtige Einleitung, keinen Höhepunkt in der Mitte und keinen Abschluß. Sie plätschern wie die Ströme des Bewußtseins in einer Reihe zusammenhangloser Gesprächsfetzen dahin, die er als »Streiflichter« bezeichnet. Er gehört ebenfalls zu den beliebtesten Rundfunk-Persönlichkeiten in unserer Stadt, und auch sein Radiostil ist kaum brillanter als sein Schreibstil.

Hartman hat ein halbes Dutzend Konkurrenten von der Platte geputzt, und er wäre sicher als erster zu dem Zugeständnis bereit, daß ihr Talent als Autoren und Rundfunksprecher dem seinen überlegen war. Diejenigen, die »wichtige Gedanken über unsere Spiele« zu äußern pflegten, haben inzwischen nichts mehr zu melden, während Sid Hartman, dessen Einsichten in die gesellschaftliche Auswirkung und tiefere Bedeutung des Sports noch auf sich warten lassen, weitermacht.

Hartmans geheimnisvolle Aura besteht darin, daß es keine gibt. Er benutzt seinen beträchtlichen Einfluß auf die öffentliche Meinung nicht als Plattform, um die Sensationsmasche abzuziehen, bombastische Reden zu schwingen oder primitive Seitenhiebe zu verteilen. Hartman ist so verträglich wie Hüttenkäse aus Minnesota. Sein Erfolg beruht auf reiner Hartnäckigkeit. Wenn Sie in Minnesota leben, sportliche Ambitionen haben und in irgendeiner Sportart auch nur etwas Talent haben, dann kennt Hartman Sie schon, wenn Sie noch die High-School besuchen. Ein Anruf genügt, und Sie werden Kolumnen-Futter. Ihr Name taucht in einem seiner lose miteinander verknüpften Sätze auf, oder er interviewt Sie in einer seiner zahllosen Sportsendungen. Er bleibt mit Ihnen in telefonischer Verbindung. Er begleitet Sie auf dem Weg durch die High School. Er kennt Ihren familiären Hintergrund, Ihre Leistungen, Ihren Coach. Er folgt Ihrer Spur durchs College und die Profimannschaft. Er heftet sich an Ihre Fersen, wenn die sportliche Karriere vorüber ist und Sie wieder den ganz normalen Alltag zu bewältigen versuchen. Sobald man zu Sid Hartmans Rolodex-Team gehört, wird man nicht mehr ausgeschlossen, sondern bleibt ein Leben lang auf der Liste. Er weiß mehr über Sportler, Betreuer und Manager als jeder andere Sportjournalist und kann sich leichter Zugang zu ihnen verschaffen als irgendein anderer (oft auch durch sie zu anderen Stars), weil er seinen Brunnen gegraben hat, bevor er Durst verspürte.

Und er befindet sich auch im Besitz einer Institution der amerikanischen Sportberichterstattung, die beinahe einer Genehmigung zum Gelddrucken gleichkommt: Er verfügt über das größte und verläßlichste Kontaktnetz zu Informationsquellen im Sportbereich, das ein Journalist in diesem Land nur haben kann. Er hat es beispielsweise benutzt, als Woody Hayes, Coach aus Ohio und eine Kanone, die sich ständig verirrte, an der Front der Verhaltenswissenschaften zuerst landesweit für Schlagzeilen, und danach dafür sorgte, daß er so schwer faßbar war wie ein Schiit in Tel Aviv.

Die Uhr zeigte 5.30 morgens an der Westküste, als das Telefon läutete. Eine müde Stimme am anderen Ende der Leitung eröffnete das Gespräch. »Hallo Sid«, sagte Hayes. »Woher hast du gewußt, daß ich es bin?« fragte Hartman. »Wer hätte es sonst sein können?« erwiderte Hayes.

Als sich Baseballstar Roger Maris vorgenommen hatte, Babe Ruths in einem einzigen Jahr, nämlich 1961, aufgestellten Home-Run-Rekord* zu brechen, befand er sich unter so großem Druck seitens der Presse und der Öffentlichkeit, daß seine Haare büschelweise ausfielen. Maris, der in Minnesota und North Dakota aufgewachsen war, betrachtete Hartman als seinen einzigen wahren Freund im Pressekorps. Hartman gelang es wie keinem anderen Mitglied der Presse, eine echte Beziehung zu Maris aufzubauen. Sie blieben Freunde bis zu Maris' Tod.

Eine der größten Stärken Sids besteht darin, daß er sich nie den typischen Zynismus zu eigen gemacht hat, mit dem Reporter über die Menschen berichten, die eine Schlagzeile wert sein könnten. Er ist ein Fan wie jeder andere. Seine Informationsquellen sind seine Freunde.

Selbst George Steinbrenner, der nicht viele Sportjournalisten zu seinen Freunden zählt – und umgekehrt –, betrachtet Hartman als solchen.

Sid schafft es vielleicht nie, Eingang in die Ruhmeshalle des Baseball oder Football zu gewinnen. Aber sollte es jemandem einfallen, eine Rolodex-Ruhmeshalle zu erbauen, wird er der erste sein, den sie hereinholen. Talent ist eine Gabe, aber wie so viele Gaben nehmen wir es oft als selbstverständlich hin. Wenn Sid Hartman die gleiche Energie, Hingabe und Hartnäckigkeit in irgendeine andere berufliche Laufbahn eingebracht hätte – beispielsweise in den Verkauf –, dann wäre ihm nach meiner Überzeugung der gleiche Erfolg beschieden gewesen wie in seiner Karriere als Sportjournalist.

---

* Lauf über alle vier Male

Zeigen Sie mir den Mann, der 110 Prozent von dem nutzt, was er hat. Er wird einen Weg finden, eine Aufgabe auch dann zu meistern, wenn alle anderen versagen.

## 11 Ein Grund mehr, warum man von einer »zunehmend gebräuchlichen« Methode spricht

Der Präsident einer großen Telefongesellschaft hat mir folgende Geschichte erzählt:

Ein junger Taugenichts, frisch aus dem College, lieh sich von seinem Vater Geld, um eine eigene Firma zu gründen. Was für eine Firma? Weiß ich noch nicht, Paps. Ich muß erst im Branchenverzeichnis nachschlagen.

Das macht er; er bemüht sich in die Büros der Telefongesellschaften und stöbert die gelben Seiten von zwanzig verschiedenen Großstädten durch.

Zuerst schaut er unter »Schuhe« nach. Zu viele Schuhgeschäfte. Dann versucht er es mit »Haushaltswaren«. Zu viele Haushaltswarengeschäfte. Als nächstes sind die »Hausverwaltungen« an der Reihe. In den meisten Städten gab es zwischen fünfzig und fünfundsiebzig verschiedene Firmen in dieser Branche, aber er fand nur sieben Einträge in seiner Heimatstadt. Genau das war's, und er zog aus und machte sein Glück als erfolgreicher Unternehmer für Hausmeisterdienste.

Heute geht man mit so vielen verschiedenen Marktforschungsmethoden hausieren, daß mir diese als eine der einfallsreicheren erscheint.

Sie entspricht auch der von General-Motors-Chef Roger Smith propagierten Fünfzig-Cent-Lösung für ein Millionen-Dollar-Problem. Ein anderer Topmanager, der vermutlich eine umfangreiche Marktstudie und eine noch umfangreichere Kapitalinvestition in ein neues Heizungs- und Belüftungssystem erwartete, fragte Smith einmal, was man mit den miserabel beheizten Büros bei General Motors machen könne.

»Tun Sie das gleiche wie ich«, antwortete Smith und knöpfte sein Jackett auf. »Tragen Sie einen Pullover.«

## 12 Warum Sie einen Marathonlauf durchstehen können, selbst wenn Sie nie in Ihrem Leben auch nur die Hälfte der Strecke geschafft haben

Weil die Menge Sie mitreißt.

Zumindest habe ich diese Erfahrung gemacht, als ich 1987 beim New York Marathon mitgelaufen bin.

Anerkennung ist das beste Mittel, um uns zu größeren Leistungen anzuspornen, als wir je für möglich gehalten hätten.

Wenn wir bei Mackay Envelope Spitzenkräfte verlieren, liegt das selten am Gehalt oder den Lohnnebenleistungen, die das Leben verschönern. Der Grund ist vielmehr darin zu suchen, daß eine andere Firma sie umwirbt, ihnen das Gefühl gibt, gebraucht zu werden, und das gefällt ihnen. Aus dem gleichen Grund wechseln viele auch ihre Ehefrauen oder Freundinnen. Sie wissen die Aufmerksamkeit zu schätzen, die ihnen der neue Partner angedeihen läßt – für eine Weile.

Ich warte noch immer auf die erste Mitteilung von jemandem, der mir sagt, ich hätte ihm oder ihr zuviel Aufmerksamkeit zuteil werden lassen.

## 13 Der mexikanische Teppichtanz kann um einiges teurer sein als der mexikanische Sombrerotanz

Während einer Mexikoreise wollte ich den wirklichen Verkaufspreis eines mexikanischen Teppichverkäufers herausfinden.

Die Feindaufklärung des Mackay-Selbstmordkommandos (jeder arbeitet in dieser Familie, selbst die Kinder) hatte ergeben, daß der Händler dreihundert Dollar verlangte.

Ich teilte 210 Dollar auf vier verschiedene Hosentaschen auf. Ich begann zu verhandeln, Tasche für Tasche.

Jedesmal schüttelte er den Kopf. Dreimal ein Nein.

Ich leerte die vierte und letzte aus. Als ich dort stand, mit nach außen gekehrten Hosentaschen, die im Wind flatterten, und ihm mit Fäusten voller Dollars und Pesos vor der Nase herumfuchtelte, erzählte ich dem Händler, das sei alles, was ich noch habe. Wenn ich mein Taxi nicht mehr bekäme, das da drüben auf mich warte (dabei deutete ich schwungvoll in Richtung Taxistand), und nicht rechtzeitig am Pier wäre, würde mein Schiff ohne mich in See stechen.

»Wir haben hier nur zwei Stunden Aufenthalt. Gerade lang genug, um ein bißchen einzukaufen und aufs Schiff zurückzukehren. Sie werden mich nie wiedersehen. Ich steige ins Taxi und bin verschwunden. Und Ihnen ist ein Geschäft durch die Lappen gegangen. Vielleicht finden Sie jahrelang keinen anderen Käufer mehr.«

Viertes Kopfschütteln. »Nein.«

Ich begann, auf das Taxi zuzugehen.

Ein solcher Schritt zahlt sich immer aus.

Wenn er mich ins Taxi einsteigen läßt, dann weiß ich todsicher, daß er mit seinem Preis nicht auf 210 Dollar heruntergeht. Mit jedem Schritt, der mich dem Taxi näher bringt, steigt meine Chance, daß er mir hinterherbrüllt: »Mister, Sie können ihn für 210 Dollar haben.«

Ich stand am Taxi.

Ich öffnete die Tür.

Ich schloß die Tür.

Er hat mich nicht zurückgerufen.

Ich ließ das Taxi einmal um den Block kurven, marschierte dann zu seinem Stand zurück und sagte: »Okay, Sie haben gewonnen. Ich möchte den Teppich. Hier sind Ihre dreihundert Dollar.«

Er nickte ernst, nahm das Geld, zählte es bedächtig nach und überreichte mir den Teppich.

»Möchten Sie, daß ich ihn ins Hotel liefere?« fragte er.

»Hotel? Aber ich reise doch mit...«

Er hob die Hand, um mich zu unterbrechen, und schüttelte den Kopf ein letztes Mal. »Ich habe gestern abend im Hotel am Tisch nebenan bedient. Mein Bruder Manuel war die ganze Woche Ihr Kellner. Er hat gesagt, daß Sie wirklich sehr großzügig zu ihm sind, Mister. Wir überprüfen alle Touristen. Das ist unser Geschäft, wissen Sie. Vielen Dank. Ich bin sicher, Sie werden viel Freude an Ihrem Teppich haben.«

Moral: Es ist eine Sache, ein gelegentlicher Schnäppchenjäger mit bescheidenen Erfolgen zu sein. Aber wenn jemand seinen Lebensunterhalt damit verdient, mehr zu wissen als der andere, läßt man sich nicht auf solche Amateur-Spielchen ein. Dann macht man Wissen zu seinem Geschäft.

## 14 Eine Masche, von der Sie nie gehört haben

Gelegentlich eröffne ich ein Verhandlungsgespräch mit den Worten: »Ich möchte nicht zuviel bezahlen...« Diese Bemerkung wird stets mit grimmigen Mienen am Verhandlungstisch quittiert. Und dann fahre ich fort: »...aber natürlich auch nicht zuwenig.« Nun erscheint ein winziges, verdutztes Lächeln auf den Gesichtern. Ich bin mir nicht sicher, welche Auswirkung dieser Satz auf das Endergebnis hat, aber er führt mit Sicherheit dazu, daß die Privatgespräche für eine Weile unterbrochen werden. Damit habe ich die Chance herauszufinden, ob sie die Botschaft, die sie nicht zu hören erwartet haben, »entziffern«.

Glauben Sie vielleicht, ich hätte nicht alle Tassen im Schrank? Nein, ich hoffe, für diese Bauernschläue ein paar Punkte einzuheimsen.

Jedesmal, wenn ich diesen Satz verwende, wird er mir später, ja sogar noch Monate später, wie ein Bumerang ins Gesicht geschleudert.

Dann pflege ich zu kontern: »Bin ich froh, daß Sie sich an das erinnern, was ich vor zwei Monaten gesagt habe. Das beweist, daß Ihnen nichts entgeht, und deshalb wissen Sie sicher auch noch, daß ich ebenfalls gesagt habe: ›Ich möchte nicht zuviel bezahlen.‹«

## 15 Wann Sie zuviel bezahlen sollten

Beim ersten hundsmiserablen Blatt in einer Pokerrunde mit Fremden, um den Eindruck absoluter Beschränktheit zu erwecken, in der Hoffnung, einige Mitspieler zu der Aufforderung zu verleiten, Sie möchten die soeben ausgeteilten Karten auf den Tisch legen.

Und wenn Sie ein Immobilienobjekt kaufen, dessen Wert niemand außer Ihnen zu bemerken scheint. In einer Versteigerung, bei der die Gebote im versiegelten Umschlag abgegeben werden müssen, habe ich mit einem Betrag in doppelter Höhe des nächsthöchsten Gebots das Grundstück erworben, auf dem unsere Fabrik in Minneapolis steht. Die übrigen Bieter, die renommierte Standortspezialisten zu Rate gezogen hatten, glaubten wohl, ich sei verrückt geworden. Als ich später sah, wie hoch ihr Gebot gewesen war, dachte ich, sie könnten recht haben. Ich wäre in der Lage, einen Atomalarm zu verschlafen, aber noch zwei Wochen nach dem großen Verkauf reagierte ich buchstäblich wie ein Zombie.

Heute ist das Land das Zehnfache dessen wert, was ich dafür bezahlt habe.

Aber es würde mir auch nichts ausmachen, wenn es nur ein Zehntel des von mir gezahlten Preises wert wäre.

Wie mit allem, was man zu benutzen plant, zählt in Wirklichkeit nur, was man damit machen, und nicht, für welchen Preis man es bekommen kann. Hätte ich es darauf angelegt, mich als besonders gerissener Geschäftsmann zu erweisen, dann wäre das Grundstück nie in meinen Besitz gelangt – und Mackay Envelope übrigens auch nicht.

Ein Traum ist immer ein günstiges Objekt, gleichgültig, was man auch dafür bezahlt.

## 16 Notizen über Notizen

Möglicherweise schauen Sie sie nie mehr an – und dann nehmen Sie sie vielleicht doch wieder zur Hand. Meister der Verhandlungskunst, Spitzensportler und Poker-Asse machen sich nach jeder entscheidenden Begegnung Notizen über den Verlauf. Sie führen nicht nur Buch über sich selbst, sondern auch über ihre Gegner. Man weiß ja nie, wann diese Informationen Gold wert sein können.

Für Ihre Notizen gibt es alle möglichen wundersamen und wunderbaren Anwendungen.

Ich bin viel unterwegs – besonders, seit ich als Autor die Runde mache –, und ich habe mir, solange ich mich erinnern kann, Notizen über jede Reise nach auswärts gemacht.

Nicht die üblichen; beispielsweise, in welchem Hotel man in den einzelnen Städten absteigen sollte; sondern weit detailliertere: welches Stockwerk empfehlenswert ist und selbst welches Zimmer man verlangen sollte. Mit Blick auf das Meer oder die Berge? In jedem Hotel gibt es Räume mit Blick auf einen Außenfahrstuhlschacht, direkt neben dem Speisenaufzug oder in Bereichen, die bei den letzten Renovierungsarbeiten übersehen wurden.

Manche Empfangschefs lassen sich ermutigen, jemandem ein gutes Zimmer zuzuweisen, andere wieder nicht, aber sie wissen alle, welche Räume wie beschaffen sind. Und meistens weiß ich das ebenfalls. Genau das kann den Unterschied zwischen einem angenehmen und einem unangenehmen Aufenthalt ausmachen. Aber ich wäre nie in der Lage einzugreifen, wenn ich es mir nicht ein Leben lang zur Gewohnheit gemacht hätte, Notizen zu machen.

In seinem Buch *Intellectuals* berichtet Paul Johnson, daß Bertrand Russell, der englische Philosoph und Friedensaktivist, lebenslang über jeden Pfennig Buch geführt habe, den er je für seine schriftstellerische Tätigkeit erhielt. Da er mehr als sechzig Bücher verfaßt hat und nur er selbst weiß, wie viele rein kommerziell ausgerichtete Artikel, muß die Liste ziemlich umfangreich gewesen sein. Russell schrieb seine Berechnungen in ein kleines Notizbuch, das er stets mit sich führte. In seltenen Augenblicken der Mutlosigkeit nahm er das Notizbuch heraus, blätterte es liebevoll durch und überprüfte die zahlreichen Eintragungen mit den ordentlich dahinter aufgeführten Geldbeträgen. Daraufhin faßte er wieder Mut, steckte das Notizbuch in die Tasche zurück und kämpfte sich weiter durchs Leben.

Ich bezweifle, daß es viele Bücher gäbe – nicht einmal Romane –, wenn sich die Verfasser nicht ständig Notizen machten und Begebenheiten und Beobachtungen festhielten, von denen sie bei Bedarf zehren können.

## 17 Machen Sie jemand anderen für die guten Nachrichten verantwortlich

Früher hat man den Überbringer schlechter Nachrichten getötet.

Sie sollten auch die Übermittlung guter Neuigkeiten jemand anderem überlassen.

Wenn sich diese aufs Geschäft beziehen, empfiehlt es sich, andere als Boten für die frohe Kunde zu gewinnen, die es über Sie zu melden gibt. Vergewissern Sie sich aber auch, daß sie als Resultat der guten Arbeit dargestellt wird, die dritte in Ihrem Auftrag geleistet haben. Überschätzen Sie nicht, wie begierig andere Menschen – selbst Ihre Freunde – darauf sind, etwas über Ihr Wohlergehen und Ihre großen Taten zu hören.

Oft verkraften Freundschaften schlechte Nachrichten besser als gute.

## 18 Nur Elvis liest nicht, was die Zeitungen über ihn schreiben, weil er gerade auf Achse ist

Ich kenne viele berühmte Persönlichkeiten. Sie haben mir alle ohne Ausnahme erzählt, sie würden nicht lesen, was man über sie schreibt.

Nun, vielleicht trifft das auf den Präsidenten der Vereinigten Staaten zu, der zumindest nicht alles liest. Aber das liegt vermutlich daran, daß er nicht Suaheli spricht. Jeder andere verschlingt jedes Wort.

Niemand hat Sie dazu gezwungen, berühmt zu werden. Sie haben die Glanz- und Glamourwelt aus freien Stücken gewählt, nicht zuletzt weil Sie es lieben, Aufmerksamkeit auf sich zu ziehen, einschließlich der Presse. Aufmerksamkeit stellt sich automatisch ein, wenn Sie ein bestimmtes Territorium erobern. Sie ist das Territorium. Also lesen Sie etwas über sich selbst. Alle tun das.

Ich glaube, was die vorgeblichen Nichtleser in Wirklichkeit meinen, ist, daß sie sich nicht an die guten, sondern nur an die schlechten Kritiken erinnern.

## 19 Warum PR-Leute mehr PR gebrauchen könnten

Ich erhalte schätzungsweise eine Tonne Jahresberichte per Post zugestellt. Diese Dokumente bezeichnet die Kommunikationsbranche nicht als Werbung, sondern als »zusätzliches Informationsmaterial«. Sie werden deshalb in der Regel von »Public-Relations«-Fachleuten und den »firmeninternen Kommunikationsspezialisten« vorbereitet, und nicht von der Agentur, die für die Werbung zuständig ist.

Jahresberichte sind die ergiebigste Ader für Diagramme, die allesamt von links unten nach rechts oben quer über die ganze Seite in den Himmel marschieren. Ich verspreche jedem einen Karton Umschläge gratis, der mir in einem Jahresbericht ein solches Diagramm zeigt, in dem die kleinen Balken abwärts verlaufen – es sei denn, es handelt sich um etwas Positives wie Kostensenkung.

Ich habe einen Jahresbericht von der Texas Utilities erhalten, ein Versorgungsunternehmen, dessen Gewinne 1988 rückläufig waren und noch niedriger lagen als 1984.

Hatte man hier ein Diagramm eingefügt, das den Gewinnrückgang darstellte? Natürlich nicht. Diese Neuigkeit war am Ende des Buches unter »Finanzstatistiken« vergraben.

Aber es gab ein Diagramm auf der Titelseite. Irgend etwas befand sich da ungebremst auf dem Weg nach oben, Jahr für Jahr. Das war die Anzahl der Kunden und die – natürlich glänzenden – Zuwachsraten für den Zeitraum von 1993 bis 1998 in diesem lebenswichtigen Bereich, die auf firmeninternen Schätzungen beruhten.

Wachstum ist etwas, auf das man nicht verzichten kann, selbst wenn man in Bereichen danach suchen muß, die nur PR-Leuten einfallen.

## 20 Du bist, was du nicht bist

PR-Leute sind Experten dafür, Schwächen zu übertünchen und sie wie Stärken erscheinen zu lassen.

In Texas gibt es eine Bank, die ihre Aktivitäten als eine

der ersten per Computer abwickelte und im Verlauf dieses Prozesses den Ruf entwickelte, distanziert, unzugänglich und kaltblütig zu sein.

Also mußte die PR-Abteilung retten, was zu retten war. Zu den neuen Image-aufbauenden Instrumenten der Bank gehörte auch ein »Identitätswechsel«. Das alte Firmenlogo landete im Müll, und seinen Platz nahm eine neue, in Schwarzweiß gehaltene Zeichnung ein. Der Stil wirkte altmodisch, und man hatte sich große Mühe mit den Details gegeben. Gezeichnet war ein zerknitterter, schwerarbeitender alter Cowboy aus der Rückansicht, der einen kleinen Jungen in Cowboykleidung an der Hand hielt. Der Knirps sah zu seinem weisen, väterlichen Freund empor, mit Augen, in denen sich die Anbetung widerspiegelte, die er seinem Idol entgegenbrachte. Die beiden wanderten den staubigen Pfad entlang, dem Sonnenuntergang entgegen. Unter dem neuen Firmensymbol war folgender Text zu lesen: WIR HELFEN TEXAS WACHSEN.

Gleiche PR-Firma. Eine andere Bank. Der alte Laden hatte eine ziemlich rückständige Arbeitsweise an den Tag gelegt und das Image erworben, nicht ganz auf dem laufenden zu sein. Das neue Image bestand in einem stilisierten Logo, das in Computerschrift gesetzt war und wie ein Ausdruck aus lauter Punkten bestand. Der alte Firmenname wurde geändert. Es war kein Name mehr, der einer Bank angestanden hätte, sondern eine Anhäufung von Initialen. Der neue Slogan lautete: AUF DIE BANK DER ZUKUNFT BAUEN. Beide Werbekampagnen hatten Erfolg. In anschließenden Markterhebungen zeigte sich, daß man das Hindernis des negativen Erscheinungsbilds zum größten Teil überwunden hatte.

Deshalb haben wir Public Relations. Es ist wesentlich billiger, das Image zu ändern als die Realität.

## 21 Wir stehen an dritter Stelle ... und geben uns noch mehr Mühe

In *Schwimm mit den Haien* habe ich gesagt, daß die ideale Position für jedes Unternehmen und jeden Außendienstmitarbeiter oder Verkäufer der zweite Platz ist. Wenn Sie sich in genügend Situationen auf Rang zwei gesetzt haben, wird irgendeine Nummer eins früher oder später Murks machen oder ausscheiden, und Sie befinden sich auf dem Weg nach oben.

Es geschehen noch Zeichen und Wunder, selbst wenn man die Nummer drei ist. Das hat Progresso Soups bewiesen, ein Unternehmen, über das *Fortune* im Mai 1988 berichtet hat. 1986 war Campbell mit seinen Dosensuppen marktführend, wie immer, seit der Konzern das Alphabet erfunden und in Dosen abgefüllt hat. Die ausgezeichneten Marketing-Experten seines Konkurrenten Heinz hatten seit Jahren versucht, eine starke Position zu entwickeln und sich im Wettbewerb gegen Campbell zu behaupten. Aber schließlich traf man die Entscheidung, den Löffel beiseite zu legen und sich aus dem Verbrauchermarkt zurückzuziehen. Einige clevere Mitarbeiter von IC Industries, heute in Whitman Corporation umbenannt, kundschafteten den Markt aus und entdeckten, daß Progresso den Platz unmittelbar nach Heinz einnahm. Sie kauften die Firma der Ogden Corporation ab und legten sie mit Old El Paso und Pet, ihren beiden anderen Lebensmittel-Tochtergesellschaften, zusammen. Progresso startete daraufhin mit neuem Schwung eine Kampagne: Das Unternehmen führte mehrere Dosengrößen, sechs neue Rezepte und ein wesentlich wirkungsvolleres Marketing-Programm ein. Die Umsatzsteigerung beläuft sich inzwischen auf 25 bis 30 Prozent jährlich.

Wie schon Chris Evert sagte, als sie den ersten Platz auf der Weltrangliste im Tennis verloren hatte: »Würde sich der drittbeste Gehirnchirurg der Welt zur Ruhe setzen?«

## 22 Warum kann man Experten niemals nach New York bringen?

Weil sie allesamt von dort kommen. Und wie jeder weiß, glaubt kein Mensch in New York, daß irgend jemand außerhalb New Yorks mehr über irgendein Thema weiß als ein New Yorker.

Obwohl alle New Yorker Experten ursprünglich auch aus Peoria stammen.

Zur Zeit kosten die Rechte für die Übertragung der Baseball-Spiele, an denen die New York Yankees beteiligt sind, am lokalen Markt rund 50 Millionen Dollar im Jahr. Ein Analytiker, der sich auf den Wert von Sport-Lizenzen spezialisiert hat, beziffert den Wert des Teams mit ca. 150 Millionen Dollar.

Wer ist der Besitzer der New York Yankees? Der Haupteigner ist ein Mann aus Cleveland namens George Steinbrenner.

Von wem hat er sie gekauft? Von einem Prototypen jener New Yorker, den CBS-Unternehmens-Moguln, die Steinbrenner die Mannschaft für 10 Millionen Dollar überließen.

Wenn Sie wieder einmal einen Experten engagieren, sollten Sie sich nicht auf eine New Yorker Adresse oder irgendwelche anderen ausgefallenen Empfehlungen verlassen, weil Sie diese als Garantie für überlegenes Wissen betrachten. Als Experte gilt nach landläufiger Auffassung noch immer jeder, der mehr als 80 Kilometer entfernt ansässig ist. Halten Sie zunächst in Ihrer unmittelbaren Umgebung Ausschau. Die Enttäuschung wird dann vermutlich weniger groß sein.

## 23 Verraten Sie mir ein Geheimnis

Mein Vater, der drei Jahrzehnte als Korrespondent für Associated Press in Minneapolis tätig war, warnte mich immer davor, den Leuten zu verraten, wie ich gewählt habe. Er sagte: »Sobald sie herausfinden, für wen du bist, Harvey, wissen sie auch, für wen ich bin, und mir gefällt es besser so, wie es ist. Die Demokraten denken, ich sei Republikaner, und die Republikaner wissen, daß ich Demokrat bin.«

Wenn Sie mich heute fragen, würde ich noch immer sagen: »Deshalb gibt es eine geheime Wahl.«

Der verstorbene Schauspieler David Niven hat oft beschrieben, wie er bei der Oscar-Verleihung, noch bevor die

Preisverteilung begann, sämtlichen nominierten Kollegen versicherte: »Ich habe für dich gestimmt.« Und strahlend und winkend glitt er von einem nervösen Kandidaten zum anderen.

In meiner Heimatstadt, wo man zwar keine Oscars verteilt, aber noch immer Wahlen abhält, pflegte einer der Stadtrats-Lobbyisten die Wahlnacht damit zu verbringen, auf die Hochrechnungen zu warten und anschließend sämtliche Wahlsieger-Parties abzuklappern. »Wir haben gewonnen! Wir haben gewonnen!« verkündete er den Siegern und gliederte sich automatisch in ihre Reihen ein. Vielleicht hätte er den Oscar verdient!

Nichts ist schwieriger, als eine Prognose über den Wahlausgang zu erstellen. Oder nach der Wahl die tatsächlichen Anhänger einer Partei von denen zu trennen, die auf den fahrenden Zug aufgesprungen sind.

Und je entwickelter das politische Bewußtsein der Wählerschaft, desto vertrackter wird diese Aufgabe. Alle paar Jahre wird im Senat und im Parlament gemäß dem Rotationsprinzip die eine oder andere Führungsposition frei. Rund ein Dutzend Mitglieder kämpfen miteinander um die Stimmen ihrer Kollegen und die vakante Stelle. Mit schöner Regelmäßigkeit sagt der Verlierer hinterher: »Wenn jeder mir – wie vorher behauptet – seine Stimme gegeben hätte, wäre ich mit überwältigender Mehrheit als Sieger aus dieser Wahl hervorgegangen.«

Ach ja, die Geheimnisse der geheimen Wahl werden wie andere Herzensgeheimnisse nur selten enthüllt.

Verlassen Sie sich nicht auf ein Versprechen, das nicht in der Öffentlichkeit oder in schriftlicher Form abgegeben wurde. Und auch darauf sollten Sie nicht so sehr bauen, daß Sie meinen, auf einen guten Anwalt in Ihrer Ecke des Rings verzichten zu können.

## 24 Warum manche Leute nie versagen

Nach seinem siebenhundertsten erfolglosen Versuch, das elektrische Licht zu erfinden, wurde Edison von einem Reporter der *New York Times* gefragt: »Wie fühlt man sich, wenn man siebenhundert Mal versagt hat?« Der große Erfinder antwortete: »Ich habe nicht siebenhundert Mal versagt. Ich habe nicht ein einziges Mal versagt. Ich habe mit Erfolg nachgewiesen, daß diese siebenhundert Methoden nicht funktionieren. Wenn ich diejenigen ausgeklammert habe, die zu nichts führen, dann finde ich den richtigen Weg.«

Mehrere tausend Erfolge dieser Art schlossen sich an, aber schließlich entdeckte Edison die Methode, die funktionierte, und erfand das elektrische Licht.

Versagen ist eine Geisteshaltung – und kein Ergebnis.

## 25 Verbringen Sie etwas Zeit in den Schützengräben

In Ihrer Branche gibt es keine schmutzige Arbeit. Um zu beweisen, wie wichtig jede Stellung und jeder Mitarbeiter in Ihrem Unternehmen ist, sollten Sie seinen Job eine Zeitlang selbst übernehmen.

Wenn Sie der Meinung sind, daß kein Arbeitsplatz etwas taugt, an dem man die Schaufel in die Hand nehmen muß, dann wird auch der Mitarbeiter, der ihn ausfüllt, das gleiche wie Sie empfinden. Sie können nicht erwarten, daß seine Einstellung besser ist als Ihre.

Ich übernehme mindestens einmal im Jahr in meiner Firma irgendeine Arbeit, die gemeinhin als »niedere« betrachtet wird. Das ist kein Bravourstück, und ich mache weder vorher noch nachher großes Aufhebens darum. Ich engagiere keinen Fotografen, der den Augenblick für die Nachwelt festhält, und auch unsere Firmenzeitschrift bringt keinen Bericht darüber. Ich packe einfach zu. Glauben Sie mir, das reicht aus. Die Kunde macht auch so die Runde.

Und mehr als einmal pro Jahr begleite ich einen Außendienstmitarbeiter auf seiner oder ihrer Tour. Auch diese Methode wirkt.

## 26 Eine gute Idee reicht, um sie auszuschlachten

Ronald Reagan hatte gleich zwei: Steuersenkung und den Aufbau der militärischen Stärke.

Charles Hire hatte nur eine: Wenn man eine neue Sorte kohlensäurehaltiges Zuckerwasser an Bergarbeiter in Pennsylvania verkauft, deren Arbeit nicht gerade ein Zuckerschlecken ist, sollte man sein Produkt besser »root beer«* als »root-Limonade mit Kohlensäure« nennen.

Eine kann Ihnen für alle Zeiten genügen.

## 27 Das ist Tradition

Bis vor kurzem wurden die Zeitungen noch auf Druckerpressen hergestellt, die stets gut eingefettet sein mußten. Um zu verhindern, daß ihnen die Schmiere auf den Kopf tropfte, falteten die Drucker jeden Tag auf ganz bestimmte Weise einen Papierhut aus einer Zeitung, den sie während ihrer Schicht trugen.

Die althergebrachten Druckerpressen sind durch elektronische Geräte ersetzt worden. Sie müssen nicht geschmiert werden, aber der Hut ist geblieben – ein Symbol der Druckerzunft.

Cadillacs galten in den fünfziger Jahren als Statussymbol der Verkaufskanonen. Es wurde in dem Film *Tin Men* (Blechmänner) auf die Schippe genommen, eine Parodie auf das alte Spiel, Krach zu schlagen und Bündnisse zu schmieden. Jede Branche hat ihre besonderen Traditionen und Rituale.

Manche sind gut, andere weniger begrüßenswert. Das traditionelle Bild des trinkfesten, spesenfreudigen Außendienstmitarbeiters ist nach und nach einem professionelleren Image gewichen. Sexismus und Rassismus sind zwar tiefer verwurzelt, aber auch sie haben inzwischen begonnen, einer liberaleren Einstellung Platz zu machen.

Ungeachtet dessen, wie gut oder schlecht diese Traditionen auch sein mögen, man sollte sie nicht auf die leichte Schulter nehmen, insbesondere, wenn man ein Grünschnabel in der Branche ist.

Erwarten Sie nicht, daß sich die Traditionen ändern, wenn Sie Ihren Zauberstab schwingen. Sie müssen Gründe

---

* Limonade aus Kräuter- oder Wurzelextrakten

und Motive, und zwar sowohl positive wie negative nennen und mit gutem Beispiel vorangehen, bevor Sie damit rechnen können, daß eine Veränderung greift.

Und wenn es sich nur um Traditionen handelt, die dem Status, Stil oder auch Stolz auf eine Arbeit Ausdruck verleihen – dann lassen Sie sie gewähren, oder ermutigen Sie sie sogar noch.

Sie verhelfen den Leuten zu einer Gruppenidentität.

Falls Sie einmal an der Beerdigung eines Druckers teilgenommen und gesehen haben, daß man ihn mit dem Papierhut auf dem Kopf begräbt, dann wissen Sie, wie wichtig er ist.

## 28 Ne klassenlose Jesellschaft ham wa nich

Abgesehen von Ihrer Sprache ist der schnellste Weg, etwas über Ihre Kinderstube herauszufinden, wenn Sie sich zum Essen an den Tisch setzen. Die elementaren Umgangsformen, insbesondere die Tischmanieren, rangieren vermutlich auf Platz eins der am gründlichsten abgeschafften Traditionen im amerikanischen Alltag. Sie können jedoch für die Karriere von entscheidender Bedeutung sein.

Vielleicht haben uns die Eltern gute Tischmanieren beigebracht, aber wir geben sie selten an unsere eigenen Kinder weiter. Schuld daran ist der Wandel im Lebensstil. Da die Familie heute viel seltener zusammen ißt als in früheren Generationen, ist die tagtägliche Übung, am Familientisch ein gewisses Maß an Disziplin durchzusetzen, weitgehend abgeschafft.

Es ist nicht ungewöhnlich, daß ein neues Firmenmitglied auf Führungsebene – mit einem 1500-Dollar-Anzug perfekt ausstaffiert – bei Tisch eine zirkusreife Nummer als dummer August liefert.

Umgangsformen sind vom Lehrplan verschwunden; aber sollten Sie je die Wahl haben zwischen einem Kurs »Buchhaltung für fortgeschrittenste Überflieger« und »Nachhilfe mit Messer und Gabel«, dann sollten Sie sich auf das Silber stürzen.

Irgendwann auf Ihrem Weg wird Sie irgend jemand, der

Ihnen eine Menge Gutes erweisen könnte, zum Essen statt in sein Büro einladen. Er oder sie hat vielleicht schon gesehen, wie Sie den Taschenrechner im Griff haben; nun möchte diese Person sehen, wie Sie sich selbst im Griff haben. Erwarten Sie nicht, daß Sie Ihrem Gegenüber etwas vormachen können. Es zeigt sich, wenn Ihnen die Übung fehlt. Kinkerlitzchen? Halten Sie sich nicht selbst zum Narren.

Genau diese scheinbar unwichtigen Dinge trennen die Anführer vom Rest des Rudels.

## 29 Einsatz bei Tisch

Meine Heimatstadt Minneapolis gilt als eine der Mühlen- und Bäckerei-Metropolen der Welt. Hier haben General Mills, Pillsbury und International Multifoods ihr Hauptquartier aufgeschlagen.

Ich traf mich mit einem Manager zum Essen, der in einer der großen Müllereibetriebe tätig ist. Seine Vorfahren gehörten zu den Männern, die diese Industrie in unsere Stadt gebracht hatten, und er schien sehr stolz auf die historisch weit zurückreichende Bindung an die Branche und ihre tiefen Wurzeln in der Gemeinde zu sein.

Es saß noch ein Dritter am Tisch, der Spitzenverkäufer einer Verpackungsfirma, der außerdem als Gesundheitsfanatiker bekannt war.

Es handelte sich nicht um ein richtiges Geschäftsessen. Wir versuchten, eine Wohltätigkeitsveranstaltung zu organisieren, aber in unserer Firmenfunktion war besagter Manager unser beider Ansprechpartner.

Der Verkäufer, der sich schon jahrelang von Gras und anderen Grünfutter-Drogen ernährt zu haben schien, überraschte mich, als er ein Brötchen nahm, es dick mit Butter bestrich und mit großem Genuß verschlang.

»Ziemlich ungewöhnlich für dich, stimmt's, Eddie?« fragte ich, als wir einen Augenblick alleine waren. »Ich meine, hab' ich dich nicht immer sagen hören, stark zukkerhaltige Backwaren und erstarrtes tierisches Fett seien dem menschlichen Körper abträglich?«

»Harvey, Mann«, erwiderte er, »wenn man mit einem Müller ißt, bricht man die Regeln und das Brot.«

Wenn Sie sich die Butter nicht vom Brot nehmen lassen wollen, sollten Sie Ihre Hausaufgaben machen. Es gibt keine Frühstückspause für Verkäufer, die sich zum Ziel gesetzt haben, die Spitze zu halten.

## 30 Es gibt keinen Markt für schlechte Neuigkeiten

Ich habe mein Leben lang Umsatz-, Miet-, Gewinn-, Bevölkerungstrend-, Verbrauchs-, Marktanteil- und ein Sammelsurium weiterer Prognosen gelesen, aber bisher noch keine entdeckt, bei der die kleine blaue Linie nicht von der linken unteren zur rechten oberen Ecke verlief. Sie alle lassen sich in drei Worten zusammenfassen: aufwärts, Aufwärts, AUFWÄRTS.

Warum sind sie nur immer, ausnahmslos, viel zu optimistisch?

Weil es für Hiobsbotschaften keinen Markt gibt.

Planer und Gurus finden niemanden, der sie ihnen abkaufen würde, weil keiner sie hören will.

Hätten Sie ein Buch mit dem Titel gekauft: *Wenn Sie mit den Haien schwimmen, werden Sie hundertprozentig bei lebendigem Leib gefressen*? Es gibt immer ein paar Schwarzseher, aber aus dem gleichen Grund gehen die Leute ja auch gerne in Horrorfilme: Man kann sich so herrlich graulen, wenn man weiß, daß alles vorbei ist, sobald man das Buch zu Ende gelesen hat oder das Licht im Saal wieder aufflammt. Niemand verläßt das Kino oder legt das Buch beiseite in dem festen Glauben, die Geschichte sei wahr und er müsse die daraus gewonnenen Erkenntnisse nun unbedingt in die Praxis umsetzen.

Der Optimismus scheint in unseren Genen vorprogrammiert zu sein. Ohne ihn würden wir vermutlich keine Kinder in die Welt setzen, die für das Überleben unserer Art unerläßlich sind. Aber dieser genetische Code sollte Sie nicht daran hindern, sämtliche Prognosen, die darauf abzielen, Sie von Ihrem Hab und Gut zu trennen, mit einer gesunden Portion Skepsis zu prüfen. Wenn Ihnen jemand eine absurd hohe Kapitalverzinsung verspricht, ist sein Angebot vermutlich zu schön, um wahr zu sein.

Hier ist Mackays Faustregel für Rentabilitätsprognosen: Wenn man Ihnen eine Rendite von mehr als 20 Prozent nennt, dann können Sie sich selbst ausrechnen, was Sie pro Jahr verlieren – und nicht gewinnen – werden. Bei einer voraussichtlichen jährlichen Kapitalverzinsung von 50 Prozent können Sie damit rechnen, 50 Prozent Ihres Geldes im ersten, und 50 Prozent dessen, was übriggeblieben ist, in jedem darauffolgenden Jahr zu verlieren. Dreißig Prozent? Da haben Sie aber Glück gehabt. Sie dürften im ersten Jahr also nur 30 Prozent verlieren. Diese Rechnung hat sich bei mir jedes Mal bestätigt. Und ich habe eine Wand mit Aktienzertifikaten tapeziert, die das beweisen.

## 31 Wie Sie Ihre Gedanken im rechten Gleis halten

Damit dieses Geheimrezept funktioniert, sind zwei Zutaten notwendig.

Sie müssen, erstens, einen kurzfristig anberaumten Termin wahrnehmen, der intensives Nachdenken erfordert.

Sie können, zweitens, mit dem Zug dorthin fahren.

Ich möchte Ihnen die Reise per Zug nicht als eine Freude schmackhaft machen, die man jeden Tag genießen sollte. Aber wenn Sie an einem Projekt arbeiten, bei dem Sie sich für kurze Zeit voll und ohne Störung konzentrieren müssen, gibt es nichts Besseres als den Zug. Er ist bequem, bringt Sie überall hin und bietet bei entsprechendem Arrangement ein gewisses Maß an Privatsphäre. Und wenn Sie eine Pause brauchen, gibt es draußen etwas zu sehen, was die meisten noch nicht kennen. Der Zug hat ein eingebautes Unterhaltungselement, das Flugzeugen fehlt. Ich kenne jemanden, der morgens in den Zug von Minneapolis/St. Paul nach Chicago stieg, in aller Ruhe einen dreihundertseitigen Bericht durcharbeitete, auf dem Absatz kehrtmachte und am gleichen Nachmittag nach Hause zurückflog.

Der Zug ist sogar noch besser als der Anruf in Ihrem Büro, daß Sie krank sind, damit Sie den ganzen Tag zu

Hause bleiben und einen Teil Ihrer Arbeit erledigen können.

Puff... Puff... Puff.

## 32 Wie man einem Banker ein Lächeln und ein Ja abringt – oder ihn dazu bringt, ohne ein Lächeln ja zu sagen

Ich erhielt einmal einen Brief von einem Mann namens Arnold Grundvig aus Salt Lake City. Er hatte gerade seinen MBA erworben, weil er glaubte, dieser akademische Titel im Bereich Wirtschaftswissenschaften könne ihm dabei helfen, dem großen Geheimnis der Unternehmensführung auf die Spur zu kommen. Er entdeckte es auch: »Glaube an dich selbst, und arbeite so hart wie nötig für den Erfolg.«

Er besitzt auch ein ausgezeichnetes Gespür dafür, wie man sich Geld ausleiht.

Schachzug eins: mit der Bank Verbindung aufzunehmen, *bevor* man das Geld braucht.

Eine gute Eröffnung besteht darin, Ihren Banker zum Lunch aus seinem Büro zu locken. Beschreiben Sie ihm Ihr Geschäft, erklären Sie ihm, daß Sie augenblicklich keinen Kredit benötigen, aber daß die Zeit kommen wird.

Machen Sie ihm klar, daß Sie Ihren Barmittelfluß so steuern können, daß die Rückzahlung des Darlehens und der Schuldendienst nicht das geringste Problem für Sie darstellen, weil Sie ein absolutes As in der Vorausplanung sind.

Legen Sie Ihre Finanzangelegenheiten in seine Hände, und dann verschwinden Sie rund drei Monate aus seinem Gesichtsfeld.

Wenn Sie das Geld brauchen, haben Sie bereits einen soliden Grundstein gelegt.

Schachzug zwei: Jetzt brauchen Sie das Geld.

Machen Sie konkrete Angaben: Betrag X für einen Zeitraum von X Tagen. Warten Sie die Antwort nicht ab, sondern beginnen Sie, um die Zinsen zu feilschen.

Ihr Banker wird daraufhin Ihre Annahme ignorieren,

der richtige Zeitpunkt für ein Gespräch über die Zinsen läge vor dem Zeitpunkt der Kreditzusage, und das Konzept »Ich brauche die Zustimmung des Vorstandes« einführen. Parieren Sie dieses Manöver mit gelinder Enttäuschung. Schließlich haben Sie ihm ja vorausgesagt, daß Sie Geld brauchen würden, oder?

»Dieses Szenario wirkt sich in zweifacher Hinsicht auf Ihren Banker aus«, behauptet Grundvig. »Erstens verschafft es ihm ein gutes Gefühl, denn Sie scheinen zu wissen, was Sie tun. Nichts schreckt einen Banker mehr ab als ein Schuldner, der ›alles verlieren wird‹, wenn er seinen Kredit nicht erhält. Eine so schlechte Planung verrät Ihre unternehmerische Inkompetenz und vernichtet sein Vertrauen in Sie. Zweitens wird der Banker Ihrem Tilgungsplan Glauben schenken. Schließlich haben Sie dieses Bedürfnis ja schon vor ein paar Wochen, sogar vor Monaten, präzise angekündigt.«

Und natürlich muß der Bankvorstand der Vergabe Ihres Kredits zustimmen, zu einem von der Bank festgesetzten Zinssatz.

Grundvig zieht auch eine ähnliche Übung bei einer zweiten Bank in Betracht, um die Rückzahlungen an die erste leisten zu können, aber diese Methode würde ich nicht empfehlen. Sie signalisiert so eindeutig wie eine rote Flagge, daß Sie in Schwierigkeiten stecken, und Sie würden damit die Beziehung zu Ihrer ersten Bank untergraben.

Tanzen Sie mit dem, der Sie zum Fest eingeladen hat, Arnold.

## 33 So sind eben Erinnerungen

Einer der hartnäckigen Widersprüche, die sich in dem tiefverwurzelten Vorurteil gegen ältere Menschen verbergen, besteht in der Beschuldigung, daß sie einerseits zur Vergeßlichkeit und andrerseits dazu neigen, sich überdeutlich an Ereignisse aus ferner Vergangenheit zu erinnern.

Vor einem Jahr aß ich spät abends mit Dr. Norman Vincent Peale und seiner Frau Ruth in Chicago. Er war 90, sie 83 Jahre alt.

Sie waren gerade aus Japan zurückgekehrt, und wie gewöhnlich zeichneten sich beide durch ihre sprühende Lebensfreude, ihre Energie und ihre scharfe Beobachtungsgabe aus. Im Verlauf des dreistündigen Essens untermalte Norman seine Argumente mit amüsanten Anekdoten. Nach einer besonders passenden konnte Ruth sich den Ausruf nicht verkneifen: »Norman, absolut perfekt! Du hast diese Geschichte schon seit 45 Jahren nicht mehr erzählt.«

»Mmm, aber ich wiederhole mich«, erwiderte Norman, der nicht eine Sekunde lang aus dem Takt gekommen war.

## 34 Warum sich der Kommunismus in Aufruhr befindet

Trotz unserer Todesangst, die Kommunisten könnten die Weltherrschaft übernehmen, haben sie genug vor ihrer eigenen Haustür zu tun. Wohl jeder hat schon von den endlosen Menschenschlangen gehört, die vor den sowjetischen Geschäften nach den knappen Lebensmitteln anstehen. Dem Sowjet-Experten Marshall Goldman zufolge ist der Kreml offensichtlich gerade dabei, das Problem auf typisch kommunistische Art zu lösen. Der Brotpreis wurde subventioniert, um den Kunden glücklich zu machen, und der Getreidepreis ebenfalls gestützt, um die Bauern zufriedenzustellen. Das hat dazu geführt, daß Brot billiger als Rohgetreide ist. Die sowjetischen Getreidebauern verkaufen ihre Ernte an die Regierung und kaufen mit dem Geld Brot, das sie an ihr Vieh verfüttern. Dadurch wächst die Nachfrage nach Brot, die wiederum den Getreidebedarf ankurbelt, was zur Folge hat, daß die Schlangen vor den Bäckereien noch länger werden.

*Business Week* hat berichtet, daß einer der größten Wolkenkratzer in Warschau vor 24 Jahren geplant wurde und sich 32 Stockwerke hoch über dem Marszalkowska Boulevard erhebt. Hier ist das polnische Ministerium für Außenhandel untergebracht, das die Aufgabe hat, Polens Aufstieg als eine neue Kraft im Ost-West-Handel zu symbolisieren. Diese Vorliebe für Symbole hat jedoch einen Haken: Das Gebäude ist noch immer nicht fertig.

In der DDR, die als Schaufenster des kommunistischen Systems galt, war das häufigste Fahrzeug der Einheimischen auf den Autobahnen der auf dem heimischen Markt hergestellte Trabant. Der Trabant ähnelt einer Zwei-Zylinder-Sardinenbüchse auf Rädern, neben dem sich der Spielzeug-Laster Ihrer Kinder so schnittig wie ein Ferrari ausmachen würde. In der DDR kursierte ein Witz: »Kann ein Trabant mit hundert Kilometern eine Kurve nehmen?« Antwort: »Ja, aber nur einmal.«

## 35 Warum unser System besser funktioniert

»Das ist Amerika. Hier kann man alles machen.«
– Ted Turner

»Deshalb liebe ich dieses Land.«
– Harvey Mackay

Ich habe mich über die vielen Zuschriften derjenigen gefreut, die *Schwimm mit den Haien* gerne gelesen haben. Ich würde gerne hören, wie Ihnen *Hüte dich vor dem nackten Mann* gefallen hat. Schreiben Sie mir doch an folgende Adresse:

Mackay Envelope Corporation
2100 Elm Street, S. E.
Minneapolis, Minnesota 55414

Herzlichen Dank.

# *Anhang*
# *Die nackte Wahrheit über*

---

## Hüte dich vor dem nackten Mann, der dir sein Hemd verkaufen will

»Harvey Mackay verbindet die Schläue eines Selfmademan mit der Wortgewandtheit eines Football-Coaches, um uns freimütig darüber aufzuklären, wie man eine Gehaltserhöhung durchsetzt, den Terminkalender in eine Verkaufskampagne umwandelt, als Manager Profil zeigt oder ein neues Unternehmen gründet. Er geht scharf ran, ist clever und komisch – und liegt erschreckend richtig.«

Gloria Steinem

»Schafft es Mackay ein zweites Mal? Die Antwort ist ein donnerndes Ja. Er ist vom gleichen Kaliber wie Bob Townsend (der Autor von *Up the Organization*), ein Meister knapper, beißender und brillanter Erkenntnisse aus dem Unternehmensalltag, die von Witz und Weisheit zeugen.«

Tom Peters

»Harveys Schreibstil, der temporeiche Text, die gängigen Formulierungen der neunziger Jahre und der gesunde Menschenverstand, der den Erfolg des Inhalts geradezu vorprogrammiert, weisen auf einen weiteren Bestseller hin.«

NORMAN VINCENT PEALE

»Harvey Mackays zweites Buch ist für jeden eine Hilfe, gleichgültig wie er seinen Lebensunterhalt verdient oder wie seine Berufung aussehen mag. Es bietet wirklichkeitsnahes Wissen und praktische Hilfen für den Alltag, die sich jedermann aneignen kann. Sie werden erfolgreicher sein, wenn Sie einige der unverbrüchlichen Weisheiten von Harvey Mackay lesen und in die Praxis umsetzen.«

BILLY GRAHAM

*»Hüte dich vor dem nackten Mann, der dir sein Hemd verkaufen will* ist mit einer vierjährigen College-Ausbildung und einem akademischen Grad wie dem MBA (Master of Business Administration) gleichzusetzen. Harvey hat wieder einmal ein Buch geschrieben, das eine Fülle wertvoller Informationen enthält und gleichzeitig durch seine Lebendigkeit besticht.«

ROGER STAUBACH

»Harveys Fortsetzung von *Schwimm mit den Haien, ohne gefressen zu werden* ist eine knallharte Inszenierung, der zu folgen es sich lohnt. Im Gegensatz zu den meisten zweiten Büchern ist der *Nackte Mann* kein Sammelsurium von Teilen, die aus dem ersten Manuskript herausgeschnitten wurden, sondern erfrischend, humorvoll, geistreich und typisch Harvey.«

ROGER A. ENRICO, Präsident
PepsiCo Worldwide Beverages

»So ein Schlitzohr! Harvey Mackay hat es mal wieder geschafft. Der *Nackte Mann* ist keine Fortsetzung von *Schwimm mit den Haien*, sondern ein Buch, das vor Weisheit und Witz geradezu strotzt. Ich habe jedem meiner drei Kinder ein Exemplar gekauft, und wir haben darüber gesprochen, was wir über uns selbst daraus gelernt haben, wie wir unsere Ziele erreichen und ein nützlicheres, erfüllteres Leben führen können. Deshalb stürmen Sie in Ihren Buchladen, und Sie werden den *Nackten Mann* nicht mehr aus der Hand legen. Und wenn Sie damit fertig sind, werden Sie länger und glücklicher leben, das verspreche ich Ihnen.«

WARREN BENNIS
Prominenter Professor für Betriebswirtschaftslehre an der University of South Carolina und Autor des Buches *On Becoming a Leader*

»Harvey Mackays neuestes Buch ist ein ausgeklügelter Leitfaden für den Manager, der sich die Führungsfähigkeiten und das außergewöhnliche Leistungsprofil aneignen will, das ihn befähigt, sich im Unternehmensumfeld von heute mit seinem rapiden Wandel zu behaupten.

Mackay präsentiert seine Management-Lektionen in mundgerechten Happen, die das Buch für einen kurzen Imbiß oder ein ausgedehntes Mahl mit mehreren Gängen geeignet machen.«

JERRY JASINOWSKI, Präsident
National Association of Manufacturers (NAM)

»Ich muß noch ein Geständnis ablegen: Ich konnte Mackays neues Buch nicht aus der Hand legen, bevor ich es nicht zu Ende gelesen hatte. Mackay ist ein Mann, der dem Feld davonziehen und um die Kurve blicken kann. *Hüte dich vor dem nackten Mann* ist erfrischend und kurzweilig. Ich empfehle das Buch jedem, der der Meute um mindestens einen Schritt voraus sein will.«

AL NEUHARTH, *USA Today*-Gründer
und Autor des Bestsellers
*Confessions of a S.O.B.*

»Eines weiß ich sicher... Harvey Mackays neues Buch hält mehr, als es verspricht. Vergessen Sie die graue Theorie... Es birgt eine Fülle praktischer, umsetzbarer Tips, und dazwischen gestreut sinnreiche Anekdoten, die für jeden Leser von Nutzen sind.«

F. G.»BUCK« ROGERS, Vizepräsident IBM
Weltweites Marketing

»Ich habe festgestellt, daß die Welt unser Mentor ist und Leute wie Harvey Mackay noch immer bereit sind, ihre Botschaft weiterzugeben... wenn wir nur bereit sind, zuzuhören... Ich war es und habe daraus gelernt.«

PAT RILEY, Chefbetreuer
Los Angeles Lakers

»Mackay setzt den Maßstab für die neunziger Jahre. Er hat bewiesen, daß Arbeit Spaß macht, daß er mit Spaß ans Schreiben gegangen ist und daß er mehr hält, als er verspricht... mehr als man von gleich welchem Buch erwarten kann. Unglaublich, daß er geschafft hat, was keinem Sachbuch-Autor vor ihm gelungen ist: eine Fortsetzung zu schreiben, die das erste Buch, einen zeitlosen Bestseller, noch übertrifft. (Ich möchte wissen, wo er seine Hemden kauft?!)«

DR. DENIS WAITLEY, Produktivitätsexperte
und Autor von *The Psychology of Winning*

»Ich kenne Harvey Mackay seit fünfundreißig Jahren, und da ich aus erster Hand weiß, mit welchem Engagement er all seinen Aktivitäten nachgeht, überrascht es mich nicht im mindesten, daß sein erstes Buch ein internationaler Bestseller geworden ist.

Ich bin der Überzeugung, daß *Hüte dich vor dem nackten Mann, der dir sein Hemd verkaufen will* den gleichen Erfolg haben wird.«

LUELLA GOLDBERG, Direktorin
The NWNL Companies, Inc.
und TCF Financial Corporation;
Vorsitzende des Kuratoriums, Wellesley College,
Massachusetts

»Harvey bringt das Leben, die Geschäftswelt und den gesunden Menschenverstand mit einem knallharten, bombenrichtigen Spin in Schwung. *Hüte dich vor dem nackten Mann, der dir sein Hemd verkaufen will* gehört auf den Centre Court.«

IVAN LENDL

»Harvey Mackays erstes Buch war eine wunderbare Überraschung. Seine Auftritte in den Medien zeigten, daß er seinem Erstlingswerk gerecht wurde.

Nun ist ihm das Unmögliche gelungen: Harvey Mackay hat sich selbst übertroffen! Lesen Sie umgehend sein neues Buch!!«

LARRY KING

»Harveys brillante Ideen, der gesunde Menschenverstand, der ihn stets leitet, und die unterhaltsame Darbietungsweise gewährleisten, daß jeder, der dieses Buch liest, davon profitiert.

Seine Empfehlung, stets ›mehr zu halten, als man verspricht‹, ist eine Strategie, nach der wir uns in unserem Unternehmensalltag richten.«

BOB ULRICH, Vorstandsvorsitzender Target Stores

»Harvey Mackay widerlegt in seinem Buch *Hüte dich vor dem nackten Mann, der dir sein Hemd verkaufen will* die uralte Theorie, daß Bücher, die sich leicht lesen, schnell vergessen sind. Die Einfachheit seines Schreibstils trägt dazu bei, die Tiefe und Weisheit seiner Gedanken leicht verständlich zu machen und ihnen echte Bedeutung zu verleihen.«

JOHN R. WOODEN, Ehemaliger Basketball-Coach,
University of California, Los Angeles

»Eine Pflichtlektüre für alle und besonders für jeden, der ins Geschäftsleben eintritt!«

DONALD TRUMP

»Harveys Buch zeugt von der Gabe, praktische Ratschläge auf humorvolle Weise darzubieten. Die Fülle von selbsterlebten Anekdoten und Fallbeispielen hat zur Folge, daß man sich an seine Argumente erinnert.«

DOROTHY SARNOFF, Vorstandsvorsitzende
Speech Dynamics, Inc.

»Harvey zuzuhören, wie er über die Nutzung einiger unserer größten und am meisten mißbrauchten natürlichen Ressourcen – Frauen, Minderheiten und ältere Mitbürger – spricht, ist nicht nur sinnvoll, sondern läßt auch erkennen, daß er ein Denker von seltener Tiefe und Wahrnehmungsgabe ist. *Hüte dich vor dem nackten Mann* ist kein neues ›Küß dich auf der Karriereleiter nach oben‹-Buch, sondern ebenso aufrichtig wie der Verfasser.«

VIC BRADEN, Gründer und Direktor
des Vic Braden Tennis-College

»Ein Leitfaden, der zeigt, wie man wie ein Teufel kämpft und trotzdem ein Ehrenmann bleibt. Praxisnah, witzig und unerschrocken. Ich habe jede Seite genossen.«

SCOTT DEGARMO, Herausgeber
der Zeitschrift *Success*

»Wo war Harvey Mackay vor dreißig Jahren? Wenn ich damals das Buch gelesen hätte, wäre mir eine Menge Kummer erspart geblieben. Zweifellos ist es eine Pflichtlektüre für jeden jungen Menschen, der im Geschäftsleben Erfolg haben will.«

PAUL OREFFICE, Vorstandsvorsitzender
The Dow Chemical Company

»Wunderbar, ausgezeichnet, Harvey Mackay... Ich fand das Buch leicht zu lesen und gespickt mit brauchbaren Informationen, von denen ich wünschte, jemand hätte sie mir schon vor fünfundzwanzig Jahren übermittelt. Harvey wäre nicht zu so spektakulären Erfolgen in so vielen Unternehmungen imstande gewesen, ohne genau zu wissen, was er tut. Ich weiß: Das erste, was ich tun werde, ist, ein Exemplar des Buches für meine Kinder zu kaufen, die nun ihre eigene berufliche Laufbahn beginnen. Es wird ihnen eine enorme Hilfe sein.«

MIKE WRIGHT, Vorstandsvorsitzender
Super Val Stores, Inc.

»Ich bewundere Harvey seit langem wegen seiner Entschlossenheit und Weisheit. *Schwimm mit den Haien* war ein amüsantes und offenherziges Buch, aber der *Nackte Mann* bietet Lektionen fürs Leben, die von Herzen kommen. Sein neues Werk läßt wahre Inspiration erkennen; es zeigt, daß es nicht nur darum geht, ›vorwärtszukommen‹, sondern Männer und Frauen gleichermaßen mit Achtung und Würde zu behandeln. Eine Kombination, die man in der Realität nur sehr selten findet.«

WINSTON WALLIN, Vorstandsvorsitzender
Medtronic, Inc.

»Ob Sie eine neue berufliche Laufbahn einschlagen oder eine alte interessanter gestalten wollen, Harvey Mackays kristallklare Vorstellungen vom Erfolg passieren ungehindert alle Grenzlinien. Der *Nackte Mann* ist ein absolutes Muß für jeden, der den Weg zur Innovation, zum großen Durchbruch und zum Erfolg abzukürzen gedenkt. Das Buch konfrontiert uns mit der Herausforderung, mehr zu tun, mehr zu sein, mehr zu versuchen, mehr Chancen wahrzunehmen und letztlich mehr am Leben teilzuhaben.«

DR. KEN DYCHTWALD, Vorstandsvorsitzender
Age Wave, Inc.

»Harvey Mackay gibt uns mehr als gute Ratschläge. Er vermittelt dem Leser neue Impulse und rüstet ihn für den Erfolg. *Hüte dich vor dem nackten Mann* bietet 85 wichtige, kurzweilige Lektionen, mit deren Hilfe man vermeidet, von der ›großen bösen Welt‹ gefressen zu werden. Schade, daß Rotkäppchen es nicht gelesen hat.«

LEONHARD H. CHUSMIR, Autor
von *Thank God It's Monday*

»Dieses Buch hat die Schlagkraft von Rocky II... Der Mann ist ein Genie. Jeder, ganz gleich wo er oder sie im Leben steht, kann von diesem meisterhaften Werk profitieren.«

NICK BOLLETTIERI, Präsident
The Nick Bollettieri Tennis Academy

»In einer Welt ständiger Bewegung gibt es einige Dinge, die sich nie verändern. Harvey Mackay verfügt über die seltene Gabe, die Spreu vom Weizen trennen zu können.«

AL CHECCHI, Vorstandsvorsitzender
Northwest Airlines, Inc.

»Ich liebe dieses Buch! Mackay kratzt an der Tünche und trifft genau ins Schwarze mit der nackten Wahrheit über den Erfolg in der realen Welt. Unmöglich, aber er hält in seinem zweiten Buch mehr noch als in seinem ersten, das alle Rekorde gebrochen hat; das ist bisher noch niemandem gelungen.«

KENNETH BLANCHARD, Co-Autor
von *The One Minute Manager*

# *Register*